臺灣歷史與文化 研究輯刊

十 編

第 3 冊

閩南婚俗研究
——以金門朱子《家禮》體系為主（下）

林麗寬 著

花木蘭文化出版社

國家圖書館出版品預行編目資料

閩南婚俗研究——以金門朱子《家禮》體系為主（下）／
林麗寬 著 — 初版 — 新北市：花木蘭文化出版社，2016〔民
105〕
目 8+258 面：19×26 公分
（臺灣歷史與文化研究輯刊 十編；第 3 冊）
ISBN 978-986-404-783-3（精裝）
1. 家禮 2. 婚姻習俗 3. 福建省金門縣
733.08　　　　　　　　　　　　　　　　105014932

ISBN-978-986-404-783-3

9 789864 047833

臺灣歷史與文化研究輯刊
十 編　第三冊　　　　　　　　ISBN：978-986-404-783-3

閩南婚俗研究
——以金門朱子《家禮》體系為主（下）

作　　者　林麗寬
總 編 輯　杜潔祥
副總編輯　楊嘉樂
編　　輯　許郁翎、王筑　美術編輯　陳逸婷
出　　版　花木蘭文化出版社
社　　長　高小娟
聯絡地址　235 新北市中和區中安街七二號十三樓
　　　　　電話：02-2923-1455／傳真：02-2923-1452
網　　址　http://www.huamulan.tw 信箱 hml810518@gmail.com
印　　刷　普羅文化出版廣告事業
初　　版　2016 年 9 月
全書字數　462978 字
定　　價　十編 18 冊（精裝）台幣 36,000 元　　　版權所有·請勿翻印

閩南婚俗研究
——以金門朱子《家禮》體系爲主（下）

林麗寬　著

上 冊

第一章 緒 論 1
　第一節 研究動機與目的 9
　　一、研究動機 9
　　二、研究目的 13
　第二節 研究材料與方法 14
　　一、研究範圍 14
　　　（一）力主朱子撰《家禮》說派 15
　　　（二）否定朱子撰《家禮》說派 25
　　二、研究方法 40
　　三、論文要義 41

第二章 文獻探討 45
　第一節 基本文獻 45
　　一、朱子《家禮》 46
　　二、金門志書與族譜 48
　第二節 前人研究成果 48
　　一、婚俗相關研究 48
　　　（一）以區域婚俗爲研究主軸 48
　　　（二）以朝代、個人或專著婚俗爲中心 63
　　　（三）以生命禮俗、婦女及家庭爲研究
　　　　　　面向 73
　　　（四）以婚禮用語及用物爲研究對象 79
　　二、文公《家禮》相關研究 85
　　　（一）以家禮、家訓爲研究中心 85
　　　（二）以朱子及《書儀》爲探討對象 91
　　　（三）以禮爲研究議題 95
　　三、其他相關研究 110

第三章 從《禮經》到《家禮》的婚禮 121
　第一節 婚禮的產生與發展 122
　　一、傳統婚禮的意義與目的 123
　　　（一）婚姻的意義 123
　　　（二）婚姻的目的 131
　　　（三）婚姻中的去與不去 133
　　二、傳統婚禮儀節的流變 136
　　　（一）由《禮經》到禮俗 137
　　　（二）六禮通釋 150

目
次

第二節　朱子《家禮》對福建地區的影響⋯⋯⋯⋯182
　　一、朱子《家禮・昏禮》上承《儀禮》⋯⋯⋯182
　　二、朱子《家禮》普及與其特色⋯⋯⋯⋯⋯192
　　　（一）福建朱子學派一支獨秀⋯⋯⋯193
　　　（二）朱子《家禮》重冠婚喪祭特色⋯⋯202
第三節　金門住民對朱子《家禮》的實踐⋯⋯⋯211
　　一、金門住民來源及開發⋯⋯⋯⋯⋯⋯214
　　　（一）金門住民來源⋯⋯⋯⋯⋯215
　　　（二）金門開發簡史⋯⋯⋯⋯⋯217
　　二、締造「海濱鄒魯」美名⋯⋯⋯⋯⋯220
　　　（一）贊同朱子來過金門說論⋯⋯223
　　　（二）否定朱子來過金門說論⋯⋯228
　　三、強化宗族禮儀思想及教育⋯⋯⋯⋯229
　　　（一）崇設宗祠，系聯婚儀⋯⋯231
　　　（二）深化培育人才⋯⋯⋯⋯234

下　冊

第四章　金門議訂婚的儀節⋯⋯⋯⋯⋯⋯⋯239
第一節　議婚儀節⋯⋯⋯⋯⋯⋯⋯⋯⋯240
　　一、說媒⋯⋯⋯⋯⋯⋯⋯⋯⋯⋯241
　　二、問名、供神、合八字⋯⋯⋯⋯⋯245
　　三、訂盟儀節與備辦禮物⋯⋯⋯⋯⋯250
　　　（一）男家備辦⋯⋯⋯⋯⋯250
　　　（二）女家備辦⋯⋯⋯⋯⋯253
　　四、喜糖、喜餅訂製⋯⋯⋯⋯⋯⋯255
第二節　訂婚儀節（文定）⋯⋯⋯⋯⋯⋯257
　　一、聘禮⋯⋯⋯⋯⋯⋯⋯⋯⋯⋯258
　　二、訂盟⋯⋯⋯⋯⋯⋯⋯⋯⋯⋯261
　　三、食茶、宴客⋯⋯⋯⋯⋯⋯⋯267
　　　（一）食茶⋯⋯⋯⋯⋯⋯⋯267
　　　（二）宴客⋯⋯⋯⋯⋯⋯⋯267
　　四、請期（乞日）⋯⋯⋯⋯⋯⋯271
第五章　金門合婚成禮儀式⋯⋯⋯⋯⋯⋯277
第一節　婚禮前儀節⋯⋯⋯⋯⋯⋯⋯⋯277
　　一、請神、裁衣、印製婚柬、賀禮⋯⋯278
　　　（一）請神⋯⋯⋯⋯⋯⋯⋯278

　　　（二）裁衣 ……………………………………… 278

　　　（三）印製婚柬 …………………………………… 279

　　　（四）賀禮 ………………………………………… 281

　二、鋪房（安床、送嫁粧）、翻鋪 ………………… 283

　　　（一）鋪房（安床、送嫁粧） ………………… 283

　　　（二）翻鋪 ………………………………………… 287

　三、備辦結婚用品 …………………………………… 287

　　　（一）男方備辦結婚用品 ………………………… 287

　　　（二）女方備辦結婚用品 ………………………… 289

　四、搓圓、拜圓、勁轎腳 …………………………… 290

　　　（一）搓圓、拜圓 ………………………………… 290

　　　（二）勁轎腳 ……………………………………… 291

　五、敬天公、盤擔（插定） ………………………… 292

　　　（一）敬天公 ……………………………………… 292

　　　（二）盤擔（俗稱「插定」） ………………… 299

　六、挽面、上頭、禮服 ……………………………… 301

　　　（一）挽面 ………………………………………… 301

　　　（二）上頭 ………………………………………… 302

　　　（三）禮服 ………………………………………… 303

　七、掛母舅聯、新郎燈、新娘燈 …………………… 304

　　　（一）掛母舅聯 …………………………………… 304

　　　（二）掛新郎燈、新娘燈 ……………………… 307

　第二節　婚禮親迎儀節 ……………………………… 307

　一、親迎 ……………………………………………… 308

　　　（一）儐相、花童、喜轎（車） ……………… 310

　　　（二）食雞蛋湯、見緣桌 ……………………… 311

　　　（三）上轎（車）、繞行街道 ………………… 311

　二、進門 ……………………………………………… 312

　　　（一）敬天公、拜王爺 ………………………… 313

　　　（二）進洞房、換圓、換茶 …………………… 314

　　　（三）換花舅、送茶 …………………………… 314

　三、拜宮廟、拜宗祠、拜祖先、拜高堂 ………… 315

　　　（一）拜宮廟、拜宗祠 ………………………… 315

　　　（二）拜祖先、拜高堂 ………………………… 316

　四、摸箸籠、撈飯、拜灶君、切發粿 …………… 317

　五、分相、鬧洞房 ………………………………… 318

第六章　金門婚後行儀規範與特殊婚俗 ………………… 319
　第一節　金門婚後行儀規範 ……………………………… 320
　　一、同牢（或共牢）、看新婦 ………………………… 321
　　　（一）同牢（或共牢） ……………………………… 322
　　　（二）看新婦 ………………………………………… 323
　　二、婦見舅姑、舅姑醴婦 ……………………………… 323
　　　（一）婦見舅姑 ……………………………………… 324
　　　（二）舅姑醴婦 ……………………………………… 325
　　三、廟見、壻見婦之父母 ……………………………… 326
　　　（一）廟見 …………………………………………… 326
　　　（二）壻見婦之父母 ………………………………… 327
　　四、歸寧（作客）、做「新婚頭」、送節 …………… 329
　　　（一）歸寧（作客） ………………………………… 329
　　　（二）做「新婚頭」 ………………………………… 332
　　　（三）送節 …………………………………………… 334
　第二節　金門地區特殊婚俗 ……………………………… 335
　　一、指腹為婚與童養媳婚 ……………………………… 335
　　　（一）指腹為婚 ……………………………………… 335
　　　（二）童養媳婚 ……………………………………… 336
　　二、招妾婚、招贅婚與冥婚 …………………………… 339
　　　（一）招妾婚 ………………………………………… 339
　　　（二）招贅婚 ………………………………………… 340
　　　（三）冥婚 …………………………………………… 341
　　三、續絃、再醮、招夫與其他 ………………………… 342
　　　（一）續絃、再醮、招夫 …………………………… 342
　　　（二）其他 …………………………………………… 343
第七章　金門婚儀禁忌與用品器物象徵意義 …………… 347
　第一節　金門婚姻禮俗禁忌 ……………………………… 348
　　一、金門議訂婚禁忌 …………………………………… 350
　　　（一）議婚禁諱 ……………………………………… 351
　　　（二）訂婚禁制 ……………………………………… 376
　　　（三）結婚前禁忌 …………………………………… 377
　　二、金門合婚禮規制 …………………………………… 381
　　　（一）用語多吉祥 …………………………………… 381
　　　（二）新房典限 ……………………………………… 382
　　　（三）新娘規範 ……………………………………… 382

（四）迎親禁忌 ································· 384
（五）喜宴禁諱 ··············· 385
三、金門婚後禮規約 ························ 387
（一）四個月內禁制 ············ 387
（二）回娘家禁制 ·············· 387
（三）其他禁制 ················ 387
第二節　金門婚儀用品器物象徵意義 ········ 389
一、諧音意涵取譬 ·························· 389
（一）雞 ····················· 390
（二）芋頭、韭菜、犁頭鈝、桔餅、木炭、
柿粿 ··················· 390
（三）棗、栗、發粿 ············ 393
二、物件涵義取譬 ·························· 394
（一）茶 ····················· 394
（二）雁、鵝 ················· 394
（三）大麥、春粟、冬瓜排、絲對（即苧
麻）、紅紬、白紬、棉尾、燈芯、
福圓乾 ················· 395
（四）錢幣 ··················· 396
（五）花生 ··················· 396
三、物件形態取譬 ·························· 397
（一）甘蔗 ··················· 397
（二）米糕 ··················· 397

第八章　結　論 ······························· 399
參考文獻 ·· 405
附錄一　朱熹《家禮》卷三：昏禮內容 ···· 483
附錄二　攸關朱子《家禮》現存圖書館情形 ·· 493

圖目次
圖 4-1：金門議訂婚姻儀節程序 ············· 239
圖 4-2：問名時女方坤造庚帖 ··············· 247
圖 4-3：卜神時男女雙方庚帖 ··············· 247
圖 4-4：金門地區訂婚喜糖文書 ············· 255
圖 5-1：金門婚禮前夕儀節程序 ············· 278
圖 5-2：金門婚禮親迎儀節程序 ············· 307
圖 6-1：金門婚後儀節程序 ················· 320

表目次

表 1-1：「五禮」的不同說法⋯⋯⋯⋯⋯⋯⋯⋯⋯ 6

表 3-1：婚、姻與舅、姑意涵⋯⋯⋯⋯⋯⋯⋯⋯ 128

表 3-2：古代婚姻中的去與不去⋯⋯⋯⋯⋯⋯⋯ 135

表 3-3：婚禮「六禮」的不同說法⋯⋯⋯⋯⋯⋯ 151

表 3-4：婚禮「六禮」意涵各家說法⋯⋯⋯⋯⋯ 167

表 3-5：歷代婚禮「六禮」的行儀及對應現代的
各式儀稱⋯⋯⋯⋯⋯⋯⋯⋯⋯⋯⋯⋯⋯ 177

表 3-6：先秦以來指導家族主要禮儀規範簡表⋯⋯ 184

表 3-7：朱子《家禮》著述相關事例簡表⋯⋯⋯⋯ 210

表 3-8：金門閩南婚俗程序一覽表⋯⋯⋯⋯⋯⋯ 212

表 3-9：金門歷代疆域沿革表⋯⋯⋯⋯⋯⋯⋯⋯ 219

表 4-1：金門金湖、金沙地區（泛稱「後面」）訂婚
花籃擺設⋯⋯⋯⋯⋯⋯⋯⋯⋯⋯⋯⋯⋯ 252

表 4-2：金門金城、金寧地區（泛稱「前面」）訂婚
花籃擺設⋯⋯⋯⋯⋯⋯⋯⋯⋯⋯⋯⋯⋯ 253

表 4-3：金門金湖鎮、金沙鎮（泛稱「後面」）女方
點收後花籃擺設⋯⋯⋯⋯⋯⋯⋯⋯⋯⋯ 263

表 4-4：金門金城鎮、金寧鄉（泛稱「前面」）女方
點收後花籃擺設⋯⋯⋯⋯⋯⋯⋯⋯⋯⋯ 264

表 4-5：金門娶妻開費表（1928 年）⋯⋯⋯⋯⋯⋯ 274

表 5-1：恭請母舅、母妗的「十二版帖」內容⋯⋯ 280

表 5-2：恭請母舅、母妗的「十二版帖」信封⋯⋯ 281

表 5-3：在金結婚者「敬天公」疏文⋯⋯⋯⋯⋯⋯ 296

表 5-4：在臺結婚返金宴客者「敬天公」疏文⋯⋯ 297

表 5-5：以「母舅聯」居先的懸掛情形⋯⋯⋯⋯⋯ 305

表 5-6：以「母舅公（舅祖父）聯」居先的懸掛
情形⋯⋯⋯⋯⋯⋯⋯⋯⋯⋯⋯⋯⋯⋯⋯ 306

表 7-1：歷代適婚年齡一覽表⋯⋯⋯⋯⋯⋯⋯⋯ 356

表 7-2：歷代同姓及與特定姓氏不婚限制⋯⋯⋯⋯ 370

表 7-3：金門訂婚採辦「十二樣」物品的不同說法
⋯⋯⋯⋯⋯⋯⋯⋯⋯⋯⋯⋯⋯⋯⋯⋯⋯ 391

書影目次

書影 2-1：朱熹受學李延平暨授同安主簿圖⋯⋯⋯ 47

書影 3-1：納幣書式與復書式⋯⋯⋯⋯⋯⋯⋯⋯⋯ 163

書影 3-2：婚禮親迎之圖‥‥‥‥‥‥‥‥‥‥‥ 166
書影 3-3：《儀禮・士昏禮》儀節流變圖‥‥‥‥ 176
書影 3-4：朱熹白鹿洞講學與入對便殿圖 237
書影 4-1：訂盟流程圖‥‥‥‥‥‥‥‥‥‥‥‥ 266
書影 5-1：父醮子圖‥‥‥‥‥‥‥‥‥‥‥‥‥ 308
書影 5-2：父醮女圖‥‥‥‥‥‥‥‥‥‥‥‥‥ 308
書影 5-3：醮婿、親迎圖‥‥‥‥‥‥‥‥‥‥‥ 309
書影 5-4：新婦入門圖‥‥‥‥‥‥‥‥‥‥‥‥ 313
書影 5-5：新婦拜天地‥‥‥‥‥‥‥‥‥‥‥‥ 316

照片目次

照片 1-1：朱文公遺像‥‥‥‥‥‥‥‥‥‥‥‥ 13
照片 1-2：朱文公蠟像‥‥‥‥‥‥‥‥‥‥‥‥ 13
照片 4-1：金門婚禮插頭上的大春、大吉‥‥‥ 251
照片 4-2：金門訂婚專用的花籃‥‥‥‥‥‥‥‥ 251
照片 4-3：早期金門金湖、金沙鎮餽送親友的訂婚
　　　　　大糖球製作‥‥‥‥‥‥‥‥‥‥‥‥ 256
照片 4-4：金門地區娶媳婦「滿廳紅」的場景‥‥ 269
照片 4-5：新式結婚證書‥‥‥‥‥‥‥‥‥‥‥ 274
照片 5-1：恭請母舅、妗的「十二版帖」範例‥‥ 280
照片 5-2：上書姓氏和郡望的「新郎燈」‥‥‥‥ 288
照片 5-3：放置閩南式建築新房中的「尿桶」，唯恐
　　　　　異味撲鼻，新娘吃喝多所節制‥‥‥ 288
照片 5-4：左鄰右舍婦女們紛幫搓湯圓的鬧熱場景
　　　　　‥‥‥‥‥‥‥‥‥‥‥‥‥‥‥‥‥ 291
照片 5-5：「盤擔」敬天公時，男方擺設全豬、麵羊
　　　　　於天井中‥‥‥‥‥‥‥‥‥‥‥‥‥ 294
照片 5-6：「敬天公」的麵羊‥‥‥‥‥‥‥‥‥ 295
照片 5-7：法師陳梅濤進行「敬天公」儀式‥‥‥ 295
照片 5-8：「盤擔」時，女方進行收肉的工作‥‥ 300
照片 5-9：「盤擔」時使用的斗籠‥‥‥‥‥‥‥ 301
照片 5-10：親迎時，新郎及儐相食雞蛋湯‥‥‥ 311
照片 5-11：新娘下轎‥‥‥‥‥‥‥‥‥‥‥‥‥ 312
照片 5-12：新郎新娘拜宮廟‥‥‥‥‥‥‥‥‥‥ 315

第四章　金門議訂婚的儀節

一九一四年七月，金門自「奉准按照金門島原有區域（案合烈嶼大小群島）置縣，定名金門縣，歸廈門道管轄。」〔註1〕迄今，仍隸屬於福建省，為閩南〔註2〕區域之一，其婚喪喜慶民俗遂自成閩南文化而形成特色。尤其自明洪武詔告「凡民間嫁娶，並依朱文公《家禮》」〔註3〕以來，後世相沿，舉凡婚禮儀節庶可睹見朱子《家禮》的實踐。金門地區甚而在「戰地政務」〔註4〕近四十年之封閉箝制下，得較罕受到西方與臺灣地區文化的浸染與融合，亦得保有《家禮‧婚禮》較為傳統的、閩南的文化精髓。今就金門議訂婚姻儀節的流程，依序說解。

圖 4-1：金門議訂婚姻儀節程序

說媒 → 問名、供神、合八字 → 備辦訂盟禮器禮物 → 喜糖、喜餅訂製 → 訂婚（文定）→ 聘禮 → 訂盟 → 食茶 → 宴客 → 請期（乞日）

〔註1〕金門縣文獻委員會，《金門縣志‧方域》卷1，民國本，金門：金門縣政府，1922年2月，頁2。

〔註2〕陳耕、楊浩存、黃振良合著，《閩南民系與文化》中，對閩南的疆域界定為：「通常指泉州、漳州、廈門及它們所轄的惠安、德化、永春、安溪、晉江、南安、同安、長泰、龍海、南靖、平和、雲霄、東山、詔安、漳浦、華安、金門諸縣，但從歷史上看，龍岩、漳平，更早則連莆田、仙遊也算在閩南之內。」金門：金門縣文化局，2006年9月，頁9～10。

〔註3〕劉海年、楊一凡總主編，《大明令‧禮令》，載《中國珍稀法律典籍集成——洪武法律典籍》乙編第一冊，北京：科學出版社，1994年8月，頁28。

〔註4〕相關「戰地政務」事宜，請參見第1章，頁9，註72。

第一節　議婚儀節

　　《列子‧楊朱》卷七曰：「人不婚宦，情欲失半。」〔註5〕兩姓議訂聯婚，誠爲美事一椿，但「中國古代婚姻的成立，具有兩個基本條件，即爲『父母之命』與『媒妁之言』。任何婚事的決定，原則上先由媒妁傳言，再由父母決定，當事人往往對自己的婚事沒有直接表示意見的權利。」〔註6〕《詩經‧齊風‧南山》所言：「藝麻如之何？衡從其畝。取妻如之何？必告父母。既曰告止、曷又鞠止。析薪如之何？匪斧不克。取妻如之何？匪媒不得。既曰得止、曷又極止。」〔註7〕當是「在《詩經》時代，父母之命與媒妁之言已爲娶妻要件。」〔註8〕的最佳佐證。

　　其中「父母之命」對子女婚姻具有決定權，乃是家族制度發展的結果，藉增大家長的權力。由於我國爲父系社會，故在婚事儀禮上，往往以父親爲代表。〔註9〕明洪武二年（1369年）《大明令‧戶令》詔令：「凡嫁娶，皆由祖父母、父母主婚。祖父母、父母俱無者，從餘親主婚。」〔註10〕即直接以律令規定由直系尊親來主婚。殆至清朝，清律仍加沿用。〔註11〕趙鳳喈《中國婦女在法律上之地位》則云：「士庶人之主婚，稽之《儀禮‧士婚禮》所載六禮之辭，通常以父爲主婚人，母或受『男不言內，女不言外』之限制，而不便主婚也。」〔註12〕趙氏以爲周代父親做爲一家之主的權威不可動搖，所以

〔註5〕　〔周〕列禦寇原著；王強模編，《列子‧楊朱》卷7，臺北：臺灣古籍出版社，1996年6月，頁285。

〔註6〕　阮昌銳，《中外婚姻禮俗之比較研究》，《中華文化叢書》系列之一，臺北：中央文物供應社，1982年6月，頁23。

〔註7〕　〔清〕阮元等校勘，《十三經注疏——毛詩》卷5～2，〈齊風‧南山〉，（重刊宋本）；〔漢〕毛公傳，鄭玄箋；〔唐〕孔穎達等正義，臺北：藝文印書館，1976年5月6版，頁196～197。

〔註8〕　阮昌銳，《中外婚姻禮俗之比較研究》，《中華文化叢書》系列之一，臺北：中央文物供應社，1982年6月，頁25。

〔註9〕　阮昌銳，《中外婚姻禮俗之比較研究》，《中華文化叢書》系列之一，臺北：中央文物供應社，1982年6月，頁24。

〔註10〕劉海年、楊一凡總主編，《大明令‧戶令‧嫁娶主婚》，載《中國珍稀法律典籍集成——洪武法律典籍》乙編第一冊，北京：科學出版社，1994年8月，頁11。

〔註11〕阮昌銳，《中外婚姻禮俗之比較研究》，《中華文化叢書》系列之一，臺北：中央文物供應社，1982年6月，頁24。

〔註12〕鮑家麟編，趙鳳喈《中國婦女在法律上之地位‧附補篇》臺北：稻鄉出版社，1993年5月，頁34。

主婚權在父不在母。〔註 13〕即至今日，婚禮的舉行仍多以父母、祖父母……
等直系尊親爲主婚人，尤以父親或祖父執禮最爲常態，或爲此般慣習的延續。

　　臺灣民間的「議婚」，約含六禮中的「納采」、「問名」及「納吉」三項，
又稱爲「提親」、「講親晟」，主要由媒人居間謀合，完成連串的議婚程序。〔註
14〕「金門舊式的婚姻自然不能免俗」〔註 15〕，亦即「金門民間的議婚，約
含古婚六禮中的『納采』、『問名』、『納吉』三項。」〔註 16〕統言之，「金門
婚俗，依古制六禮，納采、問名、納吉、納徵、請期、親迎。有以議婚、納
采、問名、納幣、請期、迎親爲六禮，後又更納吉、納徵併入納幣及催粧之
禮，大同而小異，舍繁而就簡，然亦不無論財禮門戶，及支離怪誕不可究詰
之陋俗。」〔註 17〕以下分序詳述：

一、說　媒

　　《文公家禮》議婚條規定：「議昏，必先使媒氏往來通言。」〔註 18〕格
見媒妁制度相傳由來已久，「媒妁之言」係古時婚姻得以成立的主因之一，
阮昌銳《中外婚姻禮俗之比較研究》即言：「媒妁的起源或許與買賣婚或聘
禮婚有關，在掠奪婚的時代是不必用媒妁的。所以媒妁之制起源可能比較

〔註13〕姚儀敏，〈周代「主婚」與「媒妁」禮俗考〉，《復興崗學報》第 82 期，2004
年 12 月，頁 423。
〔註14〕參見李師豐楙，《慶典禮俗》，臺北：國立空中大學，2010 年 8 月，頁 103。
另見李阿成、陳運棟、彭富欽主編之《客家禮俗之研究》亦曰：「古代的『納
采』、『問名』、『納吉』三種儀節就是議婚的方式。」苗栗：中華文化復興運
動推行委員會臺灣省苗栗縣總支會，1989 年，頁 37～38。
〔註15〕楊天厚、林麗寬，《金門婚嫁禮俗》，臺北：稻田出版公司，1998 年元月，頁 10。
〔註16〕金門縣金門學研究會總編纂，《金城鎮志‧文化篇》下冊，金門：金城鎮公所，
2009 年 11 月，頁 946。
〔註17〕參見金門縣文獻委員會，《金門縣志‧人民志‧禮俗》卷 3，重編版，金門：
金門縣政府，1979 年 6 月，頁 424。及《金門縣志》同卷同篇章，重修版，
1968 年 2 月，頁 306，皆有相同記載。另見許如中編著，《金門民俗志》則有
相近的載述：「金門婚俗，依古制六禮，納采、問名、納吉、納徵、請期、親
迎，大同而小異。舍繁而就簡，然亦不無論財禮門戶，及支離怪誕不可究詰
之陋俗。」該書編入婁子匡編著《國立北京大學中國民俗學會民俗叢書》第
二輯第 29，臺北：東方文化書局，1971 年春季，頁 16。
〔註18〕〔宋〕朱熹撰，《家禮》，南宋淳祐 5 年（1245 年）五卷本加附錄一卷，載《孔
子文化大全》，山東：友誼書社，1992 年 11 月，頁 654。

晚，到東周時期確定。」〔註19〕姚儀敏〈周代「主婚」與「媒妁」禮俗考〉也如是說道：「媒妁制度的起源雖與周代婚聘之禮息息相關，時間則比婚禮稍晚，可信的說法應是在東周時期。」〔註20〕

關於「媒妁」一詞的涵義，《說文解字》曰：「媒，謀也，謀合二姓者也，從女某聲。妁，酌也，斟酌二姓者也，從女勺聲。」〔註21〕《周禮正義》亦言：「『媒氏』者，掌男女之判。是夫家人民之事，故屬地官。會合男女與和合事亦相近，故冢調人而次之。……《廣雅·釋詁》亦云：『媒，謀也。』媒謀聲類同，故義亦通。」〔註22〕質言之，「媒妁」原爲溝通男女兩方的意見，後演變成爲禮制。而媒人又可分爲官媒和私媒兩種：

其一、官媒：顧名思義，當是由政府在特殊情形下所設置，譬如《周禮·地官》。後世由官方爲媒亦稱官媒，譬如由政府官員擔任男女方介紹人的現代集團結婚和公證結婚。

其二、私媒：在周代，民間已有以媒爲職業者，後世相沿至今。〔註23〕談及「媒」字見諸文獻的最早紀錄，方川《媒妁史》認爲是《詩經·衛風·氓》一詩〔註24〕，該詩云：「氓之蚩蚩，抱布貿絲；匪來貿絲，來即我謀。送子涉淇，至于頓丘；匪我愆期，子無良媒。將子無怒，秋以爲期。」〔註25〕。

「媒妁」爲婚嫁之儀必要的禮樂文化之一，古來至今，深受重視，自不殆言。《管子·形勢》言：「自媒之女，醜而不信。」〔註26〕《孔子家語》曰：「女

〔註19〕 阮昌銳，《中外婚姻禮俗之比較研究》，《中華文化叢書》系列之一，臺北：中央文物供應社，1982 年 6 月，頁 24～25。

〔註20〕 姚儀敏，〈周代「主婚」與「媒妁」禮俗考〉，《復興崗學報》第 82 期，2004年 12 月，頁 430。

〔註21〕 〔東漢〕許慎撰；〔清〕段玉裁注，《說文解字注》，臺北：天工書局，1998年 8 月，頁 613。

〔註22〕 〔清〕孫詒讓撰；王文錦、陳玉霞點校，《周禮正義》第三冊，卷十七〈地官·敘官〉，北京：中華書局，2008 年 11 月初版 3 刷，頁 660。

〔註23〕 阮昌銳，《中外婚姻禮俗之比較研究》，《中華文化叢書》系列之一，臺北：中央文物供應社，1982 年 6 月，頁 25～27。

〔註24〕 方川，《媒妁史》，廣西：民族出版社，2000 年 9 月一版，頁 47。

〔註25〕 〔清〕阮元等校勘，《十三經注疏——毛詩》卷 3～3，〈衛風·氓〉，（重刊宋本）；〔漢〕毛公傳，鄭玄箋；〔唐〕孔穎達等正義，臺北：藝文印書館，1976年 5 月 6 版，頁 134。

〔註26〕 〔周〕管仲原著；謝浩範、朱迎平編，《管子·經言·形勢第二》上冊，臺北：臺灣古籍出版社，2000 年 4 月初版，頁 25。

嫁無媒，君子不以交禮也。」〔註27〕《禮記纂言》云：「男女非有行媒，不相知名。非受幣，不交不親。」〔註28〕皆是對嫁娶無媒的嚴厲批判。〔唐〕杜佑《通典・男女婚嫁年幾議》道：「地官媒氏掌萬民之判。」〔註29〕《禮記・月令》亦言：「（仲春）是月也，玄鳥至。至之日，以大牢祠于高禖，天子親往。后妃帥九嬪御。乃禮天子所御，帶以弓韣，授以弓矢，于高禖之前。」鄭玄《注》曰：「玄鳥，燕也。燕以施生時，來巢人堂宇而孚乳，嫁娶之象也。媒氏之官，以爲候高辛氏之出，玄鳥遺卵，娀簡吞之而生契，後王以爲媒官，嘉祥而立其祠焉。變媒，言媒神之也。」〔註30〕即是對媒氏之官利民的舉證之一。《周禮・地官司徒》載記：「媒氏，下士二人，史二人，徒十人。」鄭玄《注》曰：「媒之言謀也，謀合異類，使和成者。今齊人名麴蘗曰媒。」賈公彥《疏》云：「配儷男女，取地道生息。」又曰：「言謀合異類，使和成者。異類，謂別姓，三十之男，二十之女，和合使成婚姻云，今齊人名麴蘗曰媒。麴蘗和合得成酒醴，名之曰媒。言此者，欲見謀合異姓得名爲媒之意。」〔註31〕亦爲曩昔男女因媒成姻的證例。

　　攸關「媒氏」之稱，《詩經・豳風・伐柯》有云：「伐柯如何？匪斧不克。取妻如何？匪媒不得。」〔漢〕鄭玄《注》曰：「媒，所以用禮也。……媒者，能通二姓之言，定人室家之道。」〔註32〕「故『作媒』又稱『作伐』。」〔註33〕現今「叫做『媒人』，從前稱『媒婆』，目前媒人男女都有，所以通稱『介紹人』。」〔註34〕至於「『媒人婆』，多指專業的女媒人；如果是專業的男性媒人，

〔註27〕　〔魏〕王肅譔註，《孔子家語・觀思第八》卷2，（明覆宋刊本），《中國子學名著集成──宋元明清善本叢刊》，1978年12月，頁79。

〔註28〕　〔元〕吳澄，《禮記纂言》卷1中，冊1，《四庫全書珍本》五集，臺北：臺灣商務印書館，1935年，頁2。

〔註29〕　〔唐〕杜佑，《通典》卷59，第2冊，〈禮19・沿革19・嘉禮4〉，〈男女婚嫁年幾議〉，杭州：浙江古籍出版社，2000年1月第2版1刷，頁1674。

〔註30〕　〔清〕阮元等校勘，《十三經注疏──禮記》卷15〈月令〉（重刊宋本）。〔漢〕鄭玄注；〔唐〕孔穎達等正義。臺北：藝文印書館，1976年5月第6版，頁299。

〔註31〕　〔清〕阮元等校勘，《十三經注疏──周禮》（重刊宋本），卷九〈地官司徒〉第二。〔漢〕鄭元注；〔唐〕賈公彥疏。臺北：藝文印書館，1976年5月第6版，頁141。

〔註32〕　〔清〕阮元等校勘，《十三經注疏──毛詩》卷8～3，〈豳風・伐柯〉，（重刊宋本）；〔漢〕毛公傳，鄭玄箋；〔唐〕孔穎達等正義，臺北：藝文印書館，1976年5月6版，頁301。

〔註33〕　楊炯山編，《結婚禮儀》，新竹：竹林書局，2001年7月再版，頁38。

〔註34〕　楊炯山編，《結婚禮儀》，新竹：竹林書局，2001年7月再版，頁38。

則稱爲『媒人公』，〔註35〕或稱「紳士媒人」。〔註36〕《夢梁錄》因此探稱：「嫁娶之禮，先憑媒氏。」〔註37〕近來除專業的媒人外，亦有客串兼職做媒的人，大多是關心婚事的親朋、好友、長官、師長……等，俗語多稱他們是「媒人紳士」。他們多是基於愛護晚輩、成全有情人的心理而從事現成「便媒人」的工作，事成之後又只象徵性收取空的紅包袋，因而備受親友的愛戴和歡迎。〔註38〕當男方託近親或摯友或專人做媒時，亦有請媒禁忌，即媒人不可有喪服未除孝者、媒人自己子女成婚未滿四個月者、媒人子媳璋瓦未滿月者、媒人家中親人病情不順者、媒人私德不雅者，〔註39〕皆爲被拒絕的對象。

由於媒妁界於男女兩家之間，兩家靠之傳遞消息，因而深具撮合兩家情感的組合功能、減低曠男怨女的社會功能、議定聘禮的經濟功能、採風擷俗折衷兩家的禮儀功能〔註40〕等，「不但可積陰德，更可圖利自己，一本萬利，好處立現，無怪乎昔日社會不但有專業的冰人（婚姻介紹人，即媒人）……就是兼差的媒婆也所在多有。」〔註41〕由此乃見媒妁對本身得利之餘，對社會亦不無貢獻，金門俗諺云：「生前當一次媒人，死後即可不必牽豬哥。」意即在此。至於媒合的禮金，「本省人給媒婆的禮金非常多，特別稱之爲『媒人禮』。」〔註42〕臺灣地區「一般媒人的謝禮，男方爲六仟元，女方爲三仟二佰元，如果是親友介紹，則謝禮可免。職業媒人的謝禮依聘金額而有所不同。若是女方的嫁粧多，媒人可向男方要求厚禮。」〔註43〕

金門地區媒人在整個婚禮中，可得到的好處（媒人禮）計有下列數端：

〔註35〕 李文獻，《臺灣閩客傳統婚禮之研究》，中國文化大學中國文學研究所博士論文，2002 年，頁 245。

〔註36〕 吳瀛濤，《臺灣民俗》，臺北：眾文圖書公司，1975 年 8 月 4 版，頁 126。

〔註37〕 〔宋〕吳自牧，《夢梁錄‧嫁娶》卷 20，載《東京夢華錄：外四種》，臺北：大立出版社，1980 年 10 月，頁 304。

〔註38〕 李文獻，《臺灣閩客傳統婚禮之研究》，中國文化大學中國文學研究所博士論文，2002 年，頁 245。

〔註39〕 楊炯山編，《結婚禮儀》，新竹：竹林書局，2001 年 7 月再版，頁 44。

〔註40〕 楊炯山編，《結婚禮儀》，新竹：竹林書局，2001 年 7 月再版，頁 40。

〔註41〕 楊天厚、林麗寬，《金門婚嫁禮俗》，臺北：稻田出版公司，1998 年元月，頁 10。

〔註42〕 〔日〕鈴木清一郎原著；馮作民譯，《增訂臺灣舊慣習俗信仰》，臺北：眾文圖書公司，2004 年 10 月 1 版 4 刷，頁 175。

〔註43〕 林明義編，《臺灣冠婚葬祭家禮全書》，臺北：武陵出版社，1995 年 12 月，頁 136。

其一、大禮：負責牽新娘，價碼從新臺幣數仟元至數萬元不等。

其二、插定禮：價碼不定，約新臺幣數佰元至數仟元。

其三、訂婚禮：價碼不定，約新臺幣數佰元至數仟元。

其四、小禮（提小桶）：一般爲新臺幣十二元左右。

其五、媒人肉：男方提供十到十二斤〔註44〕豬肉，女方提供六到八斤豬肉。

以上五項，男女雙方家長皆要付給媒人，但數額可能不盡相同。倒是烈嶼鄉（俗稱小金門）的婚娶過程中，媒人只負責說媒，及迎娶時送緣錢至男方家，並負責撒緣錢罷了，並不扮演攙扶新娘的角色，故其獲利應會少些。〔註45〕

但媒妁流傳久後，竟也衍生百般流弊，《戰國策·燕策一》即曰：「周地賤媒，爲其兩譽也。之男家曰『女美』，之女家曰『男富』。」〔註46〕袁采《袁氏世範·睦親》亦云：「古人謂周人惡媒，以其言語反覆，紿（欺也）女家則曰男富，紿男家則曰女美；近世尤甚，紿女家則曰男家不求備禮，且助出嫁遣之資，紿男家則厚許其所遣之賄，且虛指數目。若輕信其言而成婚，則責恨見欺，夫妻反目，至於仳離者有之。大抵嫁娶固不可無媒，而媒者之言，不可盡信如此，宜謹察於始。」〔註47〕均是媒人可惡行徑的指摘，所以俗諺又有「媒人喙，胡濾濾。」之說法。

二、問名、供神、合八字

「問名」爲婚姻六禮之一，「福建絕大部分地區都有過『問名』的婚姻程序……福建各地一般都叫『問名』程序爲『合婚』。」〔註48〕「舊式婚姻，皆由父母之命，聽媒妁之言，故有專業之冰人。議婚時，由媒妁物色女方。」〔註49〕在媒人說媒後，雙方即相互進行密集式的「探門風」之舉，針對民間盛行的門

〔註44〕金門地區買賣度量衡採公斤制，即市面所謂一斤，等同半公斤或500公克或13兩的臺斤而已，較諸臺灣地區採一臺斤有16兩方式計量，明顯少了3兩之多。

〔註45〕楊天厚、林麗寬，《金門婚嫁禮俗》，臺北：稻田出版公司，1998年元月，頁118～119。

〔註46〕西〔漢〕劉向原著；王守謙等編，《戰國策·燕策一·燕王謂蘇代》卷29，下冊，臺北：臺灣古籍出版社，2001年5月，頁1249。

〔註47〕〔宋〕袁采，《袁氏世範·睦親》卷上，《文淵閣四庫全書本·子部》698冊，臺北：臺灣商務印書館，1986年7月，頁609。

〔註48〕彭文宇，〈福建婚俗禮儀中的觀念與禁忌〉，收入福建省民俗學會編，《閩臺婚俗》，廈門：廈門大學出版社，1991年8月，頁31～32。

〔註49〕金門縣文獻委員會，《金門縣志·人民志·禮俗》卷3，重編版，金門：金門縣政府，1979年6月，頁425。

第、財富、才幹、美醜、健康等進行探詢，直至訂婚前都持續進行以求愼重。舉凡容貌、體態、手相（是否斷掌）、足相（是否扁平足，即鴨母蹄）、聲相、家世⋯⋯等，無不直接採取「相親」式的對看，〔註 50〕或「間接透過親友的探聽」〔註 51〕，以決定是否接受。在以往閉塞社會中，男女雙方諱莫如深，雖必經「探門風」之行，但所得訊息畢竟有限，倘因此斷然議定婚姻大事，終屬冒險。爲彌補不可知的憾恨，更爲冀盼未來美好的婚姻生活，「合八字」就順理成章成爲決定婚事成敗與否的最後關鍵。〔註 52〕

　　古時「星相、算命家以一個人出生時所值的年、月、日、時的天干爲八字，來推算一生的禍福壽命。舊式婚姻常以男女雙方八字是否相配爲嫁娶條件之一。」〔註 53〕論及「『八字』或稱『字仔』，即將當事人的出生年、月、日、時辰，寫在一張寬一寸、長八寸的紅紙上。上段先寫『某姓』爲一行，再換行齊頭書寫相關資料。⋯⋯男子屬天，即寫『乾造』，而女子屬地，則寫『坤造』。⋯⋯數字必須雙數，如果單數，男子生辰之下，必須添一『建』字，女子則添一『瑞』字。⋯⋯『字仔』又稱爲『小年庚』，有時必須加寫三代籍貫、官銜、歲數及排行等，作爲雙方互相探查之用，又稱爲『大年庚』。」〔註 54〕林明義《臺灣冠婚喪祭家禮全書》亦曰：「問名也稱『生庚』，俗稱『八字』，又稱『字仔』、『婚仔』（女的八字）。男方如果認爲女方符合他們的條件，就請媒人探詢女方意見，讓兩方進行會談，並交換『八字』。『八字』是一張寬一寸、長八寸的紅桃，上有男女當事人的出生年月日。」〔註 55〕不過，據吳瀛濤《臺灣民俗》指稱，「字仔」與「八字」雖均稱年庚，卻略有不同。「八字」之甲庚必用干支書寫，以便占卜之用，俗謂「大年庚」；「字仔」則寫籍貫、排行等，供作查探之用，俗謂「小年庚」。〔註 56〕如此從六禮的「問名」轉變爲「換庚帖」，乃是術數化的必然發

〔註 50〕 李師豐楙，《慶典禮俗》，臺北：國立空中大學，2010 年 8 月，頁 126。
〔註 51〕 楊天厚、林麗寬，《金門婚嫁禮俗》，臺北：稻田出版公司，1998 年元月，頁 10。
〔註 52〕 同註 51。
〔註 53〕 楊天厚、林麗寬，《金門婚嫁禮俗》，臺北：稻田出版公司，1998 年元月，頁 11。
〔註 54〕 關於生庚「寬一寸、長八寸」的說法，亦見於〔日〕鈴木清一郎原著：馮作民譯，《增訂臺灣舊慣習俗信仰》，臺北：眾文圖書公司，2004 年 10 月 1 版 4刷，頁 176。餘文參見李師豐楙，《慶典禮俗》，臺北：國立空中大學，2010年 8 月，頁 127。
〔註 55〕 林明義編，《臺灣冠婚喪祭家禮全書》，臺北：武陵出版公司，1995 年 12 月 4版 6 刷，頁 131～132。
〔註 56〕 吳瀛濤，《臺灣民俗》，臺北：眾文圖書公司，1975 年 8 月 4 版，頁 126。

展，亦是在成婚前探聽、相親等外表動作外，訴諸命術的潛在篤信。〔註57〕

　　攸關男女乾坤庚帖，楊炯山《結婚禮儀》載明：「男方託媒人到女方家討女方出生年月日時，以六版文爲庚書或鸞書，男爲乾造，女爲坤造，要湊成十二字或十六字爲吉。如下列：〔註58〕

圖 4-2：問名時女方坤造庚帖

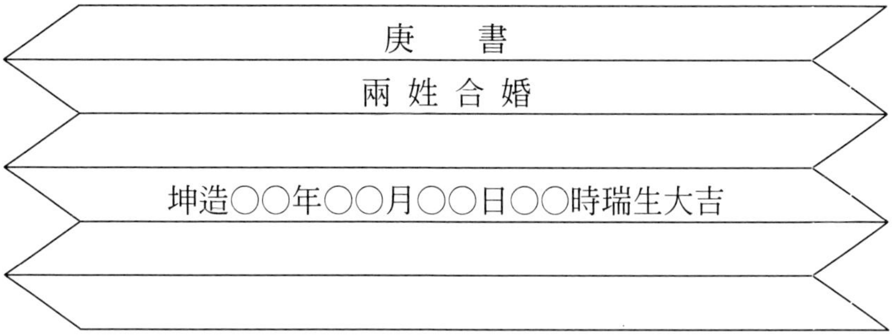

庚　　書

兩　姓　合　婚

坤造○○年○○月○○日○○時瑞生大吉

（據楊炯山《結婚禮儀》，2001 年，頁 25 整理修正）

之後，男方將媒人所持回庚書塡上男方的出生年月日時，並在廳堂上向神明稟告卜筊，稟告時要將字體面向神明，且須向神明告知男女雙方之姓名、住址與雙方父母姓名，式樣如下：〔註59〕

圖 4-3：卜神時男女雙方庚帖

庚　　書

兩　姓　合　婚

乾造○○年○○月○○日○○時建生大吉

坤造○○年○○月○○日○○時瑞生大吉

天　長　地　久

光　前　裕　後

（據楊炯山《結婚禮儀》，2001 年，頁 26 整理修正）

〔註57〕李師豐楙，《慶典禮俗》，臺北：國立空中大學，2010 年 8 月，頁 127。
〔註58〕楊炯山編，《結婚禮儀》，新竹：竹林書局，2001 年 7 月再版，頁 25。
〔註59〕楊炯山編，《結婚禮儀》，新竹：竹林書局，2001 年 7 月再版，頁 25～26。

之所以要用庚帖者，《諸羅縣志》有此一說：「互用庚帖者，以謹始慮終，示無悔也。……既無庚帖、或未約聘，而貧富貴賤，先後不同，寒盟負約者有之矣。由不用庚帖，不鄭重於始也。」〔註60〕其目的在求「以謹始慮終，示無悔也。」頗爲明朗。而長八寸、寬一寸的「生庚」，據李文獻《臺灣閩客傳統婚禮之研究》曰：「約長二十公分，寬三公分。」〔註61〕

對此「供神」之事，李師豐楙《慶典禮俗》亦云：「男女兩家收到『八字』後，就趕緊燒香稟告祖先，並將八字壓在正廳神明、祖先牌位前的香爐下，或直接放在神桌上三天；……期間，家裡發生吵架、失竊、遭劫，或摔壞東西如打破碗盤，或有蟲蛾投入清水中，及其他意想不到的災變事故，就被認爲不祥之兆。反之，……就認爲神佛和祖先保佑，乃是吉兆，這門親事就可以繼續商談。基本上這就是『納吉』的遺風，重視卜問祖先是否得吉之兆。」〔註62〕林明義《臺灣冠婚喪祭家禮全書》也言：「依照舊習慣，八字上的文字數必須是偶數，……男女雙方分別將八字放在自宅正廳的神佛前三天，並燒香拜拜，在這三天中，家中如果發生口角、竊盜、器物毀壞等事，就被認爲是一種異變，乃是不祥之兆，這樁婚姻也就談不成。」〔註63〕，由李師和楊氏、林氏之論，據見臺灣地區男女雙方均有持八字供佛卜吉之舉。

金門地區在媒妁問名後，「送坤造庚帖於男家，男家奉之神明祖先案前，禱之於神，焚香，香炷十二枝，枝枝不滅者，曰十二枝香落爐，是爲吉兆。此後三日內，男家供神之盂水不污，碗盞不碎，家畜不走失死亡，人口無疾病，是爲女善宜家。然後詣廟問筶，詣瞽問卜，請術者算命，神曰可，卜曰吉，術者曰佳，再挽人探聽女方之家教四德曰善，方擇吉由媒妁往女方議定進行納采行聘而定婚，探聽必須外人，若挽堂親戚屬，認爲非禮，必遭拒絕。」〔註64〕對於女方坤造庚帖在男家供神得吉兆時，另有「此女生下就曾拜過男

〔註60〕〔清〕周鍾瑄，《諸羅縣志》，收入《臺灣文獻叢刊》第 141 種，臺北：臺灣銀行經濟研究室，1962 年，頁 139。

〔註61〕李文獻，《臺灣閩客傳統婚禮之研究》，中國文化大學中國文學研究所博士論文，2002 年，頁 257。

〔註62〕李師豐楙，《慶典禮俗》，臺北：國立空中大學，2010 年 8 月，頁 127。

〔註63〕林明義編，《臺灣冠婚喪祭家禮全書》，臺北：武陵出版公司，1995 年 12 月 4 版 6 刷，頁 132。

〔註64〕參見金門縣文獻委員會，《金門縣志·人民志·禮俗》卷 3，重編版，金門：金門縣政府，1979 年 6 月，頁 425。及《金門縣志》同卷同篇章，重修版，1968 年 2 月，頁 306，皆有相同記載。另見許如中編著，《金門民俗志》則

方家的『灶君公』：司命灶君，良緣夙締，美滿姻緣至此已有眉目」〔註65〕一說。以及「……十二枝（案香）落爐，表示好兆頭，此後三日內男家一切平靜，就算是這女的能持家。」〔註66〕二說。姑不論何說，皆指姻緣已通過考驗，將予締盟。

唯近年來，在教育普及與自由戀愛風氣推波助瀾之下，民智大為開展，此般「合八字」風俗雖仍在金門普行，但已逐漸消泯中。又由《金門縣志》和許如中編著《金門民俗志》所言，則知金門地區持八字供神只限男方家而已，與臺灣地區稍有差異。當親事議定，緊接挑選訂盟吉日，一般都由父母全權作主。日期的選定普通以黃曆（農民曆）、通書，或神明旨意、算命卜算為依歸，其中有許多選期的忌諱，請詳閱第八章第一節（三）1.金門結婚前禁忌之請期禁諱。時辰方面，「提親、議婚、訂婚等均取午前（日正當中之前為宜，取其正陽光明、欣欣向榮、步步高陞之意），九時為極數，十時為滿數，十一時為至數，十二時為圓數，十三時為傾數」……故一般取十至十二時之間為宜，取其到達圓滿之境界。」〔註67〕

衡諸「八字」這般深受重視，一般人往往在女兒出生時，即請求算命術士偽造一個最吻合命運相性的八字，尤其是帶有「破骨」的女子。直到該女子死後，再告訴其子（孝男），謂其母為「破骨」女子，日後不能撿骨。俗語云：「女命無真，男命無假」，正是對女子出生年月日常與實際大有出入的偽造證說。〔註68〕

有相近的載述：「送坤造庚帖於男家，男家奉之神明祖先案前，禱之於神，焚香，香炷十二枝，支支不滅者，曰十二支香落爐，是為吉兆。此後三日內，男家供神之盂水不污，碗盞不碎，家畜不走失死亡，人口無疾病，是為女善宜家。然後詣廟問筶，詣替問卜，挽人探聽女方之家教四德，神曰可，卜曰吉，探聽曰善，方納采行聘而定婚，探聽必須外人，若挽堂親戚屬，認為非禮，必遭拒絕。」該書編入婁子匡編著《國立北京大學中國民俗學會民俗叢書》第二輯第29，臺北：東方文化書局，1971年春季，頁16。

〔註65〕楊天厚、林麗寬，《金門婚嫁禮俗》，臺北：稻田出版公司，1998年元月，頁11。

〔註66〕楊志文，《金門縣湖峰鄉土誌續輯》，金門：金門縣湖峰社史料編纂委員會，1998年8月，頁78～79。

〔註67〕楊炯山編，《結婚禮儀》，新竹：竹林書局，2001年7月再版，頁44。

〔註68〕林明義編，《臺灣冠婚喪祭家禮全書》，臺北：武陵出版公司，1995年12月4版6刷，頁132。

三、訂盟儀節與備辦禮物

女方八字經歷男方供神問吉、詣廟問筊、詣瞽問卜、術者算命皆得准允，並在男方家長選定訂盟佳期之後，男女雙方即可分頭進行採辦訂婚須用的物品器物。金門地區幅員雖僅有五大鄉鎮，統稱爲本島區的「大金門」和離島區的「小金門」，但民間禮儀卻慣以金湖鎮瓊林村爲界，概分爲三域：金城鎮和金寧鄉泛稱「前面」、金湖鎮和金沙鎮泛稱「後面」、島外島的烈嶼鄉俗稱「小金門」，三區禮俗各行其是，大同之中卻略有小異。

（一）男家備辦

因隨金門民間禮俗素有「前面」、「後面」和「小金門」之微差別，訂婚前採辦的用物自亦稍有小異，以下就金門縣各鄉鎮志，及筆者夫婦針對金門五大鄉鎮全區田調所撰《金門婚嫁》一書，與其他相關書籍，分就男女方細節陳述，庶可睹其眞相：

1. 金湖、金沙地區（泛稱「後面」）
   - （1）金飾：俗稱「三金」，項鍊一對、手環兩對、戒指一對。一枚戒指鑲珍珠，一枚戒指雕飾新郎姓名，並請福命婦人以紅線繫綁兩戒指，象徵永結同心。
   - （2）手錶：含金質錶鍊一條，配成一對；或用對錶亦可。
   - （3）布帛：含布匹、成衣、毛線等，共十六件。由於訂製服飾與自編毛衣風氣不再普及，現今人們皆改買現成服飾居多，事前由男女當事人自行採購，再以兩塊花布巾包裹。
   - （4）女用插髮綵花：俗稱枝仔花，共一百二十朵，端視女方女性親戚多寡予以增減，數額由女方決定。
   - （5）別針、髮夾：適量。
   - （6）大春、大吉：各兩對。

照片 4-1：金門婚禮插頭上的大春、大吉

（7）大禮（聘金）：1958 年「八二三炮戰」前，普遍銀元一佰二十元至二佰二十元之間，每個銀元皆貼花紅囍字。「八二三炮戰」後，盛行新臺幣十萬元或十二萬元為譜，每疊簇新大鈔間分別以紅紙捆住。此部分可於議親時，由媒人溝通讓女方照單全收，或酌收部分，或完全不收。

（8）花籃：共一擔，每個花籃都有三層，訂婚時由男方擺設物品如下：

照片 4-2：金門訂婚專用的花籃

表 4-1：金門金湖、金沙地區（泛稱「後面」）訂婚花籃擺設

上　　層	中　　層	下　　層	
大禮（聘金）	綵花（枝仔花）	1. 兩對大春 2. 兩對大吉 3. 金錶（含錶鍊）	（花籃一）
大禮（聘金）	綵花（枝仔花）	1. 金項鍊 2. 金手環 3. 一對金戒指	（花籃二）

資料來源：楊天厚、林麗寬，《金門婚嫁禮俗》，臺北：稻田出版公司，1998 年元月，頁 13 整理。

花籃擺設方式並非如上一成不變，每一層皆裝滿物品乃是不變的定律。

（9）化妝品：六或十二瓶，早前因質地粗糙，價格便宜，甚或買十二對（二十四瓶）之多。

（10）糖果：兩大包，供前往女方家觀看訂婚禮的賓客食用，同沾喜氣，可全數吃完。

（11）香、紅燭、禮炮、壽金：各備一份。亦有用雙份者，以求成雙成對吉意。一般女方只焚燒一份，退還男方一份；但亦有女方雙份齊燒，各憑所好。〔註69〕

2. 金城、金寧地區（泛稱「前面」）

大抵與上述金湖、金沙地區（泛稱「後面」）雷同，僅有以下部分些微差異：

（1）四色布：四種紅色花布，擺設於花籃蓋上。

（2）大春、大吉：各兩對。另加小吉六對或八對，或十二對或二十對不等，悉由自便。

〔註69〕金湖、金沙地區（泛稱「後面」）買辦訂婚物品細項，參閱楊天厚、林麗寬總編纂，《金門縣金沙鎮志・風俗篇》上冊，金門：金沙鎮公所，2002 年 12 月，頁 374。及楊天厚、林麗寬，《金門婚嫁禮俗》，臺北：稻田出版公司，1998 年元月，頁 12～16。

表 4-2：金門金城、金寧地區（泛稱「前面」）訂婚花籃擺設

上層	中層	下層	
1. 綵花（枝仔花） 2. 一對大春 3. 一對大吉	聘金	化妝品	（花籃一）
1. 綵花（枝仔花） 2. 一對大春 3. 一對大吉	金飾	1. 髮夾 2. 別針	（花籃二）

資料來源：楊天厚、林麗寬，《金門婚嫁禮俗》，臺北：稻田出版公司，1998 年元月，頁 14 整理。

花籃最上層放置綵花（枝仔花），兩籃數量應相同，如備一百二十朵，則每籃各放六十朵。

3. 烈嶼地區（泛稱「小金門」）

本區採辦物品也多類似，少部分有異者說解如下：

（1）金飾：戒指兩對、桂花手環（銀質鑲花手鐲）一對、手鍊一對、耳墜一對、胸前鍊兩對。與金城、金寧地區（泛稱「前面」），以及金湖、金沙地區（泛稱「後面」）兩區稍有不同：

（2）紅襖裙：共一套。富有人家另加披肩一件。

（3）紅彩籃：共一個。昔時多採竹製，塗紅漆。今多為塑膠製品，鮮豔亮麗又美觀，惜缺乏思古之幽情。

（4）化妝品：雙數即可，數量不拘。

（5）布帛：六或十二件各色綢布，供訂婚「提綢」〔註70〕之用，今多改買現成服飾。

（二）女家備辦

男女兩家透過說媒、合八字及同意婚姻之後，同時間男女方皆須籌備不等用物，以下仍就金門縣各鄉鎮志，及筆者夫婦對金門五大鄉鎮做地毯式田調所撰作《金門婚嫁》一書，與其他相關書籍中，有關女方採購部分提出說明：

〔註70〕金門烈嶼鄉（俗稱小金門）的傳統訂婚禮儀較為繁瑣，共須經歷四訂才算完成。頭訂時，男方請媒人用紅彩籃送數佰元至女方家，謂之「提訂」。二訂時，再請媒人用紅彩籃送紅色置最上方的數色綢布，謂之「提綢」。烈嶼鄉相關訂婚細節請詳閱本章第二節二（三）的專門詮釋。

1. 金湖、金沙地區（泛稱「後面」）

（1）餽贈新郎衣物：六樣居多，十二樣亦可。手帕、領帶、金質領帶夾、襯衫、西裝、皮包、雙喜巾……等。後有人仿照臺灣禮俗，爲新郎準備從頭至腳配件，譬如鞋襪；唯金門老輩長者認爲閩南語「鞋」和「話」諧音，恐將來多閒話添是非而忌用爲宜。

（2）雙喜巾：共一條。一尺二寸長，上鐫印「囍」字。訂婚時，由女方回贈置放花籃內送抵男方家，結婚前夕「插定」時，再從男方家拿回女方家，供新娘捧新娘花之用。但這種雙喜巾習俗並不存在烈嶼地區（俗稱小金門）。

（3）紅絲線：須分送訂親禮車司機及媒人各一捆。

（4）「十二樣」物品：含括芋頭、紅粬、白粬、韭菜、棉尾、大麥、春粟、犁頭鉎、冬瓜排、桔餅、芋、木炭等象徵吉祥與綿延不絕之物。其中的芋頭和韭菜，男方應將之種活，有蠡斯衍慶、子孫繁衍的喻義。

（5）金戒指：共一對。其一鑲珍珠，其一雕刻新娘姓名，供訂婚時與新郎交換之用。〔註71〕

2. 金城、金寧地區（泛稱「前面」）

上列物品幾乎相同，僅「十二樣物品」中的紅粬、冬瓜排換成龍眼乾和一對柿粿，此外，須再添買下述食品：

（1）黑砂糖丸：共十二粒。訂婚時由女方回贈男方，供男方日後蒸粿使用，象徵來日家道興旺。

（2）八角糖：共二十四塊。係以白砂糖製成八角形粉紅色的糖片。

（3）麵柑：共二十四個。

（4）桶餅：共二十四個。

（5）蓮花餅（亦稱菊花餅）：共二十四個。〔註72〕

3. 烈嶼地區（泛稱「小金門」）

上列採購物品亦與金湖、金沙地區（泛稱「後面」）一樣，只兩點小差別：

〔註71〕參見楊天厚、林麗寬總編纂，《金門縣金沙鎮志・風俗篇》上冊，金門：金沙鎮公所，2002 年 12 月，頁 374。及楊天厚、林麗寬，《金門婚嫁禮俗》，臺北：稻田出版公司，1998 年元月，頁 17。

〔註72〕楊天厚、林麗寬，《金門婚嫁禮俗》，臺北：稻田出版公司，1998 年元月，頁18。

（1）黑砂糖丸：共三十六粒。供頭訂、二訂、三訂、四訂後，回贈男方供日後蒸粿之用，寓意家族昌盛。

（2）糖果：共兩大包。訂婚時回贈之用，供男方餽贈親友。〔註73〕

四、喜糖、喜餅訂製

　　兩姓聯姻，純屬喜事，致有喜糖和喜餅的分送以饗親友，故是馬之驌《中國的婚俗》如此云：「晚近以來，對『納徵』、『納幣』一般都取通俗之義，而改稱『下財』、『聘禮』，或『過大禮』。就是男家依照論婚時所議定的：財帛、禮餅、衣服、布帛、首飾等物，按原議數量在迎娶之前數日，盛飾儀仗送到女家。禮餅或其他食物，女家收受後，必分贈親友及鄰居，以示女兒出嫁有期，今臺灣所行之訂婚禮餅，實際上就是古禮之遺風。」〔註74〕得見訂婚喜糖和喜餅的設置，淵源已久。

　　訂婚儀節雖不及結婚鬧熱盛況，但就金門昔時社會，已屬驚天動地大事，左鄰右舍莫不紛至沓來觀禮、吃喜糖、插花，分享喜悅。因此，金城鎮和金寧鄉男方即分贈村內每戶喜餅一盒。金湖鎮和金沙鎮並不送喜餅，男方分贈每戶一粒圓形糖球，直徑約五公分大；女方則分贈一戶一朵綵花，同沾喜氣。因隨時代遞嬗，金湖鎮和金沙鎮所分贈村民的大顆糖球，乃改成一般糖果，以十二至十六顆分裝小包，再在膠袋外黏貼心形或長方形燙金精美文書，上書：

圖4-4：金門地區訂婚喜糖文書

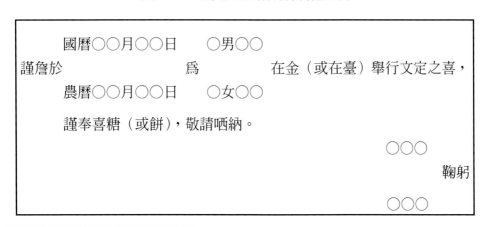

〔註73〕楊天厚、林麗寬，《金門婚嫁禮俗》，臺北：稻田出版公司，1998年元月，頁19。

〔註74〕馬之驌，《中國的婚俗》，臺北：經世書局，1981年12月，頁12～13。

之後，再隨社會、經濟的進化，金湖鎮和金沙鎮也漸次改以喜餅代替喜糖。當男方餽贈喜餅傳達婚訊時，加附一條口香糖；小金門送喜餅時卻不附口香糖。當女方餽贈喜餅傳達婚訊時，加附一朵綵花，供作男方贈或女方贈之別。〔註75〕

照片 4-3：早期金門金湖、金沙鎮餽送親友的訂婚大糖球製作

訂婚禮餅因餽送對象親疏而有大小盒餅之分：大盒餅約六十盒，限分送近等親。小盒餅約四百至六百盒，分送同事、親友、鄰人等。「其數多寡，概視貧富而定。多者二百四十分或更多，少者亦有六十分。」〔註76〕女方所需喜餅數額悉由女方算定後，連同男方贈送親友喜餅數量，一道由男方出資採購；〔註77〕或由男方支付相對的款項，讓女方自行買辦。因重男觀念，金門地區男方送喜餅數額尤較女方送得多，除非被招贅才不分送喜餅。不若臺灣地區僅有訂婚女方才分送喜餅。又爲減少分贈各村親友的時間和麻煩，爾來頗多婚事改爲喜餅與喜帖一起送達，不再依舊式社會先送喜餅表示婚訊傳播，後送喜帖表示邀參婚宴。

〔註75〕參見楊天厚、林麗寬總編纂，《金門縣金沙鎮志・風俗篇》上冊，金門：金沙鎮公所，2002 年 12 月，頁 374。及楊天厚、林麗寬，《金門婚嫁禮俗》，臺北：稻田出版公司，1998 年元月，頁 21～22。

〔註76〕吳瀛濤，《臺灣民俗》，臺北：眾文圖書公司，1975 年 8 月 4 版，頁 129。

〔註77〕楊天厚、林麗寬，《金門婚嫁禮俗》，臺北：稻田出版公司，1998 年元月，頁 22。

　　訂婚當日，拜過女方家中神佛和祖先後，女方家鄰舍婦人和親友皆樂意分擔送喜餅勞務。霎時，但見人聲喧嚷，多輛手推車同時出動，挨家挨戶沿路么喝發送喜餅，蔚然壯觀又熱鬧。〔註78〕由於喜餅的發送係以「口灶分」〔註79〕計屬，不得任意遺漏，因故多請村中有經驗、常幫忙做此事的婦女擔當。而此般以「口灶分」發贈的模式，聚落中各家各戶都能獲贈，復加金門地區男女雙方皆須分贈喜餅的習慣性，演變成家家戶戶餅滿為患，如逢結婚旺季，又屬少口之家，常有吃不完之虞，豈不可惜？儘管習俗上「輸人不輸陣」的根深柢固心理多所崇尚，引致有經濟能力者，無不相互觀看、效法，但時代既已進化，禮亦應隨機改異，或許今後送喜餅方式可減少浮濫，如同臺灣地區只分送至親好友，既省時、省力、省錢又不浪費，豈不一舉數得？

第二節　訂婚儀節（文定）

　　訂婚亦曰「文定」，即古時納采、納徵之遺。〔註80〕也稱「小禮」，男家僅送女家簪珥之類物品附於婚書，作為訂婚信物。「納徵」是比「文定」更隆重之禮節，男家依議婚協定條件，餽贈女家「聘禮」。聘禮中多以金錢為主，故又稱「財禮」，後普遍改稱「納幣」。〔註81〕攸關「文定」一詞，《詩經・大雅・大明》有「文定厥祥，親迎於渭」〔註82〕的刊記，後世以所謂「文定」做為「訂婚」的代稱，即開始於此。由於古昔有「人生七十古來稀」之嘆，復有「不孝有三，無後為大」之憾，致婚齡較早（歷代婚齡說詮，請詳

〔註78〕　楊天厚、林麗寬，《金門婚嫁禮俗》，臺北：稻田出版公司，1998 年元月，頁 22。

〔註79〕　所謂「口灶分」，意指聚落內每戶皆發一分的應得利益，倘不慎漏失某戶未送到，則被遺漏之人可主動要求補送，發放之家亦會深覺歉意。金門地區舉凡彌月餽贈油飯；周歲餽贈花生粿；作壽餽贈蛋糕、餅乾與紅蛋；婚嫁餽贈喜餅和喜糖……等，概以此方式發放鄰里之間。

〔註80〕　金門縣文獻委員會，《金門縣志・人民志・禮俗》卷 3，重編版，金門：金門縣政府，1979 年 6 月，頁 425。及《金門縣志》同卷同篇章，重修版，1968 年 2 月，頁 306。及《金門縣志》同卷同篇章，增修版，1999 年初版 2 刷，頁 420。另見許如中編著，《金門民俗志》，該書編入婁子匡編著《國立北京大學中國民俗學會民俗叢書》第二輯第 29，臺北：東方文化書局，1971 年春季，頁 17，皆有相同記載。

〔註81〕　馬之驌，《中國的婚俗》，臺北：經世書局，1981 年 12 月，頁 37。

〔註82〕　〔清〕阮元等校勘，《十三經注疏──毛詩》卷 16 之 2，〈大雅・大明〉，（重刊宋本）；〔漢〕毛公傳，鄭玄箋；〔唐〕孔穎達等正義，臺北：藝文印書館，1976 年 5 月 6 版，頁 541。

閱第八章第一節金門婚前禮禁忌中的婚齡提點），因此，《御製大誥續編・婚娶第八六》曰：「今以誥告，凡在京有官君子之父母，即早婚娶前來，以固子天生自然之性。不然，暫染娼優，污合村婦，性一乖爲，莫可得而再治。其諸父母，早爲之計。」〔註83〕即是官方昭告在京爲官者之父母，早爲官人婚娶的明證。

一、聘 禮

　　就婚禮言之，《漢書・地理志》第八下有言：「嫁取（娶也）送死奢靡。」〔註84〕《漢書・地理志》第八下又言：「嫁娶尤崇奢靡，送死過度。」〔註85〕〔清〕郝玉麟等監修《福建通志・泉州府》卷九曰：「瀕海者，恃魚鹽爲命；依山者，以桑麻爲業，大抵皆崇儉樸，好佛法，重婚姻，喪祭以儉薄爲恥。」〔註86〕《福建通志・泉州府》卷九又曰：「產薄而用減，吉凶之需，稱家有無。」〔註87〕乃是足見古來籌備婚禮用資當是不容小覷。〔清〕錢大昕〈陸氏義莊記〉甚言：「古者卿大夫立宗，宗子必世其祿，故有收族之誼，冠昏喪祭必請於宗子而後行。……夫宗法雖善，然必藉乎貴而後行之。其究也，或以啓挾貴之漸。義莊則唯族之賢者能行之，其敦睦出於性之自然，故持之久遠而無弊。此范氏之意，可以爲後世法。」〔註88〕亦可明晰見出籌設義莊資助族人行婚的例證。

　　「訂盟是婚約成立的開始，也就是結婚的約定，且要送禮金，俗語稱『送定』、『聘定』、『攜定』、『小聘』等。」〔註89〕就金門地區言之，「婚冠喪祭，

〔註83〕劉海年、楊一凡總主編，《御製大誥續編・婚娶第86》，載《中國珍稀法律典籍集成──洪武法律典籍》乙編第一冊，北京：科學出版社，1994年8月，頁165。

〔註84〕〔漢〕班固撰；〔清〕王先謙補注，《漢書補注》冊1卷28下〈地理志〉第8下，臺北：藝文印書館，1996年8月初版4刷，頁858。

〔註85〕〔漢〕班固撰；〔清〕王先謙補注，《漢書補注》冊1卷28下〈地理志〉第8下，臺北：藝文印書館，1996年8月初版4刷，頁854。

〔註86〕〔清〕郝玉麟等監修，《福建通志・泉州府》卷9，《文淵閣四庫全書本・史部》530冊，臺北：臺灣商務印書館，1986年7月，頁439。

〔註87〕〔清〕郝玉麟等監修，《福建通志・泉州府》卷9，《文淵閣四庫全書本・史部》530冊，臺北：臺灣商務印書館，1986年7月，頁439。

〔註88〕〔清〕錢大昕撰，〈陸氏義莊記〉，載〔清〕賀長齡、魏源等編，《清經世文編》卷58，北京：中華書局，1992年4月，頁1477。

〔註89〕林明義編，《臺灣冠婚喪祭家禮全書》，臺北：武陵出版公司，1995年12月4版6刷，頁132。

盡革舊俗，以禮教與鄉人講之；鄉人因以丕變，不敢爲非禮之事。」〔註 90〕不難見出其崇禮尚實的風尚。對早前的訂婚聘禮，明儒洪受《滄海紀遺》有此一說：「昔之定婚者，多至六兩，少或二兩，無餘物焉；今則物采漸繁，而其數不止於是矣。」〔註 91〕清儒林焜熿《金門志》亦曰：「婚姻重門戶，不甚選婿。傳聞四十年前，嫁娶不過數十金，儀從物采，概從儉約。今則漸華靡。」〔註 92〕《金門縣志》民國十一年本亦曰：「民國成立後，婚禮多從新制，聘儀之厚，動費數百金，與前懸殊，此固風尚所趨，抑亦百物騰貴有以致之。」〔註 93〕即明確指出聘禮的愈益加增，堪稱社會糜爛風氣及物價波動使然，卻非世人之福。因爲「中等以下的本省家庭，重視聘金聘禮後，婚姻常常造成了悲劇。」〔註 94〕《禮記》卷四十九〈祭統〉第二十五遂有此語：「既內自盡，又外求助，昏禮是也。」〔註 95〕

　　對於相關聘禮聘儀的紹述，臺灣地區，由男方首次給女方送聘金的儀式，謂之「訂盟」，俗稱「送定」，也叫「聘定」、「攜定」「小聘」，北方人則叫「過小禮」，也就等於現今的訂婚典禮。就一九七八年言之，當時的聘金約爲新臺幣二萬四仟元〜四萬二仟元之譜，北部區域亦有六萬元行情；甚而部分受高等教育貌美女子之聘金高達數十萬元；有些窮苦人家爲解決生活問題，也故意提高聘金。〔註 96〕至於離島金門的聘禮，《金門縣志》載錄甚詳：

　　　　聘禮，（案八二三炮戰）戰前中產之家，大率銀元二百二十、二百四十或三百，各貼花紅囍字。綵花一百二十或一百四十雙，化粧品

〔註 90〕　〔明〕洪受，《滄海紀遺・人才之紀第三》，金門：金門縣文獻委員會，1970年 6 月再版，頁 13。

〔註 91〕　〔明〕洪受，《滄海紀遺・風俗之紀第四》，金門：金門縣文獻委員會，1970年 6 月再版，頁 49。

〔註 92〕　〔清〕林焜熿，《金門志》，收入《臺灣歷史文獻叢刊》，南投：臺灣省文獻委員會，1993 年 9 月，頁 391。此說亦見於金門縣文獻委員會纂修，《金門縣志・禮俗》卷 13，民國本，金門：金門縣政府，1922 年 2 月，頁 143〜144。

〔註 93〕　金門縣文獻委員會纂修，《金門縣志・禮俗》卷 13，民國本，金門：金門縣政府，1922 年 2 月，頁 144。

〔註 94〕　黃美幸，〈中國婚姻制度之演變〉，《臺灣風物》17 卷 4 期，1967 年 8 月，頁 72。

〔註 95〕　〔清〕阮元等校勘，《十三經注疏——禮記》（重刊宋本），〔漢〕鄭玄注；〔唐〕孔穎達等正義，臺北：藝文印書館，1976 年 5 月 6 版，頁 831。

〔註 96〕　〔日〕鈴木清一郎原著；馮作民譯，《增訂臺灣舊慣習俗信仰》，臺北：眾文圖書公司，2004 年 10 月 1 版 4 刷，頁 177。

十二或二十四樣，紅鍛一端，長二碼四，衣料四至十六色，金銀手飾戒指、手鐲、項鍊、頭簪之屬若干，吉日由媒妁攜禮盒綵筐乘轎送往女家，女家回以金鍊、玉釧、戒指、肚袋。不用肚袋者代以手巾，袋貯五穀、韭菜、柿粿、橘餅、芋、白糰、棉尾、荸、福圓、犁頭鉎（鐵）、火炭等利物，曰「十二件」，及烏糖圓、糖餅、柑餅各十二，名曰「回盤」。此後即可請期迎娶。聘禮中之綵花，回盤中之糖餅等，男女兩家，均各分贈鄰里親友，咸各道喜。近日不用銀元，改以赤金四兩、六兩、八兩不等。開明之家，均已不收聘金矣。〔註97〕

又《顯影》第四卷第三期中，亦有對聘禮的鋪陳：「如漢之長子永篇年廿五，自峇力吧版搭船回金途中，與後浦某氏美緻伶俐、年廿歲的養女寶玉言談甚歡，又見寶玉一行多稚幼而多予照料，某氏以感恩心懷，表明欲將鍾愛的養女寶玉匹配，永篇不敢作主，迨回至家稟報其母同意，乃以禮儀百元行聘，諒未久即可完娶。」〔註98〕其中所指涉的「禮儀百元」與《金門縣志》談論者同為銀元。施伍，〈五年來的金門婦女〉亦言：「農村經濟崩潰的金門，家長送他們女子到學校去，既然是投機的指使，那麼最大的目標也脫不了是要提高女子的價值，利用將來在婚姻買賣上多賺一分的利潤。換句話說，就是預備將來做個富裕家庭的玩物。學校教育造成婦女的裝飾品，增加婦女商品

〔註97〕參見金門縣文獻委員會，《金門縣志・人民志・禮俗》卷3，重編版，金門：金門縣政府，1979年6月，頁425。及同卷〈人民志・儀禮〉，增修版，1999年初版2刷，頁420。另見《金門縣志・人民志・禮俗》卷3，重修版，1968年2月，頁306～307，也有類似記載：「聘禮，戰前中產之家，大率銀元二百二十、二百四十，各貼花紅囍字。綵花一百二十或一百四十雙，化粧品十二或二十四瓶，紅鍛一端，長二尺四，衣料四至十六色，金錢手飾戒指手鐲項鍊之屬若干。吉日由媒妁持筐送女家，女家回以金鍊、玉釧、戒指、肚袋。不用肚袋者代以手巾，袋貯五穀、韭菜、柿粿、橘餅、芋、白糰、棉尾、荸、福圓、緣錢、犁頭鐵、火炭等利物，曰十二件，及烏糖圓、糖餅、柑餅各十二，名曰回盤。此後即可請期迎娶。聘禮中之綵花，回盤中之糖餅等，男女兩家，均各分贈鄰里親友，咸各道喜。近日不用銀元，改以赤金四兩、六兩、八兩不等。」又見許如中編著，《金門民俗志》亦有與重修版《金門縣志》相近的載述，僅刪「戰前」、刪「近日不用銀元，改以赤金四兩、六兩、八兩不等」、女家回盤刪「戒指」等。該書編入婁子匡編著《國立北京大學中國民俗學會民俗叢書》第二輯第29，臺北：東方文化書局，1971年春季，頁17。

〔註98〕施伍、承爵合編，〈鄉聞〉中的〈永篇行聘：於海面上生愛慕，在陸地間行聘禮〉，《顯影》第4卷3期，金門：珠山圖書報社，1931年1月，頁2b～3a。

化的價值。」〔註99〕乃就早期婦女就學增進身價以爲日後提高聘禮的訴求。

　　於此格見早期金門訂婚聘禮詳目及部分儀節之一斑。原則上由媒妁提送擺放花籃內的男方聘禮，女方多須留下部分，不能盡收：譬如綵花（枝仔花）至少留十二朵；大春、大吉須留一對。訂婚的禮金（即聘金）僅酌量收取或全然不收，普通以擺看頭居大多數，罕有全數收取者；〔註100〕如全收者，亦率皆以買辦嫁粧居多，以充場面，藉聘禮斂財者畢竟只是極少數。

　　爰此社會習風對聘禮的日漸鋪張，《金門縣志》民國十一年本遂言：「近年新生活運動提倡節約，全國風行。金門出洋謀生者，幾於無家無之。前此南洋商況頗佳，習於奢侈，喪喜事費動逾一二千金。近受世界不景氣之影響，失業日多，生活困難，更不容不力持節儉。然知之者眾，而能矯俗倡行者實尠，當事之家每以體面關係，勉強舉債從事，概習俗囿人，賢者不免。縣長鄺漢抵任，成立新運促進分會，對於婚喪等用費，加以限制，誠救弊易俗之要舉云。」〔註101〕正是官方宣導聘禮從簡的寫照，否則，一味借債舉行奢靡婚禮，不過陷日後困苦生活於債臺高築中而已，焉得幸福可言？

二、訂　盟

　　「古時訂婚叫文定。」〔註102〕當婚事談妥，並備全訂婚用的禮品禮物後，即可舉行訂盟的儀式，俗稱「送定」或「文定」，約等於現代的「訂婚」式。吳瀛濤《臺灣民俗》更明確指稱：「送定即訂盟合婚，於問名後行之。送定或稱過定、定聘、攜定、小聘、文定等，係訂婚禮俗。送定後，再經完聘（或稱大聘），於是，聘禮始告完成。亦有將小聘、大聘併合而行者，以省耗費。」〔註103〕金門地區主要的行事依金門縣《金城鎮志》詮敘如下：

　　　　擇好吉日良辰，由媒人陪同男方親戚（通常是姑、姨），備好禮帖、庚
　　　　帖及禮物（如聘金、手飾、禮品等），到達女家，開始『訂盟』的儀式：

〔註99〕施伍，〈漫談・五年來的金門婦女〉，《顯影》第 7 卷 3 期，金門：珠山圖書報
　　　　社，1932 年 11 月 30 日，頁 3a～3b。

〔註100〕楊天厚、林麗寬，《金門婚嫁禮俗》，臺北：稻田出版公司，1998 年元月，頁 24。

〔註101〕金門縣文獻委員會纂修，《金門縣志・禮俗》卷 13，民國 11 年本，金門：金
　　　　門縣政府，1922 年 2 月，頁 144～145。

〔註102〕楊志文，《金門縣湖峰鄉土誌續輯》，金門：金門縣湖峰社史料編纂委員會，
　　　　1998 年 8 月，頁 79。

〔註103〕吳瀛濤，《臺灣民俗》，臺北：眾文圖書公司，1975 年 8 月 4 版，頁 126。

由女子奉茶請客，飲畢即要放紅包，稱爲『壓茶甌』。接下來就要『掛手指』，戒指繫上紅絲線，以之寓『永結同心』。女方隨將男方的聘禮供在神案前祭告神明及祖先，收下訂金及部分禮品，並以禮帖、禮物回禮，男方也將所攜回的禮品祭告神明及祖先。男女雙方分贈親友及鄰居喜糖及喜餅，親友也致送女方賀儀，俗稱『添粧』。」〔註104〕

早期農業社會的金門，一般家庭普遍困窮，據楊梨英報導，當時並無大定、小定之分，凡男女雙方講妥吃肉斤兩和喜餅數額即可施行，或逕行折抵肉錢新臺幣數萬元（如六萬元）、餅錢數萬元（如三萬元）亦可，民間遂有訂婚採「三八制」的傳言：即女方藉嫁女契機，狂收男方黃金八兩、豬肉八擔（即八佰斤）、現金八仟元等。但據筆者親訪老輩耆宿多稱是謠傳，事實上鮮少人家眞實如此做，畢竟讓男方打腫臉賒借鉅款支付女方索求之餘，日後仍須由嫁雞隨雞的女兒擔負償還重任，豈非自陷女兒於債務高築泥淖中，賠掉女兒終身的幸福？

今時今日，鑑於時代脈動和社會風氣的丕變，訂婚儀式已然改易許多，如男女雙方買辦物品已不再刻意講究，率以買現成貨居多；男女雙方且多自由戀愛掛帥，只要情投意合，立可敦請親友、同事擔任「便媒人」，即時進行提親和訂婚。〔註105〕承上所述，訂婚前採辦禮品既因地區不同而有小異，得見訂婚儀節自亦因此略有不同。以下仍就金門地區居民慣常性區分的三大境域分別梳理：

（一）金湖鎮、金沙鎮（泛稱「後面」）的訂婚儀節

早期訂婚時，只要備辦相關物品，委由媒人悉數妥放一對色澤繽紛、古色古香的「花籃」內，再前往女方家「下聘」即可，當日並無宴客之風。抵達女方家，女方家人不可代勞，全程悉由媒人將禮品依序擺放大廳「八仙桌」後，女方始負責點收。據聞媒人此來「穿絲爲定」，宛若月老爲雙方牽紅線寓意，當然不可假手他人。接後，女方家長才取用男方提供的香、燭、禮炮、紙錢，敬拜家中佛祖、土地公和祖先。之後，再廣邀新娘的女眷長輩：舅媽、姑媽、姨媽等前來插花與吃喜糖，分享喜悅。〔註106〕

〔註104〕金門縣金門學研究會總編纂，《金城鎮志·文化篇》下冊，金門：金城鎮公所，2009 年 11 月，頁 946。

〔註105〕楊天厚、林麗寬，《金門婚嫁禮俗》，臺北：稻田出版公司，1998 年元月，頁 25。

〔註106〕參見林麗寬，《生命的歷程：金門的節慶與禮俗》，金門：金門縣文化局，2009

男方在花籃內準備的聘金、布匹、衣服、胸花、別針、頭飾……等物品，暨象徵吉祥的「十二樣」物品，部分由女方收下，部分完璧歸還男家。女方也必在花籃內回贈新郎最新流行款式的行頭，如西裝、襯衫、領帶、金質領帶夾等時尚物品。〔註107〕基於訂盟的花籃每層皆須裝物原則，若女方全數收取聘金，則回贈男方的西裝、襯衫、領帶、金質領帶夾等放置花籃上層；若未收或酌收部分聘金，則只要將上列物品擺放花籃上層的籃蓋內即可。經女方點收後的花籃擺設為：

表 4-3：金門金湖鎮、金沙鎮（泛稱「後面」）女方點收後花籃擺設

上層	中層	下層	
1. 聘金 2. 西裝 3. 襯衫	1. 六～十二朵綵花（枝仔花） 2. 芋頭、紅粬、白粬、韭菜、棉尾、大麥、春粟、犁頭鈝、冬瓜排、桔餅、芋、木炭等「十二樣」物品	1. 一對大春 2. 一對大吉	（花籃一）
1. 聘金 2. 領帶 3. 金質領帶夾	六～十二朵綵花（枝仔花）	1. 金項鍊 2. 金手環 3. 一對金戒指	（花籃二）

資料來源：楊天厚、林麗寬，《金門婚嫁禮俗》，臺北：稻田出版公司，1998 年元月，頁 23 整理。

當花籃送回男方家，概由新郎母親妥存籃內物品，俟結婚時使用。早期貧困人家借來訂婚裝排場用的金飾，亦於此時歸還無誤。〔註108〕

（二）金城鎮、金寧鄉（泛稱「前面」）的訂婚儀節

訂婚儀節與前述金湖鎮、金沙鎮幾近一樣，僅贈與新郎的「頭尾」和雙喜巾擺放花籃上層，其餘物品分列花籃中層和下層，不宜有任何一層空著。經女方點收後的花籃裝設如下：〔註109〕

年 11 月，頁 230～231。以及楊天厚、林麗寬，《金門婚嫁禮俗》，臺北：稻田出版公司，1998 年元月，頁 23。

〔註107〕林麗寬，《生命的歷程：金門的節慶與禮俗》，金門：金門縣文化局，2009 年 11 月，頁 231。

〔註108〕楊天厚、林麗寬，《金門婚嫁禮俗》，臺北：稻田出版公司，1998 年元月，頁 24。

〔註109〕楊天厚、林麗寬，《金門婚嫁禮俗》，臺北：稻田出版公司，1998 年元月，頁 24。

表4-4：金門金城鎮、金寧鄉（泛稱「前面」）女方點收後花籃擺設

上層	中層	下層	
1. 綵花（枝仔花） 2. 一對大春 3. 一對大吉 4. 聘金（全數退還或退回部分）	桶餅	麵柑	（花籃一）
芋頭、龍眼乾、白柚、韭菜、棉尾、大麥、春粟、犁頭鉎、桔餅、苧、木炭、柿粿等「十二樣」物品	蓮花餅 （菊花餅）	八角糖	（花籃二）

資料來源：楊天厚、林麗寬，《金門婚嫁禮俗》，臺北：稻田出版公司，1998年元月，頁24整理。

另就楊志文《金門縣湖峰鄉土誌續輯》則曰：金寧鄉「訂婚……女方送的回禮或叫『回盤』，金鍊、玉釧、戒指、肚袋、內裝有十二件：五穀、韭菜、柿餅、芋頭、白柚（案釉字之誤）、苧麻、棉尾、福員、緣錢、犁頭鉎、火炭等，每件物品皆含有隱義，值得思考」。〔註110〕

（三）烈嶼鄉（俗稱「小金門」）的訂婚儀節

傳統訂婚儀式，也須將女方「坤造庚帖」置放男方家神案前三日供佛，但不時興「大金門」盛行在訂婚當日，廣邀新娘的姑媽、姨媽、舅媽等前來「插花」〔註111〕之舉。且儀節較「大金門」繁瑣許多，共須逐次完成四訂始算大功告成。〔註112〕

（1）頭訂：亦謂之「提訂」，即男方先以紅彩籃攜數佰元（1998年時），請託媒妁送抵女家。女方回贈十二粒黑砂糖丸，供男方日後蒸粿使用，象徵往後家道興旺之意。

（2）二訂：隔一陣時日後，男方再請媒妁用洪彩籃贈布件若干（紅色

〔註110〕 楊志文，《金門縣湖峰鄉土誌續輯》，金門：金門縣湖峰社史料編纂委員會，1998年8月，頁79。

〔註111〕 此處的「插花」，意指參加文定之禮後，以綵花（枝仔花）插髮上，同吃喜糖，共沾喜事。

〔註112〕 楊天厚、林麗寬，《金門婚嫁禮俗》，臺北：稻田出版公司，1998年元月，頁24～25。

彩綢放最上方）予女家，謂之「提綢」，此後女方才能差媒妁前往提親。

（3）三訂：將十二元或一佰二十元壓在書寫預訂娶親日期的紅紙上，再由媒妁以紅彩籃提往女方家求親，稱為「壓日頭」；同時拿取新娘及其家長的生辰八字，供作最終合配婚期的參考。女方則在籃內回贈十二粒黑砂糖丸。

（4）四訂：男方確定迎娶佳日後，即委由媒妁用紅彩籃提送紅襖裙一套、桂花手環一對及聘金予女家，經濟較富裕家庭則加一件披肩。女方收取金飾和布件，聘金全數退回，並在籃內回贈十二粒黑砂糖丸與兩大包糖果，正式完成訂婚手續。

至於訂婚儀式，「可分為在公共場所舉行的訂婚儀式，及在家庭舉行的訂婚儀式二種。在公共場所舉行的訂婚儀式流程為：

1、訂婚典禮開始，奏樂（也可以不用音樂）

2、來賓親友就位

3、主婚人、證明人、介紹人就位

4、男女訂婚人就位

5、證明人宣讀訂婚證書

6、訂婚人、主婚人、證明人、介紹人用印

7、訂婚人交換信物（戴戒指：中指；戴項鍊等）

8、訂婚人互相行三鞠躬禮

9、證明人、介紹人及親友致祝詞

10、主婚人致謝詞

11、訂婚人向主婚人、證明人、介紹人行一鞠躬禮

12、訂婚人向來賓及親屬行一鞠躬禮

13、禮成，奏樂（也可以不用音樂）〔註113〕

其中戴戒指儀式為：

1、男女訂婚人在雙方家長面前（面向家長），雙方親友環繞堂四周坐著觀禮。

2、交換信物時，男女訂婚人面對面在雙方家長面前舉行。

3、男訂婚人通常為女定婚人戴戒指，將戒指戴在女訂婚人右手中指，女訂婚人，也為男訂婚人戴戒指，戴在左手中指。

〔註113〕呂允在總編纂，《增修烈嶼鄉志‧社會篇》下冊，金門：烈嶼鄉公所，2010年1月，頁674～675。

4、男女訂婚人互相行三鞠躬禮

5、雙方家長祝福並合影留念，表示訂婚的儀式非常圓滿。〔註114〕

書影 4-1：訂盟流程圖

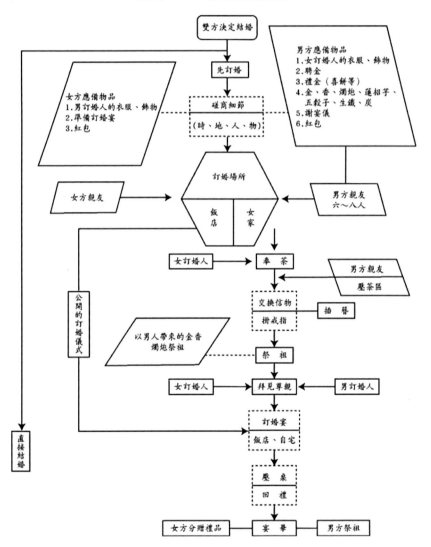

（引自李師豐楙《慶典禮俗》中，據李文獻《臺灣閩客傳統婚禮之研究》，中國文化大學中國文學研究所博士論文，2002 年調查所得修正之資料，臺北：國立空中大學，2010 年 8 月，頁 129）

〔註114〕呂允在總編纂，《增修烈嶼鄉志·社會篇》下冊，金門：烈嶼鄉公所，2010 年 1 月，頁 675～676。

三、食茶、宴客

曩昔農業社會以務農維生，婚禮進行但求特別是最困窘的日據時代，能順利為子女訂親事誠屬不易，何來餘錢多做其他行事，因而訂婚儀節簡單隆重。晚近數十年來，因隨社會經濟漸趨繁榮富裕，舉行訂婚儀式後，再有「食茶」、「宴客」之活動。〔註115〕

（一）食　茶

訂婚之後，新郎須敦請一位體面人士陪同到女方家，由新娘托茶盤端甜茶招待，謂之「食茶」、「奉茶」，「昔稱『受茶』。以前是指『女子受聘』而言，奉茶用來表示，女子一旦受聘，就不再接受其他人家之聘的意思。」〔註116〕新郎須在茶盤內壓放金飾一件（不能以紅包替代），陪同者只能在旁觀禮。或言「茶畢，男方親屬將紅包放在茶杯內，俗稱『壓茶甌』。」〔註117〕接後，新郎始正式與女方家人會面，首先依彼此新關係稱呼之，如岳父、岳母、祖父母……等，再贈予女方家人大小不等的紅包，大紅包至少有新台幣六萬元，小紅包則數仟元至數佰元左右，而後新郎即帶新娘回男方家宴請賓客。

金門縣金城鎮和金寧鄉（俗稱前面）、金湖鎮和金沙鎮（俗稱後面）兩區的「食茶」方式雷同，僅烈嶼鄉（俗稱小金門）稍有小異：即新娘端甜茶請新郎飲用，雙方須互戴戒指，新郎再以首飾或紅包壓茶盤，並贈女方新台幣六萬元至十二萬元的大紅包；此大紅包女方一般收下。繼續，新郎再備六佰元、一仟二佰元、二仟六佰元或三千二百元……等數額不一的紅包，分贈女方家中每位成員做見面禮。〔註118〕

（二）宴　客

舉行訂婚禮，金門地區男女雙方大都設宴招待至親好友、同事或左鄰右舍，只是早期的筵席數量較少而已。爾來拜經濟富裕、民生康樂所致，一家有喜，諸多親友莫不同沾洋洋喜意，眾賓客受邀吃過訂婚宴後，因訂婚並不

〔註115〕楊天厚、林麗寬，《金門婚嫁禮俗》，臺北：稻田出版公司，1998年元月，頁25。

〔註116〕呂允在總編纂，《增修烈嶼鄉志‧社會篇》下冊，金門：烈嶼鄉公所，2010年1月，頁675。

〔註117〕呂允在總編纂，《增修烈嶼鄉志‧社會篇》下冊，金門：烈嶼鄉公所，2010年1月，頁675。

〔註118〕楊天厚、林麗寬，《金門婚嫁禮俗》，臺北：稻田出版公司，1998年元月，頁26。

收賀儀，眾賓客為表衷心祝福之意，紛在金門唯一的地方報──《金門日報》上刊登賀詞，部分未參與筵席，或事前並不知悉的同事、親友等，於閱報得知訂婚佳訊之餘，不遑多讓相繼在報端續刊祝福，一時之間，喜訊頻繁見報，熱鬧非凡。為感念並達謝登報人的熱心舉措，男女方率皆再追加筵席回請眾家登報人，如此既蔚成金門地區現今一股特殊的「登報文化」，無形中亦挹注《金門日報》社源源不絕的財源。

　　至於早期金門結婚之時，「親友賀儀，喜帳、對聯、布料、現金、手飾不等，或有用節約禮券者。往日男家納親友賀儀，須回答以喜糕紅圓，女家納粧儀，則答以豬肉，今已改免，惟烈嶼尚未完全改良。」〔註119〕得見昔日婚嫁贈賀儀，男女方均須回贈，漸改為今日贈禮金不回贈的演進方式，更有部分聚落時興婚宴全不收禮金的情狀，當賓客參加婚宴後，也如法泡製訂婚禮一般，登報見證新人婚事。

　　常見諸《金門日報》的婚姻祝賀用語，約如下列：

☆心心相印　　☆文訂金盟　　☆天定良緣　　☆天賜良緣

☆天作之合　　☆天長地久　　☆白首成約　　☆白頭偕老

☆百年偕老　　☆百年好合　　☆永浴愛河　　☆永結同心

☆金石盟約　　☆兩情相悅　　☆相守一生　　☆佳偶天成

☆良緣天定　　☆情深意濃　　☆情投意合　　☆情意綿綿

☆珠聯璧合　　☆琴瑟和鳴　　☆喜締鴛盟　　☆喜締良緣

☆盟結良緣　　☆緣定三生　　☆鳳卜開祥　　☆鴛鴦璧合

☆鶼鰈情深　　☆千里姻緣一線牽　☆金臺一線牽　☆有情人終成眷屬

☆天長地久，喜締鴛盟　　　　☆月圓花好，宜室宜家

☆百年締盟約，千秋偕白頭　　☆宜室宜家，于歸協吉

☆兩情相悅，鳳凰于飛　　　　☆相偎相依，長相廝守

☆細水長流，永浴愛河　　　　☆情到深處，深情永不渝

☆情深意濃，細水長流　　　　☆雙雙對對，年年富貴

☆天長地久永相隨，千里姻緣共纏綿〔註120〕

〔註119〕金門縣政府，《金門縣志‧人民志‧儀禮》卷3，增修版，金門：金門縣政府，1999年初版2刷，頁422。

〔註120〕楊天厚、林麗寬，《金門婚嫁禮俗》，臺北：稻田出版公司，1998年元月，頁26～27。

　　金門喜宴一般設席於自家大廳，俾烘托出「滿廳紅」〔註121〕的歡鬧氛圍，如賓客太多，則在屋外加搭有頂蓋帳棚擺筵，但臨時帳棚門端必懸掛紅彩帶，以與喪禮的露天酒宴做區隔。早前喜宴菜色高達二十二道或十六道，〔註122〕「烈嶼筵席餚饌多至二、三十盌，烹飪亦與金門本島略異耳。」〔註123〕因農業社會務農居多，工作量較為繁重，食量相對增多有以致之。當女方宴客時則較不講究，貧瘠之家有時只提供炒米粉、大蒜炒肉、芋頭燉排骨等數道家常菜而已。其後跟隨經濟改善風潮的流淌，喜宴菜色逐趨淡定，即由二十二道、十六道縮減至十二道，唯質的部分卻相對提昇不少，甚且不斷翻新、考究，力求精緻、高檔。而今又因餐廳林立，喜宴已漸移設至有舞臺、有空調的大型餐館內，既加增用餐的舒適度，亦便於證婚儀節及卡拉 OK 餘興歡唱節目的進行。

照片 4-4：金門地區娶媳婦「滿廳紅」的場景

〔註121〕金門婚娶之時，男方家大廳皆須懸掛紅豔喜氣的新郎燈、新娘燈與母舅聯，導使大廳一片紅通，金門俗諺因云：「娶媳滿廳紅」。

〔註122〕「菜的數目以十二至十八道為準，總之必須是偶數。」是〔日〕鈴木清一郎原著；馮作民譯，《增訂臺灣舊慣習俗信仰》，臺北：眾文圖書公司，2004 年 10 月 1 版 4 刷，頁 213 之中，對臺灣喜宴菜色的具體詮釋。

〔註123〕金門縣政府，《金門縣志・人民志・儀禮》卷 3，增修版，金門：金門縣政府，1999 年初版 2 刷，頁 422。

　　現今金門喜宴共十二道菜色，廚師概稱爲「二併一湯」，即出兩道菜之後出一道湯，共計八道菜、三道湯、一道甜湯。出菜次序可略做變易，但「頭烘尾桔」卻是不變法則，亦即第十道菜必得端出「烘肉配發粿」，末道菜必爲「禮餅配甜湯」，兩菜之間可出豬肚湯或豬腳鮑魚湯、魚丸湯、魷魚湯等。近年來，緣於大型發粿和禮餅、雞捲的製作過於費時費功費力，已漸次以饅頭店現賣的刈包替代發粿；以糕餅店產製的蛋糕替代禮餅；以養樂多替代甜湯；以其他涼拌菜色替代首道菜（即冷盤）中的「雞捲」。〔註124〕

　　此外，對於筵席的人數和位置亦有不成文規定：通常「筵席一席十人，上下各二，東西各三，以東首位爲首席，喜筵則母舅居之。喪席則點主官居之。饌餚多寡不定，通常以十二碗、十六碗或二十碗不等，喜筵則食禮餅後散席。」〔註125〕對菜的口味與饗宴菜碗數量，亦有明朗的陳述：「市鎮操烹飪業者，則多採福州菜式，食至甜品爲度，不備飯。近年四方人士雲集，常有平、津、川、湘、蘇、粵、豫、魯各省菜式。六碗菜不可饗客，以昔時刑前飯爲六碗菜也，四碗菜亦不可，以舊日饗轎夫之食也。」〔註126〕

　　至於不時興到餐廳開宴，及餐館並不普及的年代，酒宴皆以「外燴」成事，亦即禮聘廚師到家烹調；如逢農曆十月至新年前後的結婚旺季，廚師人才往往應聘不暇，敦請不易，故皆得事先預訂，煞費苦心。廚師聘定後，即就擬定的酒宴數額開具菜單，主人乃據以備辦各式食材，就中以新鮮魚貨最難搞定，有時甚得透過特殊管道始能圓滿解決。約於婚宴兩三日前，廚師即需搭設菜鋪，進行燉切炸煮的前置作業。另者，設筵的場地及桌椅亦屬棘手之事，早年宴饗桌數不多，大抵擺設自宅與左鄰右舍，六十年代以來，因隨規模逐次擴展至十數桌、數十桌到百來桌，不得不借用祠堂、村公所，或就

〔註124〕參見楊天厚、林麗寬總編纂，《金門縣金沙鎮志‧風俗篇》上冊，金門：金沙鎮公所，2002年12月，頁375。及楊天厚、林麗寬，《金門婚嫁禮俗》，臺北：稻田出版公司，1998年元月，頁28～29。

〔註125〕金門縣文獻委員會，《金門縣志‧人民志‧禮俗》卷3，重編版，金門：金門縣政府，1979年2月，頁396。另於同書重修版，1968年2月，頁288，則載錄爲：「筵席一席十人，上下各二，東西各三，以東首位爲首席，喜筵則母舅居之。喪席則點主官居之。饌餚多寡不定，通常以十二碗，或十六碗不等，喜筵則食禮餅後散。」只有數字之差。

〔註126〕金門縣文獻委員會，《金門縣志‧人民志‧禮俗》卷3，重編版，金門：金門縣政府，1979年2月，頁396。另於同書重修版，1968年2月，頁288，載錄則小有差距：「市鎮操烹飪業者，則多採福州菜式，食至甜品爲度，不備飯。近年四方人士雲集，常有平、津、川、粵菜色。」

近搭建正門懸掛大紅彩綢的流動性帳棚以解套之。又受限於當時每戶人家多僅有一張「八仙桌」和數條長板凳的困窘情況，負責桌椅的資助人員只得挨家挨戶逐張開借，並逐張做記號，以防事後還錯，徒增困擾。而後，各村里公所爲服務村民，遂以公款訂製數十套折合式桌椅，提供全村人租用，方迎刃解除此大難症。〔註127〕

四、請期（乞日）

　　《朱子語類》云：「如昏禮，須兩家皆好禮。」〔註128〕由是知見男女雙方皆須依禮行事。所謂「請期」，或稱「乞日」，俗稱「送日仔」或「送日課」即在選定結婚的黃道吉日及新娘進門的良時之後，由男方通知女方婚期的儀式，閩南語也叫「送日頭」，或稱「提日」。請期伊始，須先由男家擇定結婚佳期，用紅箋書寫男女生庚及迎娶時日之「請期迎親書」（即禮帖），以及請期禮書（即婚書），附加禮燭、禮炮等禮物，由媒妁送達女方，女方接獲此些物品，須回覆答禮書和同意書，也須附加禮物，同由媒妁送回男方。〔註129〕此處女家回贈的禮物，許如中編《新金門志》曰：「女家回以紅線白頭布一丈二尺，義取白頭偕老。」〔註130〕抑「或不具帖擇日，僅於逢雙日通知女家，經女方同意，即決定婚期。」〔註131〕「這是因爲傳統社會認爲日期的挑選，會對雙方有所沖犯，故需愼重決定。」〔註132〕

　　近年來，爲因應交通、就業……等實質上的疑難問題，諸多人士已漸將

〔註127〕楊天厚、林麗寬，《金門婚嫁禮俗》，臺北：稻田出版公司，1998 年元月，頁39～40。

〔註128〕〔宋〕黎靖德編，《朱子語類》卷 89，〈禮六・冠昏喪・總論〉，收錄於《景印文淵閣四庫全書》701 冊，臺北市：臺灣商務印書館，1986 年 7 月，頁 850。

〔註129〕參見國立歷史博物館編輯委員會編，《中華民俗文物特展》，臺北：中華民俗文物特展籌備委員會出版，1980 年 2 月，頁 51。及〔日〕鈴木清一郎原著；馮作民譯，《增訂臺灣舊慣習俗信仰》，臺北：眾文圖書公司，2004 年 10 月 1 版 4 刷，頁 188。

〔註130〕許如中編；陳槃審閱，《新金門志・人民志・風俗習慣》，金門縣：金門縣政府，1959 年 3 月，頁 271。

〔註131〕金門縣政府，《金門縣志》增修版，上冊卷 3〈人民志〉，金門：金門縣政府，1999 年初版 2 刷，頁 420。另呂允在總編纂，《增修烈嶼鄉志・社會篇》下冊，金門：烈嶼鄉公所，2010 年 1 月，頁 674 則曰：「或不準備帖就直接擇日，經女方同意，即決定婚期。」

〔註132〕金門縣金門學研究會總編纂，《金城鎮志・文化篇》，金門：金城鎮公所，2009 年 11 月，頁 947。

「訂盟」、「納采」、「請期」合併成一次舉行；臺灣中南部知識階級的上流社會，甚而流行把「納采」、「娶新娘」、「親迎」等儀式併合成一次舉行的「完聘娶」，簡稱「完聘」。〔註133〕據楊梨英女士報導，金門早前並無送日課表和送日頭餅的儀式，當婚期挑定之後，即在婚禮前一天舉行隆重的「盤擔」（即插定）行事，亦即俗稱的「大聘」，因「盤擔」屬婚禮重頭戲之一，特於第五章第一節中立專篇說明，在此從略。

所謂「禮帖」，即送聘禮的目錄表和儀式程序表，須在婚前男女兩家相互協調，由男方備辦，再由媒妁於納采（完聘）時送抵女方家。〔註134〕所謂「婚書」，相當今日的結婚證書，也就是結婚契約書，男家送女家者稱「乾書」，須寫「端肅」二字；女家送男家者稱「坤書」，須寫「肅復」二字，內容是摘自《禮記》中的吉祥句子。就中女婚書格式乃是「答婚書」，又稱「回婚書」，是爲回饋男家婚書而寫，即對男家所贈婚書的還禮。〔註135〕

有關結婚證書的書寫，「凡男女定婚之初，若有殘疾、老幼、庶出、過房、乞養者，務要兩家明白通知，各從所願，寫立婚書，依禮聘嫁。」〔註136〕充分顯見婚禮對男女雙方的誠信無欺要求。金門男方在婚禮前一天舉行「盤擔」時，先行聘人寫妥一式兩分，再於「盤擔」時送抵女方家。女方於拜過家中佛祖、祖先後，亦請人填註女方當事人、主婚人和證婚人等個資，及確切的結婚日期，而後女方自留一分，交由男方來人帶回一分。昔時物質較爲匱乏，主人餽贈填婚書人的報酬多爲十二兩豬肉與一串紅絲線，漸近則改以紅包替代。〔註137〕茲舉男女婚書實例映照之：〔註138〕

〔註133〕〔日〕鈴木清一郎原著；馮作民譯，《增訂臺灣舊慣習俗信仰》，臺北：眾文圖書公司，2004年10月1版4刷，頁190。

〔註134〕〔日〕鈴木清一郎原著；馮作民譯，《增訂臺灣舊慣習俗信仰》，臺北：眾文圖書公司，2004年10月1版4刷，頁184。

〔註135〕〔日〕鈴木清一郎原著；馮作民譯，《增訂臺灣舊慣習俗信仰》，臺北：眾文圖書公司，2004年10月1版4刷，頁184～186。

〔註136〕劉海年、楊一凡總主編，《大明律直解所載明律・戶律・婚姻》卷6，載《中國珍稀法律典籍集成——洪武法律典籍》乙編第一冊，北京：科學出版社，1994年8月，頁479。

〔註137〕楊天厚、林麗寬，《金門婚嫁禮俗》，臺北：稻田出版公司，1998年元月，頁63。

〔註138〕關於禮帖婚書，參見〔日〕鈴木清一郎原著；馮作民譯，《增訂臺灣舊慣習俗信仰》，臺北：眾文圖書公司，2004年10月1版4刷，頁184～186。另林明義編，《臺灣冠婚喪祭家禮全書》，臺北：武陵出版公司，1995年12月4版6刷，頁137～138亦有相近之說，僅女婚書格式中，「執事」寫成「執筆」、「拜

1. 男婚書格式（乾書）

```
                                    忝姻弟○○薰沐頓首百拜啓
大德望大儲封翁○府尊姻臺老先生老大人閣下：
    伏蒙
尊慈不棄寒，鄙曲從柯言，許以長令媛○○配僕長小頑○○者一書檢月，
天聯二姓，奇緣敖語，傳冰人諧百年佳耦，龜其叶吉，文以定祥，伏冀
尊慈俯賜　鑒亮不宣
    岂　龍飛○○歲○月穀旦
                                            ○載頓首
                                              光　前
```

資料來源：

1. 〔日〕鈴木清一郎原著；馮作民譯，《增訂臺灣舊慣習俗信仰》，臺北：眾文圖書公司，2004 年 10 月 1 版 4 刷，頁 184～186。
2. 林明義編，《臺灣冠婚喪祭家禮全書》，臺北：武陵出版公司，1995 年 12 月 4 版 6 刷，頁 137～138 整理製表。

2. 女婚書格式（坤書）

```
                                    忝姻弟○○端肅頓首拜復
大○○儲封○翁○府尊姻配老先生老大人執事：
    伏承
尊慈不棄庸陋，過聽媒言，許以長令郎○○配僕長小女○○占鳳有徵，
人謀得手，交協乘獲，快天合本於夙成，麟趾呈祥，螽斯衍慶，統祈
尊慈俯賜　鑒亮不宣
    岂　龍飛○○歲○月穀旦
                                            ○載頓首拜復
                                              裕　後
```

資料來源：

1. 〔日〕鈴木清一郎原著；馮作民譯，《增訂臺灣舊慣習俗信仰》，臺北：眾文圖書公司，2004 年 10 月 1 版 4 刷，頁 184～186。
2. 林明義編，《臺灣冠婚喪祭家禮全書》，臺北：武陵出版公司，1995 年 12 月 4 版 6 刷，頁 137～138 整理製表。

復」寫成「拜揚」，並在「拜揚」之後加「裕後」二字。

以上為曩昔的婚書，新式的結婚證書則如下所攝：

照片 4-5：新式結婚證書

資料來源：田調訪錄時報導人提供。

由於結婚所費不貲，尤其是嫁奩問題，常成金門早期窮苦人家的夢魘，「只好將親生女兒送人當童養媳，或逕自抱往海上丟棄，丟時念道：『海水黑黑，查某（女兒）換查脯（兒子）』、『海水深深，祖子（女兒）換後生（兒子）』。」〔註139〕以下即為一九二八年，金門地區婚娶的花費梗概，據此以見知當時的民生社會情狀。

表 4-5：金門娶妻開費表（1928 年）

品 項	費 用	總 價	備 註
自身裝飾	肆拾元	壹仟壹佰二十九元	烏紅籛即七佰餘
房中用具（床帳被……）	捌拾貳元		特別即無限量
箱廚等	壹佰肆拾元		
聘儀	貳佰肆拾元		

〔註139〕楊天厚、林麗寬，《金門婚嫁禮俗》，臺北：稻田出版公司，1998 年元月，頁35。

品　項	費　用	總　價	備　註
豬羊	壹佰元		
定聘禮物	壹拾伍元		
衫裙羅帕	參拾元		
金手環	壹佰陸拾元		
納采禮物	壹拾柒元		
簥檻鼓吹費	伍拾伍元		
筵席（案二十桌）	貳佰元		
其他什費約	伍拾元		
轎（自珠山至後浦來回）	壹元		

資料來源：施伍、承爵合編《顯影月刊・調查》1 卷上，「娶個妻的開費表」、「金門的勞工價調查簡表」匯整，1928 年 9 月，頁 1a〜1b。

第五章　金門合婚成禮儀式

　　「婚禮者，乃婚姻往來之禮儀，合兩姓之好，嚴百世之防，上以承宗祀，下以紹後世，故古人非常注重，因爲『良緣必由夙締，佳偶本是天成』。古時婚姻皆父母主事，告廟而行，必須六禮周全。」〔註1〕故稱結婚爲「終身大事」，實不爲過。金門地區幅員雖僅一五零點四五六平方公里，但「拜南宋大儒朱熹過化金門之賜，民間的生命儀節，不論是婚喪喜慶任何一個環節，率皆受到《家禮》直接或間接的影響。」〔註2〕尤其是「朱子知漳泉所揭古喪葬嫁娶之儀（朱子《家禮》），迄今八百餘年仍爲金門民間所遵行。」〔註3〕由此據見朱子撰作的《家禮》對金門影響之深之廣。

第一節　婚禮前儀節

　　迭經說媒、問名、訂盟、請期儀節之後，接續爲親迎前夕的儀節行事，由於各項籌備工作既繁瑣又有時間限制，幾乎多項事務同時進行，復求吉祥瑞意，絲毫馬虎不得。茲列其儀節流程如下，並分項說明：

〔註1〕 楊志文，《金門縣湖峰鄉土誌續輯》，金門：金門縣湖峰社史料編纂委員會，1998 年 8 月，頁 78。
〔註2〕 林麗寬，《生命的歷程：金門的節慶與禮俗》，金門：金門縣文化局，2009 年 11 月，頁 225。
〔註3〕 陳昆仁總編輯；李錫回主編，《金門史蹟源流》，金門：金門縣政府，1987 年 11 月修訂再版，頁 48。

圖5-1：金門婚禮前夕儀節程序

> 請神、裁衣、印製婚柬、賀禮 → 鋪房（安床、送嫁粧）、翻鋪 →
> 備辦結婚用品 → 搓圓、拜圓、勁轎腳 → 敬天公 → 盤擔（插
> 定）→ 挽面、上頭、禮服 → 掛母舅聯、掛新郎燈、掛新娘燈

一、請神、裁衣、印製婚柬、賀禮

親迎之前，有多種婚前禮俗，請神、裁衣、印製婚柬皆爲其中之部分。

（一）請　神

婚前三日，或婚前一日的「盤擔」天，金門地區男女雙方皆須備妥紙錢和供品，前往村廟擲筊請示，再以「三牲盤」恭迎神佛回返家中供奉，俾防邪辟入侵，護衛全家安和樂利，同時讓神佛共沾喜氣；十二日後，再將迎請的神祇請回村廟中，此謂之「請神」。不過，一般人咸認爲增留一尊神佛在家供奉堪稱好事，因而多自動長期留置神佛於家內，早晚虔敬焚香祝禱，直至村廟有重大慶典，或村里另有婚嫁人家之時，始將神佛請回村廟。〔註4〕

（二）裁　衣

古俗，婚前數日，男女兩家均擇定同一吉時，行「裁衣」之禮：即於神佛前，由福壽雙全的婦女裁剪白布匹。男女雙方均裁製「上頭戴髻」日穿用的白布衣褲一件，俗稱「上頭衫仔褲」。女方，另裁製結婚當日穿帶的肚裙。〔註5〕關於女方裁製的肚裙即指涉今之內衣，古時稱「袙，與袜同，即今之裏肚。梁王筠詠裁衣云：『襽襠雙心共一襪，袙腹兩邊作八襉。襟帶雖安不忍縫，開孔裁穿猶未達。襽襠，一當胸，一當背。」〔註6〕當即是也。漢代內衣的樣式有多種形制。常用的有帕腹、胞腹和心衣。漢代劉熙在《釋名・釋衣服》中稱：「帕腹，橫帕其腹也。抱腹，上下有帶，抱裹其腹上，無襠者也。心衣，抱腹而施鉤肩，

〔註4〕 楊天厚、林麗寬，《金門婚嫁禮俗》，臺北：稻田出版公司，1998年元月，頁62。

〔註5〕 參見國立歷史博物館編輯委員會編，《中華民俗文物特展》，臺北：中華民俗文物特展籌備委員會出版，1980年2月，頁51。以及吳瀛濤，《臺灣民俗》，臺北：眾文圖書公司，1975年8月4版，頁130。

〔註6〕 〔清〕鏡湖逸叟編，《瑟瑟錄》一卷，集叢附加款目：《小品叢鈔》，寫本，舊鈔本，包角線裝，國圖微卷，頁1b。

鉤肩之間施一襠，以奄心也。」〔註7〕王先謙在為《釋名》所作的《疏證補》中道：「奄、掩同。案此製蓋即今俗之兜肚。」〔註8〕時至今日，北方鄉間，猶有此俗。以一塊大手帕，上面兩根帶子繫於脖頸，以掩心；下面兩根帶子繫於腰間，以護腹。經濟而實用。兩晉南北朝時期，「帕腹」仍然很流行。現今金門「裁衣」之禮已罕見之，多採買成衣為主要模式。

（三）印製婚柬

印製婚柬亦是婚禮前夕必備例行事務，一則點算欲發放請帖的親友人數，二則設計精美別緻的結婚喜柬樣貌。古昔印刷店並未普及，當事人率多先至文具店備辦空白請帖，再敦請聚落裡識字的耆老以毛筆逐張填寫，煞費周章。尤其稍早年代的教育稱不上普及，欲求村落當中代筆之人簡直鳳毛麟角，頗費苦心。相較今日各式各樣數位、燙金、新穎脫俗的美麗柬帖，充塞各大街小巷的印刷店中，一則手機簡訊或一通電郵選定之後，即可輕鬆進行印製，簡易過程實不可同日而語。而金門地區對婚帖的印製，係採各自為政的局面，即分別由男女方家長具名，分別宴請各自的親友，雙方同時具名邀宴的情形罕少見到。〔註9〕

婚柬印妥之餘，可立即展開放帖事務。俗諺云：「天頂天公，地下母舅公（即母舅）」，新郎為感念母親撫育的辛勞，對於「對重親」的舅舅、舅媽（俗稱母舅、母妗）請柬，須特別以二十二公分乘以八十公分的紅色長紙，一正一反摺成十二褶，每一褶內依序載明將請客之人地時事物，另加封套，親自送達，俗稱「十二版帖」。〔註10〕收到「十二版帖」的母舅，即須買辦「母舅聯」，提供男家懸掛大廳。男家於收到「母舅聯」後，亦須回送紅色、白色（糕面上有紅色花紋）各一的「放帖糕」，與十二元新台幣的紅包酬謝。此般「放帖糕」儀節於 1941 年來仍

〔註7〕〔漢〕劉熙，《釋名・釋衣服》卷5，（上海涵芬樓《古今逸史》叢書本），李學勤主編《中華漢語工具書書庫》第 51 冊，安徽：教育出版社，2002 年 1 月，頁 472。

〔註8〕〔清〕王先謙，《釋名疏證補》（上海涵芬樓《古今逸史》叢書本），李學勤主編《中華漢語工具書書庫》第 51 冊，安徽：教育出版社，2002 年 1 月，頁 550。

〔註9〕楊天厚、林麗寬，《金門婚嫁禮俗》，臺北：稻田出版公司，1998 年元月，頁 32。

〔註10〕楊炳山編，《結婚禮儀》，新竹：竹林書局，2001 年 7 月再版，頁 361，對「十二版帖」的大小指稱四尺乘以八寸，其中楊氏敘述臺灣地區「十二版帖」所用之對象為新娘之父母（婚翁伉儷）、祖父母（婚太翁伉儷）、外公外婆（婚外太翁伉儷），及新郎的舅舅、舅母（舅兄弟伉儷）等，與金門只限母舅和舅公使用，有明顯差異。

盛行於大金門本島，烈嶼鄉（俗稱小金門）則不流行此般風習。〔註11〕少部分較講究人家，對新郎的舅公（母舅之父）亦以「十二版帖」敬邀。

照片 5-1：恭請母舅、妗的「十二版帖」範例

資料來源：筆者外甥結婚時發送的「十二版帖」實例。

關於恭請母舅、妗的「十二版帖」，其內頁和信封格式如下表：

表 5-1：恭請母舅、母妗的「十二版帖」內容

端　肅	此二字為第 1 版
寅詹農曆 ○ 月 ○ 日 ○ 午 ○ 時 為愚甥與 ○ ○ ○ 小姐舉行結婚典禮 敬備喜筵　　恭請 　　　　筵設：（酒店地址或家庭地址）	此欄為第 2 版
潔　觴　奉　迓	此四字為第 3 版
舅 尊母　　　大人大駕 　　　　妗	此欄為第 4 版
伏　冀　聯　袂	此四字為第 5 版
光　臨　祗　聆	此四字為第 6 版
鴻　誨　曷　勝	此四字為第 7 版
榮　幸　之　至	此四字為第 8 版
右　啓	此二字為第 9 版
上 　德望　　　　　　　舅老大人閣下 大　　　○ 府 ○ ○ 尊母 　懿範　　　　　　　妗太孺人粧次	此欄為第 10 版

〔註11〕楊天厚、林麗寬，《金門婚嫁禮俗》，臺北：稻田出版公司，1998 年元月，頁 32～33。

○○○ 頓首拜	此欄為第 11 版
中華民國 ○○○ 年 ○○ 月 ○○ 日	此欄為第 12 版

資料來源：據坊間販售的成品整理製表。

表5-2：恭請母舅、母妗的「十二版帖」信封

	德望		舅老大人閣下
大		○ 府 ○○ 尊母	
	懿範		妗 太孺人粧次

資料來源：坊間販售的成品。

（四）賀　禮

〔宋〕王闢之《澠水燕談錄‧忠孝》曰：「范文正公輕財好施，尤厚于族人。既貴，于姑蘇近郭買良田數千畝，為義莊，以養群從之貧者，擇族人長而賢者一人主其出納。人日食米一斤，歲衣縑一疋，嫁娶喪葬，皆有贍給。聚族僅百口。公歿逾四十年，子孫賢令，至今奉公之法，不敢廢弛。」〔註12〕〔宋〕趙鼎《家訓筆錄》亦云：「第二十三項：應婚嫁。主家者主之。有故，以次人主之。除資送禮物等，已給錢諸位自行措置外，其筵會及應干費用，並於椿留內支破。主家者與本位子孫協力排辦，務要如禮。」〔註13〕即見宋時族人義助婚禮費用的實證。

又元儒鄭太和，《鄭氏規範》有曰：「立嘉禮莊一所，撥田一千五百（世遠遞增），別儲其租，令廉幹子弟專掌，充婚嫁費，男女各穀一板五十石為則。」〔註14〕《梁氏族譜》亦言：「若有祭田……若積有嬴餘，則可脩祀堂，買祭器等物，或助族人之貧婚喪葬，或脩葺祖坟，雖窘乏不許鬻祭田，違則一族之人得以造迫。」〔註15〕以及劉海年、楊一凡總主編，《教民榜文》載道：「鄉里人民，貧富不等，婚姻、死喪、吉凶等事，誰家無之？今後本里

〔註12〕 〔宋〕王闢之撰，《澠水燕談錄‧忠孝》卷4，北京：中華書局，1981年3月，頁35～36。

〔註13〕 〔宋〕趙鼎，《家訓筆錄》，《叢書集成新編》33冊，臺北：新文豐出版社，1985年元月，頁3。

〔註14〕 〔元〕鄭太和，《鄭氏規範》，《叢書集成新編》33冊，臺北：新文豐出版社，1985年元月，頁9。

〔註15〕 《梁氏族譜》手抄本，1987年1月，頁20。

人戶，凡遇此等，互相賙給。且如某家子弟婚姻，某家貧窘，一時難辦，一里人戶，每戶或出鈔一貫，人戶一百，便是百貫；每戶五貫，便是五百貫。如此資助，豈不成就？日後某家婚姻，亦依此法輪流賙給。」〔註16〕亦皆是宗族間出資濟助婚禮花費的表現。

　　一九三七年日據時代之前的金門，因有不發婚束予同宗族人之慣習，自然亦不收取同宗族人的賀儀。一九三七年日據時代之後，因民生凋敝，經濟困窘，族人間基於相互幫助，才正式出現也須致贈賀禮的習俗，而蔚爲風氣，也著實減輕當事人不少費用上的負擔。爾來因隨社會風氣講求豪奢，與經濟狀態展現豐衣足食的丕變，婚束的發放漸呈浮濫現象，頗令人有「紅色炸彈滿天飛」之嘆，若逢結婚旺季，三、五天一張婚帖稀鬆平常，以今日最普通交情的新臺幣一仟元賀儀行情而論，實增一般人家不少經濟困擾。尤其遇逢婚娶佳期，同日竟有二張或以上的婚束亦所在多有，「禮到人不到」遂成撞期之時的另類補救方式。反之，部分聚落在嫁娶之時，爲聯繫村人和族人的情誼，已漸回復日據時代以前完全不收賀儀之風，形成強烈的對比。〔註17〕

　　對於婚禮賀儀的致送，男家和女家稍有差異，贈送男家多屬現金（禮金），以紅包袋裝放。贈送女家則多屬衣物，亦要用紅紙包妥，上書妝奩（添粧），或其他偶數之字；如贈物體積稍大不能以紅紙包裝，則須在其上貼一塊紅紙。〔註18〕因「親朋在婚前送女家的賀禮，俗稱『添粧』。」〔註19〕緣故。金門地區慣以金飾（如金戒指一枚）致送，帖單上書寫「燦妝之敬」、「妝奩」等吉利話。若送男家，則寫「燕爾之敬」、「花妁之敬」等吉祥語，〔註20〕今日則多書寫「結婚誌慶」、「新婚之喜」（男女通用）、「于歸誌喜」（限用女家）……等，且多採婚宴現場親送紅包，或託人於筵席中代送方式，鮮少過後補送。

〔註16〕劉海年、楊一凡總主編，《教民榜文》，載《中國珍稀法律典籍集成——洪武法律典籍》乙編第一冊，北京：科學出版社，1994 年 8 月，頁 640。

〔註17〕相關婚束的儀節，參見楊天厚、林麗寬對金門婚俗全面田調所做的研究——《金門婚嫁禮俗》，臺北：稻田出版公司，1998 年元月，頁 32～33。

〔註18〕〔日〕鈴木清一郎原著；馮作民譯，《增訂臺灣舊慣習俗信仰》，臺北：眾文圖書公司，2004 年 10 月 1 版 4 刷，頁 191。

〔註19〕國立歷史博物館編輯委員會編，《中華民俗文物特展》，臺北：中華民俗文物特展籌備委員會出版，1980 年 2 月，頁 51。。

〔註20〕吳瀛濤，《臺灣民俗》，臺北：眾文圖書公司，1975 年 8 月 4 版，頁 130。及國立歷史博物館編輯委員會編，《中華民俗文物特展》，臺北：中華民俗文物特展籌備委員會出版，1980 年 2 月，頁 51～52，皆有相同的載錄。

但據楊炯山編《結婚禮儀》指稱，婚禮不只是紅包文化，更是人際文化。婚禮中一定要親身出席致賀，時間不允許時，婚宴可先行告退；且因婚禮貴為四儀冠首，一旦賀儀忘送或來不及致送，務必補儀，換言之，可在其婚後四個月補送賀儀，唯必須使用現金而已，不得使用賀品。至於喪事的奠禮無法出席時，可提前一刻到靈堂上香，甚或提前一天或數天到喪家捻香致意；喪儀亦可在煞飯或百日內補送，但亦如婚儀的補送，也限用現金。另就喜慶之禮言之，則絕對不用補儀。〔註21〕

二、鋪房（安床、送嫁粧）、翻鋪

一旦確定婚期，男家當要裝修新房，自粉刷、裝潢至採購家具，務使洞房美輪美奐、喜氣洋洋。家具的購置泰半由男家自辦，內容不限，但大櫥（即衣櫥）、化妝臺（含椅子）和新床卻是必備物件，早前多訂製古式床鋪為主要系譜，今多採辦彈簧床成貨居多。〔註22〕因夫婦生活別於常人者，就在同床共寢，是新房中不可或缺的設置，也是神聖的器物，因而世人無不重視新床，新婚之夜也必須使用新床。〔註23〕吳瀛濤《臺灣民俗》亦言：「婚用寢臺，多用新品。」〔註24〕

（一）鋪房（安床、送嫁粧）

所謂「鋪房」，即指女家備辦新房應用的家具器物，於婚期之前送抵男家布置，以助新夫婦成家立室，俗稱「鋪床」。為取吉利祥義，須請夫婦雙全、子孫昌盛或家境富裕的「好命婆」或「富貴婆」，替新房「鋪床」，也謂之「安床」，祝福新夫婦琴瑟和鳴、百年好合、早生貴子、長命富貴；〔註25〕「並祈求神明保佑平安，所以特稱之為『安床』。」〔註26〕。「安床」須於婚前擇日舉行，安床的位置依男女雙方之十二干支，及家相、窗向、神位等而定，忌與桌櫃、衣櫥相對。是夜，須拜床母。〔註27〕

〔註21〕楊炯山編，《結婚禮儀》，新竹：竹林書局，2001年7月再版，頁2。

〔註22〕楊天厚、林麗寬，《金門婚嫁禮俗》，臺北：稻田出版公司，1998年元月，頁33。

〔註23〕馬之驌，《中國的婚俗》，臺北：經世書局，1981年12月，頁59～60。

〔註24〕吳瀛濤，《臺灣民俗》，臺北：眾文圖書公司，1975年8月4版，頁130。

〔註25〕馬之驌，《中國的婚俗》，臺北：經世書局，1981年12月，頁59～60。

〔註26〕〔日〕鈴木清一郎原著；馮作民譯，《增訂臺灣舊慣習俗信仰》，臺北：眾文圖書公司，2004年10月1版4刷，頁192。

〔註27〕國立歷史博物館編輯委員會編，《中華民俗文物特展》，臺北：中華民俗文物特展籌備委員會出版，1980年2月，頁51。另見吳瀛濤，《臺灣民俗》，臺北：

關於「鋪房」禮俗，宋儒司馬光《溫公書儀》的說解爲：「親迎：前期一日，女氏使人張陳其壻之室。」注曰：「俗謂之『鋪房』，古雖無之，然今世俗所用，不可廢也。牀榻、薦席、椅卓（案桌也）之類，壻家當具之；氈褥、帳幔、衾綯之類，女家當具之。所張陳者，但氈褥、帳幔、帷幕之類應用之物，其衣服襪履等不用者，皆鎖之篋笥，世俗盡陳之，欲矜誇富多，此乃婢妾小人之態，不足爲也。」〔註28〕朱子《家禮》也有類似之論：「前期一日，女氏使人張陳其壻之室。」朱注曰：「世俗謂之『鋪房』。然所張陳者，但氈褥帳幔帷幙應用之物，其衣服鑷之，篋笥不必陳也。」〔註29〕明儒呂坤《四禮疑》卷三亦言：「張陳壻室，不見《儀禮》，後儒增之。六禮以聘，重貞也。未往而先飾寢，不東東欲乎？非貞女不行之義也。《家禮》曰：『前期一日，女氏使人張陳其壻之室。』註云：『俗謂之『鋪房』，然猶氈褥帳幔帷幙應用之物，近世則用牀矣。」〔註30〕內中司馬光與呂坤明確載記「鋪房」之俗始於宋時的觀點略同，也對近習有些女家以床作陪嫁之舉多加非議。而朱子與司馬光對「鋪房」的張陳，同樣採擇氈褥帳幔帷幙應用之物而已，朱子尤其反對娶婦先問資裝厚薄、嫁女先問聘財多少的貪鄙之俗。〔註31〕金門地區婚禮所須新床（含棉被、毛毯、枕頭、床罩）及家具……等，則概由男家買辦。〔註32〕

有些地區稱「鋪房」爲「送嫁粧」。在送嫁粧的同時，亦送很多糖果，供男家分贈親友鄰里，以示將娶婦之意。女家所送陪嫁妝奩，統稱爲嫁粧，古時皆由新娘平時一針一線親手縫製，舉凡被套、枕頭套、桌巾、床罩……等，而今盡是家具、箱櫃、衣服、被褥、首飾、金銀銅錫器皿……等。「中等以上的家庭之婚姻恰好與中等以下的家庭相反，女方要倒貼男方一筆嫁妝……才算門當戶對，這種牢不可破的婚姻習俗在臺灣一些上等社會生根。」〔註33〕

眾文圖書公司，1975 年 8 月 4 版，頁 130。

〔註28〕〔宋〕司馬光，《溫公書儀·婚儀上》卷3，據清嘉慶張海鵬輯刊學津討原本影印，《百部叢書集成》46 冊，臺北：藝文印書館，1966 年，頁 5a。

〔註29〕〔宋〕朱熹撰，《家禮·昏禮》卷3，南宋淳祐 5 年（1245 年）五卷本加附錄一卷，載《孔子文化大全》，山東：友誼書社，1992 年 11 月，頁 660。

〔註30〕〔明〕呂坤，《四禮疑·昏禮》卷3，北京大學圖書館藏明萬曆刻清同治光緒間補修呂新吾全集本，《四庫全書存目叢書·經部》115 冊，臺南：莊嚴文化公司，1995 年 9 月，頁 1308。

〔註31〕〔宋〕朱熹撰，《家禮·昏禮》卷3，南宋淳祐 5 年（1245 年）五卷本加附錄一卷，載《孔子文化大全》，山東：友誼書社，1992 年 11 月，頁 660。

〔註32〕楊天厚、林麗寬，《金門婚嫁禮俗》，臺北：稻田出版公司，1998 年元月，頁 33。

〔註33〕黃美幸，〈中國婚姻制度之演變〉，《臺灣風物》17 卷 4 期，1967 年 8 月，頁 72。

如是富有之家，嫁粧更爲可觀，貴重衣物、首飾之外，尤多如照相機、縫紉機、電視機、電冰箱、摩托車等實用之物，有些關心女兒生活問題者，甚將房地產契約也列在嫁粧之內。此外，尙須特備「奩儀錄」，將嫁粧一一開列，合成一冊厚帙；「奩儀錄」的封面、封底均用厚紙文錦裱糊，裝在盒子裡，置於彩亭之上用人擡著，行於送嫁粧隊伍之前。〔註34〕

　　由於世人喜以華貴奩儀招搖過市、炫耀財富，而蔚爲風氣，與我中華民族向以克勤克儉爲美德，以及上古時代嫁娶率以「合兩姓之好，上以事宗廟，而下以繼後世」〔註35〕爲主旨背道而馳，無怪乎司馬光《溫公書儀》與呂坤《四禮疑》的前述文中，即大肆指責宋世娶婦爭嫁粧厚薄的頹風。無怪乎《後漢書・逸民列傳》描繪古人嫁女節儉美德：「初，良五女並賢，每有求姻，輒便許嫁，疏裳布被，竹笥木屐以遣之。五女能遵其訓，皆有隱者之風焉。」〔註36〕而得留爲千古美談，在在揭言聘禮奩儀應求實用，不崇毫奢爲尙。〔註37〕

　　有異於豪華嫁粧之舉者，當爲清儒陸圻所撰《新婦譜》一書：『今丙申七月，倉卒遣女，蕭然無辦，因作《新婦譜》贈之，以視世之珠玉錦繡，炫熀於路者，雖所贈不同，未爲無所贈也。然恐予女材智下，不能讀父書，并以遺世之上流婦人，循誦習傳，爲當世勸戒。』〔註38〕對此，劉文《中國古代服飾閨訓探析》傳釋爲：「《新婦譜》是清代錢塘（今浙江杭州）人陸圻送給女兒的特殊嫁妝，他向女兒詳細地講解了新媳婦入嫁婆家之後，在言行舉止及家庭生活中應該注意和做到的各個方面。」〔註39〕亦是較爲簡樸的特殊嫁粧例證。

　　金門地區昔日嫁粧多爲縫紉機、電鍋、熨斗、洗衣機、金飾爲主軸；漸改爲電視、冰箱、烘乾機、冷氣機等電器用品；再漸改爲機車、電磁爐、微波爐、電腦；近漸改爲汽車、洋房、百萬現金、支票等，俗稱「嫁粧一牛車」，

〔註34〕馬之驌，《中國的婚俗》，臺北：經世書局，1981年12月，頁62～66。

〔註35〕〔清〕阮元等校勘，《十三經注疏——禮記》卷61〈昏義〉第44（重刊宋本），〔漢〕鄭玄注；〔唐〕孔穎達等正義，臺北：藝文印書館，1976年5月6版，頁999。

〔註36〕〔南朝宋〕范曄，《後漢書》卷83，〈逸民列傳・戴良〉，臺北：鼎文書局，1981年4月4版，頁155。

〔註37〕馬之驌，《中國的婚俗》，臺北：經世書局，1981年12月，頁66。

〔註38〕〔清〕陸圻，《新婦譜》，《叢書集成續編》62冊，臺北：新文豐出版社，1989年7月，頁41。

〔註39〕劉文，《中國古代服飾閨訓探析》，天津師範大學美術學研究所碩士論文，2007年3月，頁8。

茲爲所證，[註40]卻徒增欲結婚者不少經濟困擾。《顯影》一卷下期云：「里人春樹，去年末即已聘定……惟因女家以年女當十九，且因粧奩趕備不及，遂即兩各重商，至本廿一日始行完結。」[註41]即是趕辦嫁粧不及而延後婚期的紹述，嫁粧之重之要由此不難想見。以前嫁粧的裝盛概以「櫺」爲單位，金門地區較富裕家庭慨送二十四櫺之多，金銀珠寶、錦羅綢緞爲必有配備，再加「金棺材銀加蓋」──以小棺材形狀打造非常精緻的金飾品，又用純金打造小型的杵臼等。中上人家嫁粧則送十二櫺。較貧寒人家三餐餬口已成問題，遑論其他。[註42]

至於送嫁粧時間，《金門縣志・人民志》曰：「女家粧奩，亦於是日（案即婚禮前一日，盤擔之時）發往男家，大率皮箱或四或六或八，衾、枕、箱、櫃、盆、桶，各取成雙，另有花瓶、時鐘擺設之屬，及家官（新郎之父）帽一，雙連巾二。」[註43]印證知曉金門地區女家粧奩的發送時候，大抵先於婚禮一日，亦即「盤擔」（俗稱插定）之日。唯獨「烈嶼鄉（小金門）在『盤擔』這天仍照往例不送嫁奩，等到結婚當天，嫁奩才與迎親隊伍一起送到男方家。此般作法又與大金門『盤擔』當天送嫁奩的習俗迥異。」[註44]

爾來由於教育水平不斷提昇，娶媳婦看重嫁粧，抑或婆婆以嫁粧多寡決定對待媳婦的臉色與態度之社會風氣，早已悄然改變。栽培女兒完成高等教育當成最好嫁粧的觀念，儼然漸成時下普通人家的嫁粧新模式；[註45]再則近年來的年輕人多數喜歡自立門戶，不願與父母同住，有些甚在婚前即提出不與長輩同住做爲婚嫁的條件之一，皆是對嫁粧重視程度的無形削減。至於富豪之家動輒以豪宅、數百萬現金或即期支票……等爲嫁粧的世紀婚禮，仍所在多有，形就 M 型婚禮極端差異。

〔註40〕楊天厚、林麗寬，《金門婚嫁禮俗》，臺北：稻田出版公司，1998 年元月，頁 37。

〔註41〕施伍、承爵合編，〈鄉聞・迎而後行結〉，《顯影》第 1 卷下期，金門：珠山圖書報社，1929 年 3 月，頁 5a。

〔註42〕楊天厚、林麗寬，《金門婚嫁禮俗》，臺北：稻田出版公司，1998 年元月，頁 35。

〔註43〕金門縣政府，《金門縣志・人民志・儀禮》卷 3，增修版，金門：金門縣政府，1999 年初版 2 刷，頁 420。又見許如中編；陳槃審閱，《新金門志・人民志・風俗習慣》，金門縣：金門縣政府，1959 年 3 月，頁 271，亦有如下載錄：「女家粧奩，亦於是日發男家，大率皮箱或四或六或八，衾、枕、箱、櫥、盆、桶，各取成雙，另有花瓶、時鐘擺設之屬，及新郎帽、雙連巾各一。」僅有數字之差而已。

〔註44〕楊天厚、林麗寬，《金門婚嫁禮俗》，臺北：稻田出版公司，1998 年元月，頁 72。

〔註45〕楊天厚、林麗寬，《金門婚嫁禮俗》，臺北：稻田出版公司，1998 年元月，頁 37。

（二）翻　鋪

安床過後，須再進行「翻鋪」。即「在結婚前一晚，新郎選邀生肖屬龍，且父母雙全男孩，在（洞房內）新床鋪伴睡，相信能夠一舉得男。」〔註46〕此男孩多在親族中挑選，約十一、二歲左右，面目姣好、聰明活潑。同時要備妥花生、芋頭各一盤，供小男孩食用，取其像花生、芋頭一般繁衍不息，世世代代、子孫長發的祥意。次日，新郎倌援例要贈送小男孩一個紅包。倘實在尋不著肖龍者，則可改選與新娘能相配的生肖，唯獨肖虎者絕對在禁忌之列。〔註47〕

三、備辦結婚用品

「傳統式的婚禮，從確定婚期到迎娶之日，時間只有個把月左右，男女雙方皆要忙著準備諸事。」〔註48〕備辦結婚用品即為其中之一，也是不可或缺的一環。以下就筆者夫婦於一九九八年，對金門全島田調後出版的《金門婚嫁禮俗》載記，再印證目今婚俗的實況，分列男方和女方應備的結婚用品：

（一）男方備辦結婚用品

由於男家係娶新娘入門，故所須買辦用品以自家新房使用與大廳懸掛居多，今紹介如下：

1、新床一套：含括棉被、毛毯、枕頭、床罩、家具……等，已詳述於本章本節第二目鋪房（安床、送嫁粧）中，請參閱。

2、新郎燈一對：上書新郎姓氏，及堂號或祖先官銜，俗稱「子婿燈」。

3、大箱一對：供女方擺放小件嫁粧之用，最上端兩側各置花帕一條，箱底則擺放三色布帛。約於婚禮前六天，由男家聘人用掛鉤竹擔挑至女家；女家須回贈紅包及點心。

4、小桶一個：需用紅紙包裹，俗稱「尿桶」，有三天後方可使用的慣俗，故新娘在洞房內三天依俗足不出戶外，也儘量委屈自己不吃不喝不拉，避免是時尚無抽水馬桶裝置，又窗小厚石牆的閩南建築洞房內尿酸味撲鼻，予人

〔註46〕楊志文，《金門縣湖峰鄉土誌續輯》，金門：金門縣湖峰社史料編纂委員會，1998 年 8 月，頁 79。另見金門縣政府，《金門縣志・人民志・儀禮》卷 3，增修版，金門：金門縣政府，1999 年初版 2 刷，頁 420～421，也有「結婚前夕，準新郎必邀屬龍者之男伴睡於新床，名曰『翻鋪』。」之說。

〔註47〕楊天厚、林麗寬，《金門婚嫁禮俗》，臺北：稻田出版公司，1998 年元月，頁 34。

〔註48〕金門縣金門學研究會總編纂，《金城鎮志・文化篇》下冊，金門：金城鎮公所，2009 年 11 月，頁 947。

不良印象。此桶僅烈嶼鄉（小金門）係由男家買辦，金門其他四鄉鎮均由女家備辦。〔註49〕

照片 5-2：上書姓氏和郡望的「新郎燈」

照片 5-3：放置閩南式建築新房中的「尿桶」，
唯恐異味撲鼻，新娘吃喝多所節制

〔註49〕楊天厚、林麗寬，《金門婚嫁禮俗》，臺北：稻田出版公司，1998 年元月，頁 35。

（二）女方備辦結婚用品

女兒出嫁，父母不捨之餘，也盡能力所及餽贈嫁粧，冀求日後生活美滿幸福，因而女家亦須備辦下列用品：

1、**嫁奩**：多隨經濟能力而定，內容品項不一，請參閱本章本節第二目鋪房（安床、送嫁粧）中的詳解。

2、**新娘燈一對**：供掛男家大廳。

3、**火爐一個**：俗稱「火窗」，供取暖之用。

4、**枕頭兩對**。

5、**臉盆一個**。

6、**花帕三條（或二條）**：大金門地區買三條，使用兩條；小金門地區買二條，使用一條，。剩下一條留給未婚的弟弟，倘無未婚弟弟則留給姪兒。此種「花帕」因是新娘陪嫁物，屬於六尺見方、黑白相間的布帛，布面佈滿似老虎般的花紋，故民間慣信有避邪功能，無論生育、婚娶、慶典皆須備辦。

7、**飯巾一條或兩條**：大金門地區買備一條，小金門地區買辦二條。是一種比「花帕」略小，三尺見方的黑白相間布帛，有「沾夫君福分」寓意。結婚之時，由新娘連同姻緣扇一起握在手中。

8、**白色肚裙一條**：祝福兒女成群之意，結婚當天由新娘圍在身上，且肚裙口袋內要放置一對燙水帶骨肉，一對紅蛋，小金門地區另加一對龍眼乾。

9、**床頭衫褲一套**：結婚當晚新娘穿用。

10、**圍司裙一條**：結婚當日供新娘「撈飯」與「切發粿」之用，黑色鑲寬藍邊。日後公婆過世時，須穿戴在喪服外面。

11、**帶仔絲線**：是一種染色絲線，供新娘裹小腳之用，為求美豔，具有多種色彩，屬烈嶼鄉（小金門）特有的配備。

12、**梳子四支**：現代式、傳統式、篩頭蝨用的雪鬢梳、半月形頭梳各一支。

13、**對面鏡一塊**：四個鏡角各別一個銀圓，頂蓋內部用繡有花紋的粉紅罩子罩著，鏡身可立於桌上，底部可擺放飾品和化妝品。

14、**窄箱一個**：鑰匙由新娘親自保管，不像其他嫁奩可任意供人參觀。專供新娘放置私人物品，如內衣褲、兩塊煮熟排骨、高麗蔘、兩個煮熟紅蛋……等，其中吃食提供新娘短暫充饑之用，因早前新娘唯恐在無衛浴設備的洞房內拉屎尿，泰半不敢飽食而強迫挨餓三日。

15、**男方發喜帖時分送親友的四樣絲帶**：據蔣霞女士報導，編織的四樣絲帶，每樣各五尺長，男家親友每人可就四樣任選三樣。其一稱「龜殼」，作綁腳帶和褲帶使用。其二稱「萬（卍）字帶」，做圍同裙使用。其三稱「牡丹邊」，作褲帶、鞋帶使用。此三種皆由四十七條細絲線編織成，上方為二十三條，下方為二十四條。其四稱「肚兜帶」，由十三條細絲線編成，作束緊肚兜的帶子使用。

16、**珠丁帶一條**：由十九條細絲線編成，上方九條，下方十條，作新生兒褲帶使用，純留作新娘日後自用。此般編織用的各式絲帶率皆由女方自行編製，奈因編法難度高，普通人家非人人編得成，則改買成貨亦可。古時富豪之家嫁女兒的嫁粧裡，除開一槛白銀、一槛有孔銅幣，尚有一槛此類絲帶。〔註50〕

四、搓圓、拜圓、勁轎腳

繼前述事項之後，接後談「搓圓」、「拜圓」與「勁轎腳」行事：

（一）搓圓、拜圓

《金門縣志》云：「結婚前數日，男家作糯米丸，致祭母家祖先，並饋親友，藉報婚期。」〔註51〕此處所言的糯米丸即通稱的湯圓。金門婚禮的「搓圓」活動共計三次：其一在婚禮前三天或六天或十二天，供新郎向母親娘家稟報婚期的「拜圓」之用。其二在婚禮前一天的「盤擔」日，供前往男家作法事的法師和演戲的戲班食用，分享鬧熱喜氣。其三在婚禮當天供樂隊食用，亦分沾喜慶之樂。〔註52〕

「搓圓」活動的進行，多賴男家左鄰右舍婦人自動惠助，大夥邊搓邊聊，不亦樂乎，也是社區守望相助的具體表現。就中以第一次的「搓圓」規模最為盛大，當熱滾滾、白胖胖、紅咚咚的紅白湯圓一煮成，立即全村按「口灶」分，亦即每戶發送一大碗。接獲湯圓的人家，須回贈一把花生、大麥或小麥，祝賀結婚新人子孫綿延不絕。近年來，容且時代的演進，已罕見現搓、現煮、現送湯圓的熱鬧場景，一般多改贈每戶二包市售未煮的成包湯圓，外加一小包砂糖，確是省時又省事。〔註53〕

〔註50〕攸關男女方備辦的結婚用品，參見楊天厚、林麗寬，《金門婚嫁禮俗》，臺北：稻田出版公司，1998 年元月，頁 34～39。

〔註51〕金門縣政府，《金門縣志・人民志・儀禮》卷 3，增修版，金門：金門縣政府，1999 年初版 2 刷，頁 420。

〔註52〕楊天厚、林麗寬，《金門婚嫁禮俗》，臺北：稻田出版公司，1998 年元月，頁 40。

〔註53〕楊天厚、林麗寬，《金門婚嫁禮俗》，臺北：稻田出版公司，1998 年元月，頁 40～42。

祭拜用的湯圓在眾家婦人分工搓好之後，隨即進行「拜圓」的活動。由新郎的父親或兄弟帶領，偕同新郎，攜帶已在家中搓好的十二粒純紅色湯圓，以及搓湯圓用的紅色和白色糯米糰各一塊、砂糖十二斤，同行至母舅家（母親的娘家）。再以十二粒純紅色湯圓奉拜母親娘家列祖列宗；紅色、白色糯米糰與砂糖則請舅公或母舅家的人幫忙搓圓，增進鬧熱氛圍。母舅家「拜圓」後，續至舅公家（奶奶的娘家）拜圓，表示體恤母親劬勞撫養，故俗諺云：「天頂天公，地下母舅公」。婚禮諸多儀次中，概以母舅居大位，因舅公已於之前當過母舅，理當讓賢。至於拜宗祠與拜村廟的湯圓，均以紅、白色相間的湯圓敬拜即可。〔註54〕

照片 5-4：左鄰右舍婦女們紛幫搓湯圓的鬧熱場景

（二）勁轎腳

所謂「勁轎腳」，就是在女兒出嫁之前，為使轎夫的腳不倒，能順利支撐新娘轎平安抵達目的地，親友為此特別祝福新娘，而設置招待新娘及親友所舉行的酒宴，深具齊聲祝福之意。因花轎有四隻腳，轎的支柱即有四個人，故須從四處地方接受招待，俾討吉利。足見結婚確是人生大事，不但父母緊張萬分，就連親友也都特別關心。〔註55〕

〔註54〕金沙鎮公所，《金門縣金沙鎮志・風俗篇》卷8，上冊，金門：金沙鎮公所，
　　　　2002年12月，頁376。另見楊天厚、林麗寬，《金門婚嫁禮俗》，臺北：稻田
　　　　出版公司，1998年元月，頁42。
〔註55〕〔日〕鈴木清一郎原著；馮作民譯，《增訂臺灣舊慣習俗信仰》，臺北：眾文
　　　　圖書公司，2004年10月1版4刷，頁190～191。

《金門縣志》云：「結婚前數日，女家親友，輪流設饌款女，俗稱爲新娘助轎腳壯膽子，並祝其多宜男。」〔註56〕正是金門地區古時亦有此禮的明證。

五、敬天公、盤擔（插定）

婚禮前一日，須進行「敬天公」和「盤擔」（俗稱插定）儀節，由男家先敦請屠夫宰殺事前豢養供作「敬天公」的「大豬公」，與「盤擔」（俗稱插定）日饋送女家所需肉品的豬隻。其中，「敬天公」的「大豬公」得保持全豬，以示最隆重禮儀。早期宰殺所須豬隻後，尙須禮聘稅捐人員到府在豬身蓋戳記繳稅，每頭豬稅額新臺幣三佰元，之後再進行「敬天公」大典。〔註57〕

（一）敬天公

由於天帝乃眾神至尊，敬拜亦須特別愼重。結婚前夕，主事者往往會禮聘法師或道士至家中宣經答謝天地神明。楊炯山編《結婚禮儀》曰：「男方在婚前一夜準備『拜天公』之儀式。」〔註58〕許如中編《新金門志》亦云：「結婚前日，男家具婚帖，備豬羊酒禮，祭天。」〔註59〕皆是結婚前行「敬天公」儀節的必然行事。

「敬天公」時間並不固定，以上午居多。須將大廳內八仙桌移近大門處，桌上陳奉豐盛供品，今以金湖鎮和金沙鎮（俗稱後面）爲例：

1、五牲或三牲一副：據《左傳·昭公十一年》〈傳〉言：「五牲不相爲用」（杜注：「五牲，牛、羊、豕、犬、雞」，據《爾雅》，加馬則爲六畜。）〔註60〕現下庶民乃指雞、鴨、魚、豬肉、豬頭、豬腳、豬肚、豬肺……等，共備五項，俗稱「五牲」；共備三項，則稱「三牲。」亦可選用五種水果的「素五牲」，或選用三種水果的「素三牲」。

2、三宿一副：白糖製成粉紅色造型，面對大門外側，左方大邊擺龍，中間

〔註56〕金門縣政府，《金門縣志·人民志·儀禮》卷3，增修版，金門：金門縣政府，1999年初版2刷，頁420。

〔註57〕楊天厚、林麗寬，《金門婚嫁禮俗》，臺北：稻田出版公司，1998年元月，頁42～44。

〔註58〕楊炯山編，《結婚禮儀》，新竹：竹林書局，2001年7月再版，頁170。

〔註59〕許如中編；陳槃審閱，《新金門志·人民志·風俗習慣》，金門縣：金門縣政府，1959年3月，頁271。

〔註60〕〔周〕左丘明傳；〔晉〕杜預注；〔唐〕孔穎達疏。楊伯峻編著，《春秋左傳注·昭公十一年·傳》，高雄：復文書局，1991年9月再版，頁1327。

擺寶塔，右方小邊擺鳳。敬完天公，須將寶塔贈予媒妁，因作媒「只保進洞房，不保一世人。」媒人取回中塔，象徵新人的今後一切即與媒妁不再有所關連。

3、大型發粿一個：粿上鋪放紅囍剪紙一張，囍上再排放十二粒紅圓，如以三牲敬拜，此大型發粿即可不用。

4、**純紅色湯圓三碗**。

5、茱碗：如供五牲，茱碗須十六碗；如供三牲，茱碗須十二碗。

6、紅圓一盤：十二粒。

7、紅錢一盤：十二粒。

8、大春、大吉各兩對。

9、**麵線一盤**。

10：**糖果一盤**。

11、十元銅板一百二十個：傀儡戲演畢，與糖果同撒給觀禮的鄰人拾掇，據傳撿到此些糖或錢之人，日後必行好運。

12、**鹽米、清水各一碗**：供法師作法使用，倘單純敬天公，不請法師作法時，此項即不須準備。

13、生豬血一碗。

14、酒一瓶：不限品項，但要未曾開封過。

15、清酒三杯：擺放供桌正前方，分三次斟滿。

16、清茶三杯：擺放清酒之後，可以茶葉取代。

17、順盒隨意：擺放香爐前，可用冬瓜排、冰糖或糖果少許。

18、淡盒一副：六顆蜜餞串成的蜜餞串。

19、敬天公紙錢一份：內容含括為：

　　（1）太極金：又稱「天金」，共一百張，長 54 公分，寬 39 公分，厚
　　　　　1.5 公分。

　　（2）小太極金：酌量。

　　（3）大壽金：酌量。

　　（4）小壽金：酌量。

　　（5）透壽金：酌量。

　　（6）小透壽金：酌量。

　　（7）小運金：酌量。

　　（8）小花金：酌量。

（9）五色：酌量。

（10）通改：一只或兩只，長 18.5 公分，寬 7 公分，厚 0.3 公分。

（11）燈座：敬五牲時備三個，敬三牲時備一個，長 54 公分，寬 39
　　　公分。

（12）中燈：可用三、六、十二、二十四、三十個不等，長 29 公分，
　　　寬 19 公分。

（13）小燈：酌量。

　　另在天井左側（大邊），擺放全隻「大豬公」，豬頭朝內；在天井右側（小
邊），擺放全隻羊，羊頭也朝內；豬和羊嘴中皆含橘，四腳圈紅紙，頸部掛紅
線繫銅錢，尾部繫紅絲線。倘以長約 50 公分、高約 30 公分的麵羊代替生羊，
則麵羊嘴內置放紅圓。或有將全豬置放天井中央，麵羊再擺放全豬上方的別
類擺法。接後始以十二炷香敬拜天帝（即玉皇大帝）。〔註61〕

照片 5-5：「盤擔」敬天公時，男方擺設全豬、麵羊於天井中

〔註61〕楊天厚、林麗寬，《金門婚嫁禮俗》，臺北：稻田出版公司，1998 年元月，頁
　　　55～56。

照片 5-6：「敬天公」的麵羊

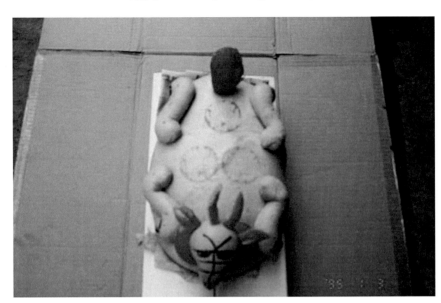

照片 5-7：法師陳梅濤進行「敬天公」儀式

之所以供奉全隻豬羊，《說文》有言：「脂，牛羊曰肥，豕曰脂。」〔註62〕

〔註62〕〔東漢〕許慎撰；〔清〕段玉裁注，《說文解字注》，臺北：天工書局，1998
　　年8月，頁173。

《左傳・桓公六年・傳》亦曰：「吾牲牷肥腯，粢盛豐備。」〔註63〕極言隆重之禮，且要主壇禮生朗讀祈福牒文。爲睹敬答神恩疏文全貌，筆者特兼程走訪法師陳梅濤當面請益，並蒙陳法師慨允提供原文抄錄。

　　另據陳法師指出，金門地區因囿於就業的不易，而導致青壯人口大量外移，故而在臺灣結婚後返金宴客者所在多有。主壇的法師，爲區隔臺、金兩地間舉辦婚禮間的差異，特別準備兩種不同款式疏文。茲謄錄如下：茲就陳梅濤法師提供「敬天公」疏文兩式羅列於下：〔註64〕

其一、在金結婚者「敬天公」疏文：（表5-3）

具疏文福建省金門縣浯洲嶼　　都〔註65〕　　保　　鄉居住主事（新郎倌父母或祖父母）奉

法請神宣經酬恩演戲（唱傀儡戲）答謝植福爲（長子、次子或長孫、次孫）完婚祈求平安事

　　聖造所伸　　意者恭祝

玉皇大帝三官大帝三界高眞當境祀典神祇一切威靈普資至化各降大振

　　恩光言念主事：□□□（□處塡寫新郎倌全家生辰八字）

　　　　暨合家眷等即日仝誠拜干　　　　荷

天地覆載深恩感三光之照臨厚德垂念（新娘姓名）聘過主事人

　　（新郎倌父母或祖父母）爲（長媳、次媳或長孫媳、次孫媳）

涓諏本月　　日迎接新人進門今自納采之期

虔宰剛鬛全羊（或麵羊）敬備花香花茶粿金帛財寶牲筵酒禮燈灼如儀

〔註63〕〔清〕阮元等校勘，《十三經注疏——春秋左傳》〈桓公傳六年〉（重刊宋本），〔晉〕
　　　　杜預注：〔唐〕孔穎達等正義，臺北：藝文印書館，1976年5月6版，頁110。
〔註64〕楊天厚、林麗寬，《金門婚嫁禮俗》，臺北：稻田出版公司，1998年元月，頁
　　　　49～51。
〔註65〕〔明〕洪受撰，《滄海紀遺・山川之紀第一》：「同安之爲都五十有二，而浯洲
　　　　爲翔風里，三都隸焉。太武山從中起，則一洲之宗也。山之西爲十七都……；
　　　　太武之東爲十八都……；太武之南有雙山，其西南爲十九都。」金門縣文獻
　　　　委員會發行，1970年6月再版，頁3～4；另《金門縣志・土地志》引《嘉慶
　　　　同安縣誌》載：「清乾隆間（1736～1795），金門仍統於翔風里，統十五都、
　　　　十六都、十七都、十八都、十九都、二十都六個都，大嶝保、小嶝保、劉浦
　　　　保、倉湖保、後浦保、烈嶼保六個保。……民國四年設縣後，保仍舊，惟都
　　　　次第及鄉之數目名稱，稍有更易，計都六、保十、鄉一百六十六。」金門縣
　　　　政府發行，《金門縣志》卷2，1999年初版二刷，頁228～232。

仗法就家列置香案喧經誦典以消災燈燦銀汞而集福酌酒獻花備

　　　陳三獻　　　化燃珍金　　　叩答

上蒼玉帝三界高眞上聖降臨到壇笑納喜情　　　　　恩准

　俯賜合家平安　添丁進財　　恭祈

聖德醍醐乞賜石麟之胤　　　鴻恩優渥得登玉燕之投　　　敬維

兩美成婚　　百年偕老　　螽斯衍慶　　　麟趾呈祥

必誦鼓琴之旬且歌綿瓜之章　　　　謹具疏進上以

聞

　　　太歲　　（干支）　年　　月　　　日　　焚香叩疏拜干

　　其二、在臺結婚返金宴客者「敬天公」疏文：（表5-4）

　　　具疏文福建省金門縣浯洲嶼　　都　　保　　鄉居住主事（新郎倌父母或祖父母）奉

法請神宣經酬恩演戲（唱傀儡戲）答謝植福爲（長子、次子或長孫、次孫）完婚祈求平安事

　　　聖造所伸　　意者恭祝

玉皇大帝三官大帝三界高眞當境祀典神祇一切威靈普資至化各降大振

　恩光言念主事：□□□（□處填寫新郎倌全家生辰八字）

　　　暨合家眷等即日仝誠拜干　　　荷

天地覆載深恩感三光之照臨厚德垂念（新娘姓名）聘過主事人

　　（新郎倌父母或祖父母）爲（長媳、次媳或長孫媳、次孫媳）

　　茲者男及冠女及笄因前在臺灣舉行結婚今返里宴慶之期

　　　虔宰剛鬣全羊（或麵羊）敬備花香花茶粿金帛財寶牲筵酒禮燈灼如儀

仗法就家列置香案喧經誦典以消災燈燦銀汞而集福酌酒獻花備

　　　陳三獻　　　化燃珍金　　　叩答

上蒼玉帝三界高眞上聖降臨到壇笑納喜情　　　　　恩准

　俯賜合家平安　添丁進財　　恭祈

聖德醍醐乞賜石麟之胤　　　鴻恩優渥得登玉燕之投　　　敬維

兩美成婚　　百年偕老　　螽斯衍慶　　　麟趾呈祥

必誦鼓琴之旬且歌綿瓜之章　　　　謹具疏進上以

聞

　　　太歲　　（干支）　年　　月　　　日　　焚香叩疏拜干

　　較講究之家後續有禮聘法師或道士，於天井中或大廳門前加演傀儡戲，以答謝神佛照顧新郎多年之舉。戲開演時，全豬、全羊或麵羊須各插四炷香，並須取兩塊「花帕」置放戲棚兩端棚架上方，此「花帕」可供日後生養嬰孩時使用。主事者同時要撒錢幣供觀衆撿拾，並捧「敬天公」之大型發粿放置門板充當的戲棚上，取其「發家」涵義。敬拜天公畢，再將大型發粿移放洞房新床，直至睡覺始能移開，象徵家運亨通，人丁繁衍。〔註66〕

　　金城鎭和金寧鄉（俗稱前面）的「敬天公」供品，雷同上述金湖鎭和金沙鎭（俗稱後面）之外，另加兩盤「五腳圓」（盤底放四粒紅圓，上方再放一粒紅圓，故稱）。烈嶼鄉（俗稱小金門）除要「敬天公」之外，尙須祀拜註生娘娘。其「敬天公」供品爲：〔註67〕

1、全豬、全羊（或麵羊）各一隻。

2、五牲一副。

3、酒一瓶、清酒三杯、清茶三杯。

4、紅圓十二粒。

5、紅錢十二粒。

6、紅龜十二隻。

7、菜碗十二碗。

8、金帛一份。

9、順盒一個，內放糖果或冰糖。

另外，祀拜註生娘娘供品爲：

1、豬頭一個：切自「敬天公」之全豬即可。

2、油飯一碗。

3、煎餅一碗。

4、葷菜碗六碗。

5、素菜碗六碗。

6、黑、紅、綠三色線各一小綑。

7、針六支。

8、清酒三杯、清茶三杯。

〔註66〕楊天厚、林麗寬，《金門婚嫁禮俗》，臺北：稻田出版公司，1998年元月，頁49。

〔註67〕楊天厚、林麗寬，《金門婚嫁禮俗》，臺北：稻田出版公司，1998年元月，頁55～56。

9、鮮花十二朵。

10、花粉一包。

11、金帛一份。

（二）盤擔（俗稱「插定」）

盤擔，俗稱「插定」，亦即「大聘」，金門地區於婚禮前一日舉行，是結婚禮俗重要禮儀之一。《金門縣志・人民志》對此有如此刊記：「先一日，男家具婚帖，備豬羊酒禮祭天，煩媒妁及親屬挑送女家，或用鼓吹，大率豬羊四百至八百斤，酒四甕、花四盤、喜燭四對，魚脯、鞭炮、線麵、冬瓜糖各有差，並以銀元兩枚，吉物十二件壓帖，俗稱『插定』。女家收受所送豬肉宴親友，而割其餘骨還男家。」許如中編《新金門志・人民志・風俗習慣》對此如是說：「結婚前日，男家備豬羊酒禮，……煩媒妁，送女家，或用鼓吹，豬羊六百斤（案俗稱六擔）至八百斤（案俗稱八擔），酒四甕、花四盤、喜燭四對、魚脯、線麵、鞭炮、冬瓜糖各有差，並以銀元兩枚，吉祥物十二件壓帖。女家即以所送酒肉宴親友，而割其餘骨還男家。」〔註68〕兩說皆表示男家備妥「盤擔」用品後，尋覓一位好生肖男人，用掛鉤竹扁擔挑斗籠，裝盛備辦物品，及連豬尾的「大邊」豬肉至女方家，其餘聘禮則由媒妁及親屬挑送之情景。〔註69〕

當所須豬肉送抵女方家，女方須將斗籠內「大邊」豬肉先秤重量，再放進米篩，還邊喊「不夠重！」因此般喊叫新娘才易得男家疼惜。接著，以「大邊」肉行敬天公之儀，然後請專職屠夫在天井荣鋪進行「收肉」活動。由於連繫豬骨頭上的肉謂之「親戚路」，如太窄小，將予人親戚往來路徑狹隘之感，如留過大，又非早期困窘農業社會能拿多拿的作法，實非專人無法勝任。〔註70〕關於婚禮女家於「盤擔」時「吃肉」一事，也可以「『吃肉打錢』方式取代，即讓男方以同等價值的現金付款，女方則以此款項添購嫁妝。」〔註71〕

〔註68〕許如中編；陳槃審閱，《新金門志・人民志・風俗習慣》，金門：金門縣政府，1959 年 3 月，頁 271。

〔註69〕楊天厚、林麗寬，《金門婚嫁禮俗》，臺北：稻田出版公司，1998 年元月，頁 62。

〔註70〕楊天厚、林麗寬，《金門婚嫁禮俗》，臺北：稻田出版公司，1998 年元月，頁 64。

〔註71〕金沙鎮公所，《金門縣金沙鎮志・風俗篇》卷 8，上冊，金門：金沙鎮公所，2002 年 12 月，頁 376。

照片 5-8：「盤擔」時，女方進行收肉的工作

收肉時，應將豬尾、排骨、豬腳、豬肚等完整切下放回斗籠，並將豬體兩片豬油還一片給男方，象徵兩家在聯姻後，可長久地油（遊）來油（遊）去。豬腎（腰子）若被女方收取，表示女方將在第三天新娘「歸寧」（作客）時，設筵席請女婿；豬腎（腰子）若被女方璧還，則表示「歸寧」日只備點心。斗籠內的物品女方亦不可全收，大春、大吉須留一對；綵花須留數朵；麵線須留一串；「婚書禮」須留數仟元壓擔等。〔註72〕

女方另回送下列物品：小桶一個。棉尾、芋、犁頭銍、木炭、大麥、春粟、桔餅、冬瓜排、紅釉、白釉、韭菜、芋頭等十二樣物品。枕頭兩對。大箱一對。窄箱一個。新娘燈一對。茶具一套。包袱兩個。臉盆一個。化粧箱一個。金飾些許。雙連毛巾（兩條連著）數打。嫁奩。「分相」物品等。其中「分相」物品係新娘餽贈婆家長輩的見面禮。大箱則在六天前，先由男方請人送到女方家，供女方「撿箱」之用。窄箱則供新娘放置床頭衫褲，衣服口袋兩邊各放緣錢（小圓形鉛製品）和鈔票，象徵新娘永遠有人緣、永遠富裕，此套衣褲於洞房花燭夜穿用。也放睡衣、內衣、對面鏡、梳子、肚裙、圍司裙等。〔註73〕

〔註72〕楊天厚、林麗寬，《金門婚嫁禮俗》，臺北：稻田出版公司，1998年元月，頁65。
〔註73〕楊天厚、林麗寬，《金門婚嫁禮俗》，臺北：稻田出版公司，1998年元月，頁66～67。

照片 5-9：「盤擔」時使用的斗籠

六、挽面、上頭、禮服

（一）挽　面

按照臺灣及金門的風俗習慣，男士刮鬍子、婦女挽面（剃除臉上汗毛），皆為整修容貌的愛美舉措。但過去未婚女子並不能挽面，唯獨在結婚前夕，亦即在「上頭戴髻」之前，選個好日子，始初行人生首次的「挽面」，或稱「絞臉」、「開臉」，目的是扒除臉上細毛，讓皮膚細緻，當新娘時容易上妝，妝上得勻，自然漂亮秀逸。方法是由子孫滿堂、命好福分夠的有經驗婦女，先在新娘臉上塗抹白粉，再取一條細棉線，用雙手呈兩角交叉狀，緊貼在被絞臉人的臉部，再將手一弛一張，拔掉臉部茸毛，使臉部光彩明淨，並顯露清晰的美麗輪廓。挽面完畢之後，須贈送好命婦人謝禮。〔註74〕

關於幫新娘挽面的婦女，除上述子孫滿堂、命好福分夠的有經驗者外，生肖佳，且能與新娘輩分相當者，更是金門地區的最佳人選。倘在平輩中遍尋不著，長輩亦無妨，晚輩則較不適宜。倘非得由晚輩執行「挽面」工作時，

〔註74〕　參見〔日〕鈴木清一郎原著；馮作民譯，《增訂臺灣舊慣習俗信仰》，臺北：眾文圖書公司，2004 年 10 月 1 版 4 刷，頁 191。及楊志文，《金門縣湖峰鄉土誌續輯》，金門：金門縣湖峰社史料編纂委員會，1998 年 8 月，頁 137。及金門縣政府，《金門縣志・人民志・儀禮》卷 3，增修版，金門：金門縣政府，1999 年初版 2 刷，頁 420。

即須用紅棉線在新娘脖子後方先輕挽三下破解禁忌，再用紅棉線開面，共挽十二下。準備的用物還加清水一杯。為求吉利，新娘開面限用紅線，挽面之線也不能中途斷裂。挽面時，一定在大廳進行，新娘須面向大廳外側，寓意新娘將嫁出為他人婦也；負責挽面婦女則面向大廳裡側。現下美容美髮業昌盛不已，多數人們或改至美容院打理，再返家請人象徵性挽面做個型式罷了。〔註75〕

（二）上　頭

「上頭」一詞，五代及宋初之際即已出現，本指女子加笄而言。中世紀以後，冠笄之禮逐漸廢弛，但世人在男女即將結婚之時，早則在婚前一兩日，遲則在嫁娶之日，仍敦請長者分別為適婚兒女行成年之禮，梳理頭髮為成年人的髮式，男性或加冠命字，女性則梳成年婦人型的髮髻，表示成人，此謂「上頭」，〔註76〕或稱「上頭戴髻」。「上頭」的意義有四：「一梳梳到尾，二梳梳到白髮齊眉，三梳梳到兒孫滿堂，四梳梳到銀筍盡標齊。」俾討好采。〔註77〕

金門地區的「上頭」（即梳頭打扮）儀式，男女方各自在自家大廳神佛前舉行，時間也多在「插定（即盤擔）那天，新娘子還須覓請福命、生肖好及輩份相當婦人前來幫忙『挽面』和『上頭戴髻』，以討吉利，現代多由美容師代勞，以美麗為主要考量。」〔註78〕當新娘進行「上頭」之儀時，面朝大廳外側，意謂將嫁出為他人婦；執行「上頭」的婦人則面朝大廳內側。新郎進行「上頭」之儀時，則面朝大廳內側的神佛，執行「上頭」的婦人則面朝大廳外側，據見新郎與新娘的方位正好相反。「上頭」儀次一旦完成，男女雙方皆須以三碗湯圓和三牲禮敬拜佛祖。不過，此種儀節現已漸式微中，僅較講究古禮者，仍依樣禮聘合宜的、好命的中年婦人略作梳頭示意，或象徵性用三牲禮敬拜佛祖，聊備一格。〔註79〕

〔註75〕楊天厚、林麗寬，《金門婚嫁禮俗》，臺北：稻田出版公司，1998年元月，頁72～73。
〔註76〕馬之驌，《中國的婚俗》，臺北：經世書局，1981年12月，頁85～86。
〔註77〕林馬騰主編，《風雞履痕——烈嶼老照片說故事》，金門：金門縣烈嶼鄉公所，2009年11月，頁42。
〔註78〕金門縣金門學研究會總編纂，《金城鎮志・文化篇》下冊，金門：金城鎮公所，2009年11月，頁948。
〔註79〕楊天厚、林麗寬，《金門婚嫁禮俗》，臺北：稻田出版公司，1998年元月，頁70。

攸關「上頭」詳情，劉文於《中國古代服飾閨訓探析》中，曾就宋代理學家朱熹在《家禮》中，比較具體規定的笄禮程式詳加剖述，茲列其儀節流程如下：

> 凡在室女子已經許嫁即行笄禮，年十五雖未許嫁亦應行笄禮。笄禮儀式舉行前三日，家長在姻親女性中選擇賢慧而達禮者爲賓客，派人致信邀請，稱爲『戒賓』。
>
> 在舉行笄禮的前一天，女子家長還要再次向女賓致信告請，稱爲『宿賓』。在約定的佳日裡，笄禮由母親主持，儀式一般在正廳舉行。女賓至，主婦出中門見賓，賓主互拜，主婦請賓客升堂，各就各位，主婦東立，女賓西立。接著，充當侍者的女性眷童引女子出房，由女賓手揖女子即席，女子即跪下。侍者向女賓呈上梳子，女賓爲之解髮梳理，並爲之合髻。女賓退下，盥洗片刻即復位。侍者將簪置于托盤進成女賓，女賓走到女子前祝辭，辭曰：『吉月令日，始加元服。棄爾幼志，順爾成德。壽考維祺，以介景福。』祝畢及跪下爲女子加笄。女賓起立後女子亦起，進房易服。出房後便要進行醮禮儀式。
>
> 中堂設席，女賓揖引女子即席，立席右面南。侍者立于女子左面酌酒。女賓受酒後，祝辭曰：『旨酒既清，嘉荐令芳。拜受祭之，以定爾祥。承天之休，壽考不忘。』女子跪下受酒，祭酒（傾少許酒于地）後略飲少許。繼面，女賓即向女子宣布所取表字。再祝辭曰：『禮儀既備，昭告爾字。女士攸宜，永受保之。曰某。』字是對外使用的，取字後便意味著女子已經可以走出家庭了。女子拜受，全部笄禮儀式便告結束。〔註80〕

（三）禮　服

對於穿著，古時皆有一定的規制。《春秋左傳‧桓公二年‧傳》曰：「帶、裳、幅、舄」楊伯峻《注》：「裳，古人上穿衣，下穿裳，裳亦曰裙。」……「衡、紞、紘、綖」楊伯峻《注》：「此四物街冕之飾。衡即橫笄。笄，簪也。笄有二，有安髮之笄，有固冠之笄。衡笄，固冠者也。」〔註81〕又見《夏小

〔註80〕劉文，《中國古代服飾閨訓探析》，天津師範大學美術學研究所碩士論文，2007年3月，頁15～16。

〔註81〕〔周〕左丘明傳；〔晉〕杜預注；〔唐〕孔穎達疏；楊伯峻編著《春秋左傳注》上冊〈桓公二年‧傳〉，高雄：復文圖書出版社，1991年9月再版，頁87。

正經傳集解》云：「秋，八月：剝瓜、玄校。」〔清〕顧鳳藻《傳》八月：「校也者，若綠色然。婦人未嫁者衣之。」《注》曰：「謂女子之衣，蓋取俗以曉人也。施氏國祁曰，玉篇，絞，綠色，嫁者衣也。」〔註82〕《明史》亦云：「庶人冠服。明初，庶人婚，許假九品服。」〔註83〕《漢書補注·列傳》也曰：「古者衣服車馬貴賤有章，以褒有德而別尊卑。」〔註84〕《大唐開元禮》更言：「若庶人婚，聽假以絳公服。」〔註85〕當知其是。

金門的結婚禮服，據《金門縣志》記載：「婚嫁服飾，民國十年（1921年）左右尚有鳳冠霞披者，今則男著西裝革履，女穿西式禮服，燙髮登高跟鞋，作最時髦裝矣。」〔註86〕足見婚禮禮服亦隨時代不同而有所變異。

七、掛母舅聯、新郎燈、新娘燈

男女雙方成婚之時，因是終身大事，致有諸多慶賀儀節，掛母舅聯、掛新郎燈、掛新娘燈皆是其中要項，以下分別說明：

（一）掛母舅聯

新人結婚，母親的兄弟須餽送「母舅聯」，供懸掛男方家大廳佛龕後壁上。鑑於母親撫養孩兒長大成人辛苦備嘗，為感念之，致有「天頂天公，地上母舅公」的俗諺，照理懸掛「母舅聯」時，應將母舅（母親的兄弟）慶賀的聯對居中懸掛才是。但因「母舅公」（奶奶的兄弟，即舅祖父）較「母舅」輩分高，導致「母舅聯」的懸掛方式產生兩種歧異。其一以「母舅聯」居先的懸掛；其二以「母舅公（舅祖父）聯」居先的懸掛。今分述如下圖：〔註87〕

〔註82〕〔清〕顧鳳藻撰，《夏小正經傳集解》卷三，楊家駱主編《中國學術名著》第三輯，十四經新疏第三期書第一冊，臺北：世界書局，1974年5月3版，頁19。

〔註83〕〔清〕張廷玉等，《明史》卷六十七〈志〉第四十三〈輿服〉三，臺北：鼎文書局，1980年1月第3版，頁1649。

〔註84〕〔漢〕班固撰；〔清〕王先謙補注，《漢書補注·列傳》卷四十二〈王貢兩龔鮑傳〉，臺北：藝文印書館，1996年8月初版4刷，頁1366。

〔註85〕〔唐〕蕭嵩等奉敕撰，《大唐開元禮》卷3〈衣服〉，東京大學東洋文化研究所大木庫本，光緒12年（1886年）氏公善堂校刊本，北京：民族出版社，2000年5月，頁31。

〔註86〕金門縣政府，《金門縣志·人民志》卷3，增修版，金門：金門縣政府，1999年初版2刷，頁422。

〔註87〕楊天厚、林麗寬，《金門婚嫁禮俗》，臺北：稻田出版公司，1998年元月，頁75～76。

表 5-5：以「母舅聯」居先的懸掛情形：

表叔聯	姊夫聯	表兄聯（或喜幛）
姨丈聯		
姑丈聯		
朋友聯（眷弟或通家弟）		
朋友叔聯（眷教弟或通家教弟）		
親家兄弟聯（姻眷教弟）		
親家聯（姻侍教弟）		
親家公兄弟聯（姻眷教生）		
親家公聯（姻侍教生）		新郎燈
外伯叔祖聯		
母舅公聯		
母舅聯		
財子秀鏡屏居中懸掛		
母舅聯		
母舅公聯		
外伯叔祖聯	供	
親家公聯（姻侍教生）		淨爐
親家公兄弟聯（姻眷教生）		
親家聯（姻侍教弟）	八仙桌	
親家兄弟聯（姻眷教弟）		
朋友叔聯（眷教弟或通家教弟）		新郎燈
朋友聯（眷弟或通家弟）	桌	
姑丈聯		
姨丈聯		
表叔聯	姊夫聯	表兄聯（或喜幛）

資料來源：本論文整理製表。

表 5-6：以「母舅公（舅祖父）聯」居先的懸掛情形：

表叔聯	姊夫聯	表兄聯（或喜幛）
姨丈聯		
姑丈聯		
朋友聯（眷弟或通家弟）		
朋友叔聯（眷教弟或通家教弟）		
親家兄弟聯（姻眷教弟）		
親家聯（姻侍教弟）		
親家公兄弟聯（姻眷教生）		
親家公聯（姻侍教生）		新郎燈
母舅聯		
外伯叔祖聯		
母舅公聯		
財子秀鏡屏居中懸掛		
母舅公聯		
外伯叔祖聯		
母舅聯	供桌	淨爐
親家公聯（姻侍教生）		
親家公兄弟聯（姻眷教生）		
親家聯（姻侍教弟）		八仙桌
親家兄弟聯（姻眷教弟）		
朋友叔聯（眷教弟或通家教弟）		
朋友聯（眷弟或通家弟）		新郎燈
姑丈聯		
姨丈聯		
表叔聯	姊夫聯	表兄聯（或喜幛）

資料來源：本論文整理製表。

因有上述懸掛「母舅聯」的疑慮，有的母舅公為避免紛爭，直接採買畫有福、祿、壽三星的「財子秀」鏡屏當賀禮居中懸掛後，再依序由大而小逐次懸掛眾親友賀聯於兩側。

早期的「母舅聯」長度約二百四十公分，寬度約五十公分，用紅色絲綢布貼金色字體，高掛大廳正面牆壁，一片紅通豔麗，煞是好看。新近以來，大抵以買現成者為尚。

（二）掛新郎燈、新娘燈

「母舅聯」掛好之後，再於佛龕兩側的樑柱上方，各垂掛一盞紅豔美麗似宮燈的「新娘燈」。再於鄰近廳門掛天公燈的樑柱兩側各加垂掛一盞「新郎燈」（其樣式請參見本章照片 5-2），頓時使得整個大廳光彩紛呈，喜氣洋洋。

「新娘燈」隸屬女方買辦的結婚用品，須買一對，代表成雙成對。為求「出丁」，象徵日後家族人丁興旺，家道發展，購買之時，習慣予以「出價」（案即講價）。「新郎燈」隸屬男方買辦的結婚用品，亦須買一對，俗稱「子婿燈」，兩盞書寫內容稍有不同：一盞寫斗大的新郎姓氏，如楊、林、陳、李……等，一盞寫堂號或祖先的官銜，如「小金門」東林村的林姓新郎燈即書寫「理學名宦」。〔註88〕

第二節　婚禮親迎儀節

藉由議婚、定婚的前置作業之後，始能進入迎娶新娘入門的執行力度，其徑路既繁且雜，以下分加說明：

圖 5-2：金門婚禮親迎儀節程序

> 親迎 → 進門 → 拜宮廟、拜宗祠、拜祖先、拜高堂
>
> → 摸箸籠、撈飯、拜灶君、切發粿 → 分相、食茶、鬧洞房

〔註88〕參閱楊天厚、林麗寬，《金門婚嫁禮俗》，臺北：稻田出版公司，1998 年元月，頁 34～35。

一、親　迎

　　所謂親迎,「就是說新郎親往女家迎娶新婦,或稱爲迎娶,是今日的結婚婚禮。舊時,上中之家行親迎,中下之家則僅由媒人往迎娶。」〔註89〕《釋名·釋親屬》曰:「婚言壻親迎,用昏,又恆以昏夜成禮。」〔註90〕即言新郎親迎新娘,多於黃昏之時,亦是「婚禮」稱名的由來。關於親迎儀節,朱子《家禮》云:「遂醮其子而命之迎。壻出乘馬。至女家,俟于次。女家主人告于祠堂。遂醮其女而命之。」乃見男子或女子將婚嫁之時,父母皆會賜酒供其享用。

書影 5-1:父醮子圖　　　　　　　書影 5-2:父醮女圖

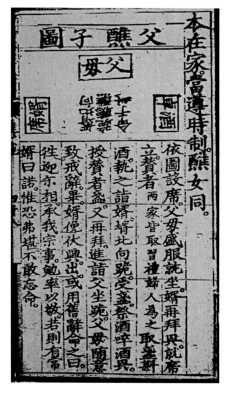

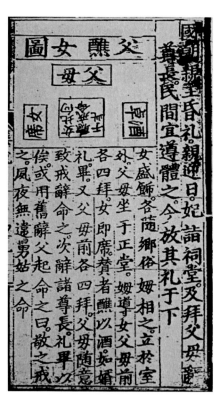

(引自〔明〕馮善編集《家禮集說》,明　(引自〔明〕馮善編集《家禮集說》,
成化己亥 15 年(1479)刊本,頁 48)　明成化己亥 15 年(1479)刊本,頁 49)

〔註89〕國立歷史博物館編輯委員會編,《中華民俗文物特展》,臺北:中華民俗文物特展籌備委員會出版,1980 年 2 月,頁 51。

〔註90〕〔漢〕劉熙撰;〔明〕吳琯校。李學勤主編《中華漢語工具書書庫·釋名》雅書部第 51 冊卷 3〈釋親屬〉,合肥:安徽教育出版社,2002 年 1 月,頁 465。

　　明儒章潢《圖書編・親迎》亦有載記:「朱子曰:親迎之禮,恐從伊川之說為是。近則迎於其國,遠則迎於其館。今妻家遠行者行禮,一則令妻家就近處設一處,卻就彼往迎歸館行禮,一則妻家出,至一處,婿即就彼迎歸至家成禮。」〔註91〕直接點明朱子贊同的親迎禮儀,應以程頤說論為是。當女家距離甚為睽違之時,即須就近租住旅舍或覓得住處,再由新郎逕自新居所迎親即可,至今仍為人們所遵行,亦可見金門與臺灣受《家禮》影響之一斑。

書影 5-3:醮婿、親迎圖

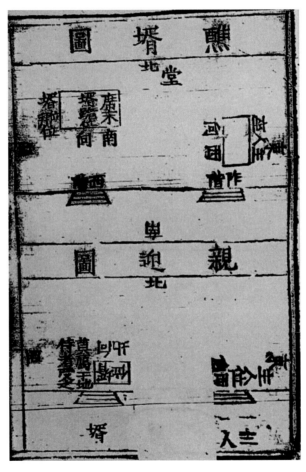

(取材自〔明〕弘治庚戌 3 年(1490)順德知縣吳廷舉刊行;嘉靖己亥 18
年(1539)修補本《文公家禮儀節》婚禮,頁 19)

〔註91〕〔明〕章潢,《圖書編》卷 109〈親迎〉,《文淵閣四庫全書本・子部》972 冊,
臺北:臺灣商務印書館,1986 年 7 月,頁 336～337。

對於迎親之禮，早期金門因民生普遍凋敝，不易借足新郎及四位男儐相的西裝穿著，故多以「媒人迎娶」居多，即以竹篾製的「篾仔轎」與黑轎前往迎娶，「篾仔轎」供新娘乘坐，之後始改用紅色花轎；黑轎則由媒人乘坐。〔註92〕又因婚禮花費不貲。「戰地政務時期，厲行生活節約，鼓勵青年男女參加縣府舉辦的集團結婚，還限制宴客桌次，並規定餐飲菜餚，以『配合者有賞』要求踴躍參加，說是要簡化民間的繁瑣禮俗。」〔註93〕甚而在一九七○年代，政府還一度規定公教人員結婚沒有婚假，筵席限縮十桌以內等，皆是因應繁瑣鋪張的傳統婚禮有所變革。

關於較早前的金門婚禮，《顯影》雜誌有此一載：「里人永頭，自去年春與其家養女新春，先即互生戀愛，繼並實行同居，順而新春亦即結下珠胎，去年間且育下女孩矣。似此純情結合，並經墜下愛的結晶，實際夫婦之命份固足成立，但因其家輩，以至親鄰戚友，都爲習俗所拘，均以此種非經儀式之夫婦爲不合，愛乃再爲擇定去廢曆廿九晚，舉行當天交拜，而並洞房花燭禮。是即該夫婦也，可謂精神、形式兼有矣。」〔註94〕據此見知婚禮但求吉祥爲重，絲毫不得馬虎。

（一）儐相、花童、喜轎（車）

由於婚禮儀節異常繁雜，爲輔導新人順利完成，而設有「儐相」之制，普通由男女雙方各自敦請男、女儐相，多半以朋友或同事爲主要人選。婚禮行事中，大金門的四大鄉鎮男儐相一般聘四位；烈嶼鄉（俗稱小金門）僅聘兩位男儐相，另加六位俗稱的「娶嫁」。女儐相起初只聘一位，爲增排場始增爲兩位，現甚有四位者。又爲方便穿長禮服的新娘易於行走，又有花童的設置，初爲兩位小女孩，後轉變爲一男孩一女孩，備添喜氣。

花轎爲早期婚娶的交通工具，後改用喜車。爲求吉祥，轎上或車上皆須懸掛紅彩帶，並須掛個底部繪有八卦圖形的米篩，較講究人家且在米篩的八卦圖旁再懸掛銀硃筆一支，絲絲防煞。〔註95〕

〔註92〕楊天厚、林麗寬，《金門婚嫁禮俗》，臺北：稻田出版公司，1998 年元月，頁 87 ～88。

〔註93〕林馬騰主編，《風雞履痕──烈嶼老照片說故事》，金門：金門縣烈嶼鄉公所，2009 年 11 月，頁 62。

〔註94〕施伍、承爵合編，〈鄉聞〉中的〈正式成婚：自由戀愛不算，交拜天地才成〉，《顯影》第 4 卷 3 期，金門：珠山圖書報社，1931 年 1 月，頁 1a～1b。

〔註95〕楊天厚、林麗寬，《金門婚嫁禮俗》，臺北：稻田出版公司，1998 年元月，頁

（二）食雞蛋湯、見緣桌

新郎親迎隊伍抵達女家後，女方隨即端「雞蛋湯」宴客。一碗「雞蛋湯」有兩個已剝殼的甜蛋，新郎與男儐相均只能吃一個蛋，再用筷子剪開另個蛋，並留碗內。烈嶼（小金門）地區則僅象徵性喝點湯而已。昔日部分廚師為作弄女婿，特將煮蛋抹油曝曬做成鐵蛋，讓新郎剪不斷又不能吃、慌張失態。

食畢雞蛋湯，先吃些點心，再續食「見緣桌」。以前不採取新郎親迎，且新娘須在洞房禁足三天時，「見緣桌」皆設於第四天新娘「歸寧」（作客）時舉行；烈嶼（小金門）地區則訂第二天進行。如是新郎親迎，「見緣桌」乃在婚禮當天行儀。〔註96〕

照片 5-10：親迎時，新郎及儐相食雞蛋湯

（三）上轎（車）、繞行街道

「見緣桌」撤走後，女方家人即端洗臉水供新郎洗臉，新郎援例須贈送紅包給端水的人。接由媒妁為新郎介紹女方眾長輩。接由新郎與媒妁牽出新娘，並由雙方親友簇擁，讓一對新人背對背互撞臀部，象徵夫妻永遠相敬如賓、恩愛似膠漆。傳聞較用力碰撞者，日後就可占盡上風，如何拿捏，悉由自制。

新人彼此介紹後，新郎即攙新娘，新郎走左側，新娘走右側站立女家大廳前，由女方家長焚香禱祝後，再跨越大門前事先擺放的「淨爐」，再上轎（車）。臨上轎（車）前，母親須為新娘沾蜂蜜緣水，冀望新娘出嫁後講話

86～87。
〔註96〕楊天厚、林麗寬，《金門婚嫁禮俗》，臺北：稻田出版公司，1998年元月，頁90～91。

永保甜蜜。其後讓新娘口含緣錢，直抵夫家才吐出在地，象徵人到緣到。

花轎（車）甫離地，新娘父親即潑「緣錢水」，邊潑邊念：「給妳有人緣，得人疼。」其後，新娘須將母親備妥的兩把紙扇其中一把投擲地上，由新娘弟或姪拿衣襟拾起，此稱「放心扇」，藉以減輕新娘和娘家人彼此的思念之情。由新娘隨身與飯巾同握手中的則稱「姻緣扇」。此時，媒妁須在新郎家裡裡外外遍灑緣錢，直灑至洞房內，邊灑邊念：「人未到，緣先到。」象徵新娘人緣好，易得夫家人疼愛。

迎親隊伍在「大鼓吹」和「轎前音（十音）」前導下，刻意繞行市區街道，供眾人圍觀「看新娘」。如中途與別組迎親隊伍相遇，應將新娘頭上插的兩對大春或大吉，取下一對和對方交換，方能為雙方帶來好運，且不占對方便宜。〔註97〕

二、進 門

花轎或禮車來到男方家門前，新郎援例先以右腳踢門，再以手拉新娘衣襟，由媒妁攙扶新娘跨越「淨爐」。以前媒妁迎娶時，由媒妁牽新娘下轎；改為新郎親迎後，則由新郎牽新娘下車（轎），仍用繪有八卦形的米篩為新娘遮頭，後才演變成遮黑傘。進門時，門檻絕不可踩。〔註98〕

照片 5-11：新娘下轎

〔註97〕楊天厚、林麗寬，《金門婚嫁禮俗》，臺北：稻田出版公司，1998 年元月，頁 97～99。

〔註98〕參見金沙鎮公所，《金門縣金沙鎮志·風俗篇》卷 8，上冊，金門：金沙鎮公所，2002 年 12 月，頁 378。及楊天厚、林麗寬，《金門婚嫁禮俗》，臺北：稻田出版公司，1998 年元月，頁 99。

書影 5-4：新婦入門圖

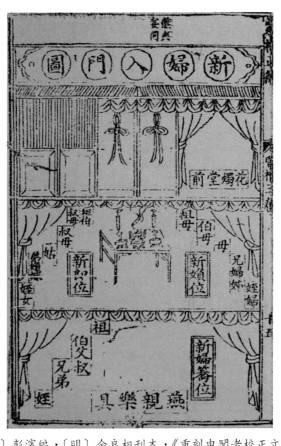

（取材自〔明〕彭濱編，〔明〕余良相刊本，《重刻申閣老校正文公家禮正衡八
卷》卷 3，頁 15b）

（一）敬天公、拜王爺

　　新娘進門後，此時，已在大廳等候的公公隨即焚香禱祝，再由新人敬拜
天公，共拜十二下，不必每一拜都立起身來。接後，再敬拜數日前自村廟迎
請回家供奉的王爺。接後，由婆婆面向大廳站立門檻上，等待媒妁牽新娘到
面前，婆媳照面時，旁人互推婆媳背部相碰撞，據聞力道強勁之方將取得往
後的家庭管控權，故婆媳雙方無不卯足全力應戰，期許未來的勝面。之後，
再由婆婆以居高臨下的姿態爲媳婦「插春」（插上俗稱『春』的頭花一對），
象徵「頭春尾吉」，有「明年生查脯孫（生男孫）」的意涵。〔註99〕

〔註99〕參見金沙鎮公所，《金門縣金沙鎮志・風俗篇》卷 8，上冊，金門：金沙鎮公
　　　所，2002 年 12 月，頁 378。

（二）進洞房、換圓、換茶

進入洞房後，始由新郎以戥子或尺揭開新娘頭上的罩帕，此為早期的模式，現今西式白紗頭罩掀開即可。

而後，由新郎的姑、姨等長輩或媒妁，幫新人進行「換圓」和「換茶」的儀式。所謂「換圓」，即新郎和新娘互吃對方湯圓碗中的兩粒湯圓，象徵團團圓圓，雙方白首偕老。

「換茶」時，可備妥多項茶飲，普遍如下：

其一：為黑棗茶：取意早生貴子。

其二：為多瓜茶：取意瓜瓞綿綿。

其三：為一般茶葉：取意夫妻同心。

其四：為腰子（豬腎）湯，取意互相照顧。

「換茶」方式，同樣讓雙方換喝對方的茶，象徵彼此恩愛不渝，其性質類似「飲合巹酒」一般。〔註 100〕

（三）換花舅、送茶

「換花舅」儀節多於婚後第三天舉行。女方家長雇請新娘弟輩，提裝有十二朵綵花的花藍，乘黑轎至男家。轎抵家門口，新郎須親自轎門前點頭示意，請小舅爺下轎。

小舅爺進入客廳，男方家即刻端甜蛋湯、點心，再以專設在洞房內的酒筵款待，臨行之前，小舅爺會請新娘回娘家作客，男家長輩亦要餽贈小舅爺紅包。此「換花舅」儀次至一九四五年抗戰勝利後，新郎親自迎娶儀式盛行才漸趨沒落，而改以「送茶」取代。

「送茶」多於婚禮當天午後舉行。新娘的娘家會派遣新娘的弟妹或姪兒輩，一男一女為新娘送茶來。茶水係裝於嶄新熱水瓶內，以杏仁茶、龍眼茶或高麗蔘茶為主。所送茶水連同熱水瓶齊送至洞房內，供一對新人飲用，新郎須回贈兩位使者紅包，並以甜蛋湯及點心招待後，再送他們回去。〔註 101〕

〔註 100〕金沙鎮公所，《金門縣金沙鎮志‧風俗篇》卷8，上冊，金門：金沙鎮公所，2002 年 12 月，頁 378。及見楊天厚、林麗寬，《金門婚嫁禮俗》，臺北：稻田出版公司，1998 年元月，頁 102～103。

〔註 101〕楊天厚、林麗寬，《金門婚嫁禮俗》，臺北：稻田出版公司，1998 年元月，頁 103～104。

三、拜宮廟、拜宗祠、拜祖先、拜高堂

（一）拜宮廟、拜宗祠

古時，拜宮廟、拜宗祠是在婚禮的第三天舉行，如今都已在當天進行。由新郎父親提裝放香燭、禮炮、冬瓜排等甜點的花籃做前導；父親不在，可由伯叔父等長輩代勞。續接提新郎燈的兩位子姪輩或孿生兄弟，及一位提草席的小男孩。樂隊緊跟其後，往昔多以國樂的「大鼓吹」及「轎前音（十音）」為主，近來率皆國樂和西樂並行，增加熱鬧氣氛。新郎、新娘、媒妁及看熱鬧人們再緊跟其後。

至宮廟、宗祠前，喜惡作劇與看熱鬧人士早已擺開陣勢，並在廟門及宗祠門架疊長條椅，逼迫新郎使盡全力，起抱新娘擲過障礙物。敬拜前，由提花籃者點香燭、擺供品；提草席者負責在神龕前鋪草席。新郎跪地三拜或六拜，新娘站立以捧花示意即可。

照片 5-12：新郎新娘拜宮廟

書影 5-5：新婦拜天地

（取材自《清俗紀聞》，頁 380～381）

（二）拜祖先、拜高堂

拜過宮廟、宗祠之後，一行人打道回府，改拜祖先和高堂。「新婦入門，司馬光《書儀》取消三月『廟見』之禮，改為新婦入門，即和新婿一起拜祖先。」〔註102〕據此見知新婦和新婿於婚禮當日要敬拜祖先始自司馬光《書儀》，而朱子《家禮》的「祠堂之制係司馬光影堂之制的發展。」〔註103〕亦即朱子《家禮》更將祠堂的功能發揚光大，遂由《家禮》中，可見到「納采」時，「主人具書，夙興奉以告于祠堂。……遂奉書以告于祠堂。出以復書授

〔註102〕楊志剛，〈《司馬氏書儀》和《朱子家禮》研究〉，《浙江學刊》第 1 輯（總第 78 期），1993 年 1 期，頁 111。

〔註103〕楊志剛，〈《朱子家禮》：民間通用禮〉，《傳統文化與現代化》，1994 年 12 月 第 4 期，頁 41。

使者，遂禮之。使者復命壻氏，主人復以告于祠堂。」〔註104〕其祭拜祖先者三次。「親迎」時，「女家設次于外。初昏，壻盛服。主人告于祠堂。……至女家，俟于次。女家主人告于祠堂。」〔註105〕其祭拜祖先者二次。「廟見」時，「三日，主人以婦見於祠堂。」〔註106〕其祭拜祖先者一次。

敬拜祖先用三拜，敬拜高堂用十二拜，且每拜皆要站起身再下拜。倘父母實忙碌抽不出身，或較不講究排場者，即設空椅（亦可在椅上鋪毛毯）代替，讓新人象徵性敬拜，聊表敬意。〔註107〕

四、摸箸籠、撈飯、拜灶君、切發粿

「摸箸籠」者，乃將箸籠虛懸大廳前通道壁上，待新郎抱新娘抓取時，戲弄之人故意拉下繩子，讓新娘搆不著，如此反覆玩笑多次，頗具玩笑性質。目的在期冀新娘做事有條理、有分際之意。

「撈飯」者，乃指新娘圍上「圍司裙」，口中含十二個緣錢，一手拿姻緣扇、飯巾；一手拿有漏洞瓢子，先將緣錢吐鍋內，再象徵性在鼎裡米飯撈三下，再置放於飯鍋中，再蓋飯巾。為新嫁娘初到夫家所作勤前訓練之一，深含古俗「婦人主中饋」美德。

「拜灶君」者，乃讓新娘用火鉗象徵性在灶內攪動，並由旁人在側念好話，對初入廚下，人地生疏的新嫁娘日後調理羹湯，確有大助益。

「切發粿」者，乃由圍上「圍司裙」的新娘，以右膝下跪之姿，以刀在置放地上大米篩內的發粿畫一道，象徵新嫁娘日後必能為夫家帶來好運，家道也必能像發粿般興旺昌盛。〔註108〕

〔註104〕〔宋〕朱熹撰，《家禮・昏禮・納采》卷3，南宋淳祐5年（1245年）五卷本加附錄一卷，載《孔子文化大全》，山東：友誼書社，1992年11月，頁655〜659。

〔註105〕〔宋〕朱熹撰，《家禮・昏禮・納采》卷3，南宋淳祐5年（1245年）五卷本加附錄一卷，載《孔子文化大全》，山東：友誼書社，1992年11月，頁660〜665。

〔註106〕〔宋〕朱熹撰，《家禮・昏禮・納采》卷3，南宋淳祐5年（1245年）五卷本加附錄一卷，載《孔子文化大全》，山東：友誼書社，1992年11月，頁673。

〔註107〕楊天厚、林麗寬，《金門婚嫁禮俗》，臺北：稻田出版公司，1998年元月，頁108。

〔註108〕楊天厚、林麗寬，《金門婚嫁禮俗》，臺北：稻田出版公司，1998年元月，頁111〜112。

五、分相、鬧洞房

「分相」者，指新娘對婆家長輩或平輩較新郎年長之人（從內親至外戚），餽贈見面禮的儀式。「分相」過後，接著「食茶」，即新娘端茶請參與「分相」的年長者喝茶，昔時喝「蘇淮茶」（中藥茶飲），現多改成冬瓜排。每位飲茶的長者皆須贈送新娘紅包或金飾，也須念些吉利話（俗稱念四句）。倘若不舉行「分相」儀節，即不須舉行「食茶」儀式。〔註109〕（攸關「食茶」詳節請參閱第四章第二節，頁213）

「鬧洞房」者，不外要求新娘唱歌，或要求小倆口做恩愛逗趣動作，屬玩笑性質，但新人皆須坦然承受，不得動氣，還得親自端茶請客人喝。舊式婚禮當天並不宴客，新娘且在洞房困居三日，僅由媒妁陪伴。賓客皆在第三日夜晚宴客過後才開始鬧洞房。之後改成婚禮當日宴客，則鬧洞房儀節也從婚禮當日夜裡開始，有時不但鬧到通霄達旦，甚或連鬧三天之久。〔註110〕有時為求「鬧洞房」得以順利過關，新郎與新娘亦有在行婚前勤加練歌之舉。

〔註109〕金沙鎮公所，《金門縣金沙鎮志・風俗篇》卷8，上冊，金門：金沙鎮公所，2002年12月，頁380。

〔註110〕金沙鎮公所，《金門縣金沙鎮志・風俗篇》卷8，上冊，金門：金沙鎮公所，2002年12月，頁380。

第六章　金門婚後行儀規範與特殊婚俗

　　婚禮聯結兩家之誼，成就兩家之親，意義格外不凡，故是《公羊傳‧文公二年》卷十三乃直接指涉：「娶者，大吉也，非常吉也。」〔註1〕《周易‧序卦》卷九第十也言：「夫婦之道，不可以不久也，故受之以恆。」〔註2〕《白虎通疏證‧嫁娶》卷十亦云：「人道所以有嫁娶何？以為情性之大，莫若男女。男女之交，人情之始，莫若夫婦。」〔註3〕因此格見「國家由氏族所擔大，氏族賴家族以繁衍，家則始自夫婦，夫婦基於婚姻。婚姻雖為男女個人之結合，實為國家之基礎，民族之根源，國家興衰所繫，民族存續所賴。婚姻制度反映一個國家之政治、經濟與社會，更為一個民族文化之寫照。」〔註4〕無由古往今來未有不列婚姻為終身大事也，即肇基於此。

　　「女嫁曰于歸，男婚曰有室。」〔註5〕要言之，「言妻從外來，謂至己家為婦。」〔註6〕「婦人謂嫁曰歸。」〔註7〕繼納采、問名、納吉、納徵、請期、

〔註1〕　〔清〕阮元等校勘，《十三經注疏——春秋公羊傳》卷十三‧文公二年（重刊宋本）。〔漢〕何休注；〔唐〕徐彥疏，臺北：藝文印書館，1976年5月6版，頁166。

〔註2〕　〔清〕阮元等校勘，《十三經注疏——周易》卷九，〈序卦〉第十（重刊宋本），〔魏〕王弼、韓康伯注；〔唐〕孔穎達等正義，臺北：藝文印書館，1976年5月6版，頁188。

〔註3〕　〔清〕陳立疏證，《白虎通疏證》卷十〈嫁娶〉（下冊），臺北：廣文書局，2004年10月再版，頁536。

〔註4〕　李元簇序，王潔卿，《中國婚姻－婚俗、婚禮與婚律》，臺北：三民書局，1988年8月，頁1。

〔註5〕　楊志文，《金門縣湖峰鄉土誌續輯》，金門：金門縣湖峰社史料編纂委員會，1998年8月，頁78。

〔註6〕　〔漢〕劉熙撰；〔明〕吳琯校。李學勤主編《中華漢語工具書書庫‧釋名》雅書部第51冊卷三〈釋親屬〉，合肥：安徽教育出版社，2002年1月，頁464。

〔註7〕　〔漢〕劉熙撰；〔明〕吳琯校。李學勤主編《中華漢語工具書書庫‧釋名》雅

親迎之後,「六禮具備,婚姻關係始告成立。」〔註8〕唯婚禮主要禮節,並不僅止於此。據朱子《家禮‧昏禮》卷三所載,「議婚、納采、納幣、親迎、婦見舅姑、廟見、婿見婦之父母」〔註9〕係婚禮的全部儀程,其中「議婚、納采、納幣、親迎」四項儀式,隸屬婚前禮與正婚禮的儀節,「婦見舅姑、廟見、婿見婦之父母」三項儀式,隸屬婚後儀節,約占四成三的高比率,則見「成婚之後,婦至婿家,尚有同牢、見舅姑、醴婦及廟見諸禮,諸禮悉具,而後稱成婦焉。」〔註10〕而此些成婦後的行儀亦為朱子《家禮》所著墨應行之禮,又豈能廢而不行呢?今就金門地區婚後行儀規範,及一般婚禮之外的特殊婚俗提出說明。

圖 6-1:金門婚後儀節程序

同牢、看新婦 → 婦見舅姑、舅姑醴婦 → 廟見、婿見婦之父母 →
歸寧(做客)→ 做「新婚頭」

第一節　金門婚後行儀規範

夫婦係「五倫」之一,而所謂「倫」者,乃是一種不能違反的社會和家庭秩序,〔註11〕因之,成婦之後,自有許多約定俗成的規範,務必遵行之餘,更不容觸犯。而男女一旦成婚,一則表示成人,二則表示責任加重,三則稱呼因之改變。就男性言之,「男者,任也;子者,孳也。男子者,言任天地之道,如長萬物之義也,故謂之丈夫。丈者,長也;夫者,扶也。」〔註12〕就女性言之,「女者,如也;子者,孳也。女子者,言如男子之教,而長其義理者也,故謂之婦人。婦人,伏於人也。」〔註13〕簡言之,男者謂之丈夫,女者謂之婦人。

書部第 51 冊卷三〈釋親屬〉,合肥:安徽教育出版社,2002 年 1 月,頁 464。
〔註8〕　陳鵬《中國婚姻史稿》,北京:中華書局,2005 年 1 月,頁 200。
〔註9〕　〔宋〕朱熹撰,《家禮》,南宋淳祐 5 年(1245 年)五卷本加附錄一卷,載《孔子文化大全》,山東:友誼書社,1992 年 11 月,頁 653~674。
〔註10〕陳鵬《中國婚姻史稿》,北京:中華書局,2005 年 1 月,頁 200。
〔註11〕劉達臨,《中國性史圖鑑》,長春:時代文藝出版社,2003 年 7 月,頁 99。
〔註12〕〔清〕王聘珍撰,《大戴禮記解詁》卷十三,楊家駱主編《中國學術名著》第三輯,十四經新疏第三期書第一冊,臺北:世界書局,1974 年 5 月 3 版,頁 5a~5b。
〔註13〕〔清〕王聘珍撰,《大戴禮記解詁》卷十三,楊家駱主編《中國學術名著》第三輯,十四經新疏第三期書第一冊,臺北:世界書局,1974 年 5 月 3 版,頁 5b。

再就新婦的稱叫，《禮記・曲禮下》云：「天子之妃日后……士日婦人，庶人日妻。」〔註14〕《釋名疏證補・釋親屬》亦日：「士庶人日妻。」〔清〕王先謙《注》曰：「畢沅日：『〈曲禮〉士日婦人，庶人日妻。鄭玄《注》：婦之言服，妻之言齊，是則士庶人之匹耦名稱不同。今云士庶人日妻者，蓋士與庶人之為尊卑也，微庶人有事，通用士禮，則其妃耦不妨同稱。《魯語》列士之妻是士之妃，亦日妻也。』」〔註15〕所謂「妻」者，《釋名疏證補・釋親屬》再日：「妻，齊也。」〔註16〕宋儒司馬光《溫公書儀・婚儀上》卷三更言：「婦者，家之所由盛衰也。」〔註17〕關於「婦，服也，服家事也。夫受命於朝，妻受命於家也。」〔清〕王先謙《注》曰：「王啟原日：『《白虎通・嫁娶》云：婦者，服也，服於家事事人者也。《說文》：婦，服也，從女持帚灑掃也。』」〔註18〕司馬氏此說，即明白指稱新婦的加入，將是維繫家族盛衰與否的重要關鍵，無怪婚儀六禮既繁且雜，實因關係如此密切有以致之。

一、同牢（或共牢）、看新婦

新婦自入門成禮依始，身分轉變之後，即須備受自古以來根深柢固的婚後生活規範，不得任意踰越。《金門縣志・人民志》即言：「家庭飲食，男女不同席。」〔註19〕《春秋左傳注》亦云：「秦伯納女五人，懷嬴與焉。奉匜沃盥。（楊伯峻《注》：馬宗璉《補注》以《儀禮・士昏禮》說此事，依〈士昏禮〉，新郎入室，新婦之從者日媵，為新郎沃盥；新郎之從者日御，為新婦沃

〔註14〕　〔清〕阮元等校勘，《十三經注疏──禮記》卷五〈曲禮下〉（重刊宋本），〔漢〕鄭玄注；〔唐〕孔穎達等正義，臺北：藝文印書館，1976 年 5 月 6 版，頁 94。

〔註15〕　〔清〕長沙王先謙譔集：李學勤主編《中華漢語工具書書庫・釋名疏證補》雅書部第 51 冊卷三〈釋親屬第十一〉，合肥：安徽教育出版社，2002 年 1 月，頁 527～528。

〔註16〕　〔清〕長沙王先謙譔集：李學勤主編《中華漢語工具書書庫・釋名疏證補》雅書部第 51 冊卷三〈釋親屬第十一〉，合肥：安徽教育出版社，2002 年 1 月，頁 527～528。

〔註17〕　〔宋〕司馬光，《溫公書儀・婚儀上》卷 3，據清嘉慶張海鵬輯刊學津討原本影印，《百部叢書集成》46 冊，臺北：藝文印書館，1966 年，頁 1b。

〔註18〕　〔清〕長沙王先謙譔集：李學勤主編《中華漢語工具書書庫・釋名疏證補》雅書部第 51 冊卷三〈釋親屬第十一〉，合肥：安徽教育出版社，2002 年 1 月，頁 527。

〔註19〕　金門縣文獻委員會纂修，《金門縣志》卷 3〈人民志・禮俗・生活〉，1968 年 2 月重修版，頁 288。

盟……則此爲初婚時事。)」〔註20〕即爲其例。周一良、趙和平《唐五代書儀研究》云:「唐代是中國古代歷史上最爲開放的時代,唐代婦女因而在歷史上給人留下深刻的印象。」〔註21〕算是較爲特別之例。

(一) 同牢 (或共牢)

《禮記·昏義》曰:「父親醮子,而命之迎,男先於女也。子承命以迎,主人筵几於廟,而拜迎于門外。婿執鴈入,揖讓升堂,再拜奠鴈,蓋親受之於父母也。降,出御婦車,而婿授綏,御輪三周。先俟於門外,婦至,婿揖婦以入,共牢而食,合卺而酳,所以合體同尊卑以親之也。」〔註22〕《朱子語類》卷九十曰:「夫婦同牢而食。」〔註23〕「同牢」又稱「合卺」,蓋婦至之後,婿與婦行共飲食之禮也,表示夫婦一體,平等而親愛也。「同牢」之後,夫婦即同枕席。〔註24〕另就《三禮辭典·士昏禮》則言:「新夫婦對席坐,酳用卺,食同牢。卺,破匏爲二,各用其半,故稱合卺。同食一牲,載同俎,故稱同牢。」〔註25〕梁滿倉,〈中國魏晉南北朝習俗史〉亦曰:「六禮之外,還有共牢合卺之禮。共牢,即新婚夫婦共用一個牢盤進食;合卺,即將一個瓠一分爲二,夫妻各用其一酌酒。」〔註26〕李師豐楙《慶典禮俗》乃道:「共牢爲新人婚後第一次相對同席而食的儀節……共牢而食即爲食物共享,合卺而酳則是飲酒的合飲,一食一飲前後相次,所以後來常被合爲一個儀節。」〔註27〕意義皆爲相近,亦即自此共享食物之後,夫婦關係密切相關,今後應同心協力,爲家庭、宗族而奮勉不懈。

〔註20〕 〔周〕左丘明傳;〔晉〕杜預注;〔唐〕孔穎達疏;楊伯峻編著《春秋左傳注》上冊〈僖公二十三年·傳〉,高雄:復文圖書出版社,1991 年 9 月再版,頁 410。

〔註21〕 周一良、趙和平著,《唐五代書儀研究》,北京市:中國社會科學出版社,1995 年 12 月,頁 15。

〔註22〕 〔清〕阮元等校勘,《十三經注疏──禮記》卷 61〈昏義〉第 44,(重刊宋本)。〔漢〕鄭玄注;〔唐〕孔穎達等正義。臺北:藝文印書館,1976 年 5 月第 6 版,頁 1000。

〔註23〕 〔宋〕黎靖德編,《朱子語類》卷 90〈禮七·祭〉,收錄於《景印文淵閣四庫全書·子部》701 冊,頁 887。

〔註24〕 陳鵬《中國婚姻史稿》,北京:中華書局,2005 年 1 月,頁 212～213。

〔註25〕 錢玄、錢興奇編著,《三禮辭典·士昏禮》,南京:江蘇古籍出版社,1998 年 3 月第 1 版 2 刷,頁 74。

〔註26〕 梁滿倉,〈中國魏晉南北朝習俗史〉,收入史仲文、胡曉林主編《百卷本中國全史》第 8 卷,北京:人民出版社,1994 年 4 月,頁 73。

〔註27〕 李師豐楙,《慶典禮俗》,臺北:國立空中大學,2010 年 8 月,頁 112。

（二）看新婦

看新婦，也稱「看新娘」，《南史・河東王傳》曰：「武帝爲納柳世隆女，帝與群臣看新婦。」〔註28〕《南史・顧協傳》也云：「晉宋以來，初昏三日，婦見舅姑，眾賓列觀。」〔註29〕金門《顯影》一卷上〈看新娘〉亦言：「經舉行合婚矣。越日晚，……於其家備有茶點，邀請鄉眾往識新娘，一時集者近百，談笑及二小時始散。……第三日又備酒筵，宴請該房親，眞極一番熱鬧云。」〔註30〕

《顯影》一卷下期又言：「……在廈結婚。……本初九且兩共攜手回金矣。到家後，整整忙了差不三日之招待看客。蓋以廈門新娘，里人仰慕久矣，瞻仰芳資，自在擁擠。況兼素薇女士天生白皙伶俐，舉動又十二分活潑，絕不似鄉村間婦女之羞澀討厭，此則更引得人人一往再往也。」〔註31〕即明確載記金門新婦設茶點及酒宴款待來看新婦的親友們，格見婚禮後「看新婦」儀節，自古有之；目今工業社會生活忙碌，此種「看新婦」之俗已甚少見及。

二、婦見舅姑、舅姑醴婦

所謂「舅姑」者，《釋名・釋親屬》曰：「夫之父曰舅。舅，久也。久，老稱也。夫之母曰姑，亦言故也。母之兄弟曰舅，亦如之也。妻之父曰外舅，母曰外姑。言妻從外來，謂至己家爲婦，故反以此義稱之。夫妻，匹敵之義也。」〔註32〕《白虎通義》亦云：「婦稱夫之父曰舅，舅者，舊也。」〔註33〕皆明指婦稱夫之父爲舅，稱夫之母爲姑。因之，《爾雅注疏・釋親》乃言：「妻之父爲外舅，妻之母爲外姑。…女子同出，謂先生爲姒，後生爲娣。」〔晉〕郭璞《注》：「同出

〔註28〕楊勇，《世說新語校箋》中卷〈方正第五〉校箋，臺南：平平出版社，1974年9月，頁240。

〔註29〕楊勇，《世說新語校箋》中卷〈方正第五〉校箋，臺南：平平出版社，1974年9月，頁240。

〔註30〕施伍、承爵合編，〈鄉聞・看新娘〉，《顯影》第1卷上期，金門：珠山圖書報社，1929年元月15日，頁1b。

〔註31〕施伍、承爵合編，〈島聞拾遺・賞薇成眷屬〉，《顯影》第1卷下期，金門：珠山圖書報社，1929年3月，頁2b。

〔註32〕〔漢〕劉熙撰；〔明〕吳琯校。李學勤主編《中華漢語工具書書庫・釋名》雅書部第51冊卷三〈釋親屬〉，合肥：安徽教育出版社，2002年1月，頁464。

〔註33〕〔清〕張金吾撰。李學勤主編《中華漢語工具書書庫・廣釋名》，雅書部第51冊卷一〈釋親屬〉引《白虎通義》之說，合肥：安徽教育出版社，2002年1月，頁627。

謂俱嫁事一夫。」〔註34〕（攸關舅、姑詳解，請參閱第三章第一節）

（一）婦見舅姑

「古代婚姻之禮，重於成婦，成婦之禮，在『見舅姑』，故成婚之翌晨，婦見於舅姑，禮稱『婦見』」。〔註35〕另就《三禮辭典・士昏禮》則言：「婚禮之明晨，婦執棗栗、腶脩，拜見舅姑。」〔註36〕李師豐楙《慶典禮俗》更明確指稱：「新婦翌日所需行的儀節，首要的就是拜見翁姑（即舅姑）。……新婦穿戴整齊後等待天亮，贊禮者就可引帶往見舅姑（後世通稱『公婆』）。舅席在東而西向、姑席在西而東向，兩人相向而坐；新婦被贊禮者引進於兩階間，分別向舅、姑行四拜之禮，並在首次見面禮時，執笄獻上贊禮，就是棗、栗及腶脩。……棗取早起之意、栗取戰慄之意，而腶脩為肉乾，則是義在振作；後來也有解棗為早生貴子的，祈願早日完成傳宗接代之任。」〔註37〕

談及對待舅姑之道，《禮記・內則》云：「在父母、舅姑之所，有命之，應唯敬對進退，周旋慎齊。」〔註38〕《禮記・內則》再云：「婦事舅姑，如事父母。…出入則或先或後，而敬扶持之。…父母舅姑必嘗之而后退。」〔註39〕《禮記・內則》又云：「父母舅姑將坐，奉席。」〔註40〕《禮記・內則》續云：「子婦孝者，敬者，父母舅姑之命，勿逆勿怠。」〔註41〕乃見新婦誠惶誠恐、戒慎恐懼、進退有節的生活情態。

〔註34〕李學勤主編，《十三經注疏整理本・爾雅注疏》上冊，卷四〈釋親〉第四。臺北：臺灣古籍出版公司，2001年11月，頁132。

〔註35〕陳鵬《中國婚姻史稿》，北京：中華書局，2005年1月，頁214。

〔註36〕錢玄、錢興奇編著，《三禮辭典・士昏禮》，南京：江蘇古籍出版社，1998年3月第1版2刷，頁74。

〔註37〕李師豐楙，《慶典禮俗》，臺北：國立空中大學，2010年8月，頁114。

〔註38〕〔清〕阮元等校勘，《十三經注疏——禮記》卷二十七〈內則〉（重刊宋本），〔漢〕鄭玄注；〔唐〕孔穎達等正義，臺北：藝文印書館，1976年5月6版，頁520。

〔註39〕〔清〕阮元等校勘，《十三經注疏——禮記》卷二十七〈內則〉（重刊宋本），〔漢〕鄭玄注；〔唐〕孔穎達等正義，臺北：藝文印書館，1976年5月6版，頁518。

〔註40〕〔清〕阮元等校勘，《十三經注疏——禮記》卷二十七〈內則〉（重刊宋本），〔漢〕鄭玄注；〔唐〕孔穎達等正義，臺北：藝文印書館，1976年5月6版，頁519。

〔註41〕〔清〕阮元等校勘，《十三經注疏——禮記》卷二十七〈內則〉（重刊宋本），〔漢〕鄭玄注；〔唐〕孔穎達等正義，臺北：藝文印書館，1976年5月6版，頁520。

金門早期婚禮，新娘須在洞房內禁足三日，以防碰撞不潔的人、事、物，故至第四日始能踏出房門，也才進行爲公婆送洗臉水的「婦見舅姑」之禮。唯迎親儀式變爲新郎親迎後，替公婆送洗臉水之禮已改爲第二天早晨舉行。倒是烈嶼鄉（俗稱小金門）則不論今昔，皆無此項新婦爲公婆送洗臉水的「婦見舅姑」之禮。〔註42〕

（二）舅姑醴婦

《三禮辭典・士昏禮》曰：「舅姑由贊者代酌醴，醴婦，婦拜受。」〔註43〕李師豐楙《慶典禮俗》則述之甚詳：「婦見舅姑後，就接著舅姑回醴新婦的禮儀。……新婦先就婦席而南向，贊禮者就持酒到婦席前，新婦先四拜，然後升席，跪受酒盞，祭酒、啐酒，再四拜，完成新婦之禮。……由贊禮者代替賜飲醴酒，以此表示親厚之意。新婦完成這一禮節，就可將瞬脩交給門外等候的娘家人，表示已被舅姑所接納，正式成爲夫家的媳婦。」〔註44〕

此外，另有婦饋舅姑，舅姑饗婦之禮。《三禮辭典・士昏禮》曰：「婦以特豚饗舅姑。舅姑饗婦以一獻之禮。」〔註45〕李師豐楙《慶典禮俗》則明晰紹述：「新婦之任就是主中饋，所以『洗手作羹湯』爲第一次饋養舅姑之禮。……新婦在婚前的婦教中，其中之一就是『婦功』，饋食即是其中不可或缺的訓練。……這種功夫以豚爲主，配合其他的飯菜，所以奉上舅姑進食時，新婦需在旁待候並觀察反應。等舅姑食畢，再將其陳列而後就食，即是『餕餘』，這一禮節象徵分受舅姑之福，也就是分福之意。」〔註46〕

又有「饗送者」之儀。「舅姑分別饗送婦來之男女使者，各酬五疋錦。」〔註47〕是錢玄、錢興奇編著，《三禮辭典・士昏禮》的釋義。另李師豐楙《慶典禮俗》則載言：「（案婦饋舅姑，舅姑饗婦）等新婦食畢，又移交侍者分食其餕餘，以象徵福澤廣被。所以分食餕餘的原意，也應源於巫術行的傳染律，

〔註42〕楊天厚、林麗寬，《金門婚嫁禮俗》，臺北：稻田出版公司，1998 年元月，頁122。

〔註43〕錢玄、錢興奇編著，《三禮辭典・士昏禮》，南京：江蘇古籍出版社，1998 年3 月第 1 版 2 刷，頁74。

〔註44〕李師豐楙，《慶典禮俗》，臺北：國立空中大學，2010 年 8 月，頁 114～115。

〔註45〕錢玄、錢興奇編著，《三禮辭典・士昏禮》，南京：江蘇古籍出版社，1998 年3 月第 1 版 2 刷，頁74。

〔註46〕李師豐楙，《慶典禮俗》，臺北：國立空中大學，2010 年 8 月，頁 115。

〔註47〕錢玄、錢興奇編著，《三禮辭典・士昏禮》，南京：江蘇古籍出版社，1998 年3 月第 1 版 2 刷，頁74。

象徵一家權力的分享，本意就是由主婦統掌一家大小諸事；由新婦分福所得也象徵分出權力。」〔註48〕

不過，此些舅姑醴婦、婦饋舅姑，舅姑饗婦、饗送者等見之朱子《家禮》的古禮，金門已在時代遞嬗之下，愈趨沒落，甚而湮滅不存。

三、廟見、壻見婦之父母

楊志文《金門縣湖峰鄉土誌續輯》：「新婦初進門，謁拜祖先曰『廟見』。」〔註49〕朱子《家禮》甚重宗法制度，由其書中「納采，主人具書，夙興奉以告于祠堂。……乃使子弟為使者，如女氏，女氏主人出見使者。遂奉書以告于祠堂。……出以復書授使者，遂禮之。使者復命壻氏，主人復以告于祠堂……親迎女家設次于外。初昏，壻盛服。主人告于祠堂。……至女家，俟于次。女家主人告于祠堂。」〔註50〕接連將婚禮的重要儀節與先祖系聯起來得以見知。因為「（朱子）《家禮》創設祠堂，以此維繫和強化宗法關係。」〔註51〕而金門地區舉凡婚、喪、喜、慶……等生命禮儀皆與祠堂難脫干係，不難見證金門深受朱子《家禮》影響之一斑。

（一）廟　見

對於「廟見」，即見拜於祠堂之意。朱子《家禮》云：「三日，主人以婦見於祠堂。」朱熹自註：「古者三月而廟見，今以其太遠改用三日。如子冠而見之儀。但告辭曰，子某之婦某氏敢見，餘並同。」〔註52〕時至今日，金門皆已改成婚禮當日拜宗祠。（攸關金門地區拜宮廟、拜宗祠詳節，請參閱第五章第二節）陳鵬《中國婚姻史稿》言：「乃舅姑已歿，婚後三月，婦見於廟之

〔註48〕 李師豐楙，《慶典禮俗》，臺北：國立空中大學，2010 年 8 月，頁 115。

〔註49〕 楊志文，《金門縣湖峰鄉土誌續輯》，金門：金門縣湖峰社史料編纂委員會，1998 年 8 月，頁 78。

〔註50〕 〔宋〕朱熹撰，《家禮・昏禮・納采》卷 3，南宋淳祐 5 年（1245 年）五卷本加附錄一卷，載《孔子文化大全》，山東：友誼書社，1992 年 11 月，頁 656～664。

〔註51〕 楊志剛，〈《朱子家禮》：民間通用禮〉，《傳統文化與現代化》，1994 年 12 月第 4 期，頁 43。

〔註52〕 〔宋〕朱熹撰，《家禮・昏禮・納采》卷 3，南宋淳祐 5 年（1245 年）五卷本加附錄一卷，載《孔子文化大全》，山東：友誼書社，1992 年 11 月，頁 673。另見〔宋〕朱熹，《家禮・親迎》卷 3，《文淵閣四庫全書本・經部》142 冊，臺北：臺灣商務印書館，1986 年 7 月，頁 546。

禮也。」〔註53〕另就《三禮辭典・士昏禮》則曰：「若舅姑已歿，則婚後三月在廟奠菜，並祝告曰：『某氏來婦，敢奠嘉菜于皇舅某子，皇姑某氏。』」〔註54〕李師豐楙《慶典禮俗》則道：「古例都是『三月廟見』，……民間則是基於簡化原則，……即是三日廟見：或到祖廟（家廟），或在寢堂，由男家主人引帶新人，新郎立於主婚者之後，新婦則在主婦之後。參拜神主時，新婦跪下參拜，男家主人等也跪拜，並由主人跪稟；新婦先在香案前跪拜，再到神位跪拜。在祖廟拜見祖禰，特別是新郎父母已逝者，更要在祭祀時鄭重跪拜稟告，至此才算『成婦』。」〔註55〕均為對「廟見」的解讀，唯「明清婚禮，見於舅姑之前，先見宗廟，此為前代所未見者。」〔註56〕

（二）壻見婦之父母

　　朱子《家禮》曰：「壻見婦之父母，明日，壻往見婦之父母。」朱熹自註：「婦父迎送揖讓如客禮，拜即跪而扶之。入見婦母，婦母闔門左扉，立於門內，壻拜於門外，皆有幣。婦父非宗子，即先見宗子夫婦，不用幣，如上儀。然後見婦之父母。」〔註57〕由此據見女壻參見新婦的父母（亦即岳父母），亦為新人新生活的一環。

　　至於新人婚後的生活限制，《左傳・昭公二十四年》云：「為君臣上下，以則地義；為夫婦外內，以經二物。」〔唐〕孔穎達《疏》曰：「夫治外，婦治內，以經紀二物也。」〔註58〕《禮記・內則》曰：「男不言內，女不言外。」〔漢〕鄭玄《注》：「謂事業之次序。」〔註59〕《禮記・哀公問》亦云：「夫婦別，父子親，君臣嚴。三者正，則庶物從之矣。」〔註60〕《禮記・內則》再

〔註53〕　陳鵬《中國婚姻史稿》，北京：中華書局，2005年1月，頁217。
〔註54〕　錢玄、錢興奇編著，《三禮辭典・士昏禮》，南京：江蘇古籍出版社，1998年3月第1版2刷，頁74。
〔註55〕　李師豐楙，《慶典禮俗》，臺北：國立空中大學，2010年8月，頁116。
〔註56〕　陳鵬《中國婚姻史稿》，北京：中華書局，2005年1月，頁216。
〔註57〕　〔宋〕朱熹撰，《家禮・昏禮・納采》卷3，南宋淳祐5年（1245年）五卷本加附錄一卷，載《孔子文化大全》，山東：友誼書社，1992年11月，頁673～674。另見〔宋〕朱熹，《家禮・親迎》卷3，《文淵閣四庫全書本・經部》142冊，臺北：臺灣商務印書館，1986年7月，頁546。
〔註58〕　〔清〕阮元等校勘，《十三經注疏——左傳》卷51〈昭公24年〉，〔晉〕杜預注；〔唐〕孔穎達等正義。臺北：藝文印書館，1976年5月6版，頁890～891。
〔註59〕　〔清〕阮元等校勘，《十三經注疏——禮記》卷二十七〈內則〉（重刊宋本），〔漢〕鄭玄注；〔唐〕孔穎達等正義，臺北：藝文印書館，1976年5月6版，頁520。
〔註60〕　〔清〕阮元等校勘，《十三經注疏——禮記》卷五十〈哀公問〉第二十七（重

曰：「禮始於謹夫婦，為宮室，辨外內。男子居外，女子居內。」〔註61〕《禮記・內則》續言：「夫婦之禮，唯及七十，同藏無間。」〔漢〕鄭玄《注》：「衰老無嫌。」〔註62〕在在顯示新人婚後的諸多規範。

尤其，我國禮法社會對婦女有較多要求，新婦不但要溫柔和順對待丈夫，《新婦譜・敬丈夫》即言：『凡授食奉茗，必雙手恭擎，有舉案齊眉之風。未寒，進衣；未饑，進食。』〔註63〕《孟子・滕文公章句下》亦曰：「丈夫之冠也，父命之；女子之嫁也，母命之，往送之門，戒之曰：『往之女家，必敬必戒，無違夫子！』以順為正者，妾婦之道也。」〔註64〕婦女且得講求「三從四德」。

所謂「三從」者，《釋名・釋長幼》曰：「男，任也；典，任事也。女，如也。婦人外成如人也，故三從之義：少如父教；嫁如夫命；老如子言。」〔註65〕《釋名疏證補・釋長幼》亦曰：「故三從之義：少如父教；嫁如夫命；老如子言。」（《注》曰：畢沅曰：《白虎通・嫁娶篇》云：女者，如也，從如人也。在家從父母；既嫁從夫；夫殁從子。傳曰：婦人有三從之義也。）〔註66〕所謂婦女「四德」者，乃指婦德、婦言、婦容、婦功而言。「信，事人也；信，婦德也。壹與之齊，終身不改，故夫死不嫁。」〔註67〕亦即「婦人，從人者也。幼從父兄，

刊宋本）。〔漢〕鄭玄注；〔唐〕孔穎達等正義。臺北：藝文印書館，1976 年 5 月第 6 版，頁 849。

〔註61〕〔清〕阮元等校勘，《十三經注疏──禮記》卷二十八〈內則〉（重刊宋本），〔漢〕鄭玄注；〔唐〕孔穎達等正義，臺北：藝文印書館，1976 年 5 月 6 版，頁 533。

〔註62〕〔清〕阮元等校勘，《十三經注疏──禮記》卷二十八〈內則〉（重刊宋本），〔漢〕鄭玄注；〔唐〕孔穎達等正義，臺北：藝文印書館，1976 年 5 月 6 版，頁 533。

〔註63〕〔清〕陸圻，《新婦譜》，《叢書集成續編》62 冊，臺北：新文豐出版社，1989 年 7 月，頁 44。

〔註64〕〔清〕阮元等校勘，《十三經注疏──孟子》卷六上〈滕文公章句下〉，〔漢〕趙岐注；〔宋〕孫奭疏。臺北：藝文印書館，1976 年 5 月 6 版，頁 108。

〔註65〕〔漢〕劉熙撰；〔明〕吳琯校。李學勤主編《中華漢語工具書書庫・釋名》雅書部第 51 冊卷三〈釋長幼〉，合肥：安徽教育出版社，2002 年 1 月，頁 463。另長沙王先謙撰集：前揭書〈釋名疏證補〉卷三〈釋長幼〉第十，頁 523 亦有相同說法。

〔註66〕長沙王先謙撰集，李學勤主編《中華漢語工具書書庫・釋名疏證補》，雅書部第 51 冊卷三〈釋長幼〉第十，合肥：安徽教育出版社，2002 年 1 月，頁 523。

〔註67〕〔清〕阮元等校勘，《十三經注疏──禮記》卷二十六〈郊特牲〉（重刊宋本）。〔漢〕鄭玄注；〔唐〕孔穎達等正義。臺北：藝文印書館，1976 年 5 月第 6 版，頁 506。

嫁從夫，夫死從子。」〔註68〕另者，婦女與夫家的人通信時，所用名稱亦有規定：「相識曰書，不相識曰疏。……婦人雖已成禮，即於夫黨原不相識，是名疏也。」〔註69〕均是新婦不得不遵守的婚後規範之一部分。

反之，若是「使男事女，夫詘於婦，逆陰陽之位，故多女亂。古者衣服車馬貴賤有章，以褒有德而別尊卑，今上下僭差，人人自制，是以貪財趨利，不畏死亡。」〔註70〕亦即「陰陽不合，婚姻錯亂，淫風流行。」〔註71〕或是「婦言是聽，人心不堅。」〔註72〕抑或是像《顯影》一卷上所述：「賭博是一種不正當的事業，然（金門）珠山的婦女洋客們多視為第二性命。因為終日悠悠的他們，若不這樣來遣懷散心，不知道要過得怎樣無味。」〔註73〕則易招致家庭毀敗，可不慎哉！

四、歸寧（作客）、做「新婚頭」、送節

朱子《家禮》將《儀禮》簡化後，載述婚後行儀僅為「婦見舅姑」、「廟見」和「壻見婦之父母」三項，但見諸金門現世所時興者，尚有歸寧（作客）、做「新婚頭」、送節三儀，以下分加說明：

（一）歸寧（作客）

據楊志文《金門縣湖峰鄉土誌續輯》曰：「女子回娘家省問父母曰：『歸寧』。」〔註74〕，俗稱「作客」。已婚婦女歸寧又概可分為新婦和一般婦女兩種：

〔註68〕〔清〕阮元等校勘，《十三經注疏——禮記》卷二十六〈郊特牲〉（重刊宋本）。〔漢〕鄭玄注；〔唐〕孔穎達等正義。臺北：藝文印書館，1976 年 5 月第 6 版，頁 506。

〔註69〕周一良、趙和平著，《唐五代書儀研究》，北京市：中國社會科學出版社，1995 年 12 月，頁 16，引用周一良《敦煌寫本書儀中所看到的唐代婚喪禮俗》，《文物》第七期，1985 年。

〔註70〕〔漢〕班固撰；〔清〕王先謙補注，《漢書補注·王貢兩龔鮑傳》卷 72，臺北：藝文印書館，1996 年 8 月初版 4 刷，頁 1366。

〔註71〕長沙王先謙譔集；李學勤主編《中華漢語工具書書庫·釋名疏證補》雅書部第 51 冊卷一〈釋天〉，合肥：安徽教育出版社，2002 年 1 月，頁 497。

〔註72〕〔宋〕劉清之撰，《戒子通錄·家戒》卷 6，《文淵閣四庫全書本·子部》703 冊，臺北：臺灣商務印書館，1986 年 7 月，頁 69。

〔註73〕施伍、承爵合編，〈珠山的一瞥·風化〉，《顯影》第 1 卷上期，金門：珠山圖書報社，1928 年 9 月，頁 5a～5b。

〔註74〕楊志文，《金門縣湖峰鄉土誌續輯》，金門：金門縣湖峰社史料編纂委員會，1998 年 8 月，頁 78。

1. 新婦歸寧

由於「作客」日期的不一，致有下列多種名稱：

（1）頭道客

曩昔未舉行新郎親迎，而率由媒妁乘黑轎迎娶之時，爲配合新娘須在洞房禁足三天緣故，故「頭道客」皆在第四日舉行；現今則在第三天行事。由於「頭道客」是新郎和岳父母婚後的初照面，意義格外重大，儀節格外繁瑣。是日，女方家長須覓一位新娘子姪輩，且父母椿萱並茂的男孩，乘轎往請新娘回娘家歸寧（作客）。當小男孩抵達男家後，男家應備點心熱情招待，且須饋贈紅包，此稱「換花舅」，但此稱名僅限於大金門的四大鄉鎮，烈嶼鄉（俗稱小金門）恐因幅員過小，邀請新娘「歸寧」以徒步爲主，不必乘轎，故無「換花舅」之詞。

進行「頭道客」時，新郎應備辦水果、餅乾、發粿、麵線、豬腳、較大型紅圓（俗稱「子婿面前」）、禮餅、俗稱「新娘面前」的歪尾桃、香油（花生油）、花燭、金帛、禮炮等十二樣或二十四樣物品，偕同新娘一起回娘家。接後，新郎須交託岳父母大紅包，委由岳父母依「口灶分」全村每戶發放約新臺幣十數元至數十元不等的紅包。未來當新人生小孩回娘家作客時，全村人亦會回贈紅包給新生兒。

舉行「頭道客」之日，岳父母須設「見緣桌」宴請新郎，並覓與新娘同輩或較低輩親人作陪，直至天色昏暗始打道回府。臨回程之際，岳父母須饋贈帶路雞兩對、帶尾甘蔗一對、紅圓一百二十個、米糕與紅豆各一盤、水果、糖果……等湊成六項物品。回返男家後，須取小碗米糕和金帛敬拜床母，拜畢，令新娘食用該米糕，再將米糕碗覆蓋在床下。之後，將岳父母贈送的各類食品分贈鄰里。

烈嶼鄉（俗稱小金門）的頭道客，新娘與新郎倒是罕少一道同行，新娘一般隨同來邀的人，且乘黑轎回娘家；新郎則在下午自行前往。亦有少部分採取共乘「鴛鴦馬」方式進行「頭道客」儀節。

（2）二道客

新郎仍須備辦水果……等伴手禮，岳父母則不必備辦回贈禮物。早前的「二道客」多在第六日或第九日進行，現今則選在第六日。剔除「頭道客」不可在娘家過夜外，「二道客」之後即不在此限。

（3）三道客

昔日在十二日舉行，現在是第八日，行儀如同「二道客」，在此從略。

（4）四道客

昔日在滿月舉行，現在是第十二日，仍須帶水果……等伴手禮，新娘可在娘家小住三日。〔註75〕

舉行「四道客」儀次後，新人仍屬新婚階段，爲免除「沖喜」之害，新婚四個月內，禁止參加葬禮，亦不可食用喪家提供的任何物品。除開初婚的四道客之外，新年期間的歸寧（作客），據《金門縣志》重編版曰：「正月初二日，新婚夫婦雙雙歸寧，婿饋岳家以蒸雞糕餅之屬，以紅包分贈幼輩。諺云：有情有義，正月初二。」〔註76〕樂其麟《百姓過年老風情》亦云：「是新婚不久的，一般都是夫妻雙雙回去。……如果是在過去一年內結婚的，男方一定要跟著女方一道去岳父岳母家，這對女兒來說叫做『頭年轉門』；對女婿來說稱『做新婿郎』，凡是近親和鄰居，都要做菜熱情款待這一對新婚夫婦。」〔註77〕皆明述正月初二日是新婦歸寧（作客）的好日。

2. 一般婦女

關於婦女歸寧（作客）日期，《中國節日叢書·春節》云：「福建及廣東兩省以初二（即正月初二日）爲已嫁女歸寧的日子。已出嫁的女兒都會在這天與丈夫、子女一同回娘家『作客』終年操持家事的婦女，也只有在這個時候，才能以『作客』的心情來享受這難得的假期。」〔註78〕樂其麟《百姓過年老風情》更明白敘說：「正月初二，是女兒女婿回娘家的日子，即是女婿給岳父母拜年，俗稱『迎婿日』。民間認爲嫁出去的女兒在初一這天不能回門，回門會把娘家吃窮，只有在年初二以後才能歸寧。台灣俗諺說：『有父有母初二、三，無父無母擔擔』。——居住在閩西的客家風俗稱初二爲『年下日』，開始出門做客到外村親友家去拜年。做媳婦的則紛紛『轉外家』（回娘家）。如果是新婚不久的，一般都是夫妻雙雙回去；生了兒女的，則帶上孩

〔註75〕有關新婦「歸寧」（作客）的四道客儀節，參見楊天厚、林麗寬，《金門婚嫁禮俗》，臺北：稻田出版公司，1998 年元月，頁 122～126。

〔註76〕金門縣文獻委員會纂修，《金門縣志》卷 3〈人民志·禮俗·歲時〉，1979 年 6 月重編版，頁 404。

〔註77〕樂其麟，《百姓過年老風情》，北京：氣象出版社，2005 年 1 月初版 2 刷，頁 93。

〔註78〕參見楊玉君撰稿，王師秋桂主編，《中國節日叢書·春節》，行政院文化建設委員會，1995 年 6 月，頁 27。

子，丈夫就不一定要去了。去娘家拜年，都要帶上雞腿、果包，孝敬父母親。此時，女兒可以在娘家多住些日子，做媳婦的恢復了做女兒的身份，可以好好休息、玩樂，娘家人也要格外款待她一場。如果是在過去一年內結婚的，男方一定要跟著女方一道去岳父岳母家，這對女兒來說叫做『頭年轉門』；對女婿來說稱『做新婚郎』，凡是近親和鄰居，都要做菜熱情款待這一對新婚夫婦。」〔註79〕明確敘述農曆正月初二日，為已嫁婦女攜夫婿及孩兒回返娘家探訪雙親的好時日。

除正月初二日之外，《同安文史資料精選本》道：「正月初二子婿日：同安古俗為女兒偕婿回娘家拜年之日，但當日即回，不得留宿，因初三同安民間視為『凶日』不吉。」〔註80〕即言明已嫁婦女新春期間歸寧（作客），應以正月初二的「迎婿日」為上選，正月初一日回門有把娘家吃窮之虞，正月初三日同安地區視為凶日亦非佳日，當避則避。金門烈嶼鄉（俗稱小金門）亦有不成文約定，即春節期間的正月初三，已婚婦女不可歸寧「作客」，如在當日回娘家，表示將有不好情事發生，與同安地區說法不謀而合。

另外，「在惠東的沿海地區，婦女的服飾、髮式，還有種種的風俗習慣，像長住娘家的這種婚俗，婦女結婚以後還要住在自己的家裡，隔了幾年，婦女懷孕生小孩之後才搬到丈夫家住，這種習慣非常特別……發現西南的幾個少數民族，或海南的黎族，他們也都有不落夫家（長住娘家）的婚俗。……也就是說婦女結婚後不馬上到丈夫家，要等一段時間才可到夫家。此外，還有惠安的婦女崇拜『夫人媽』，婦女在自己的臥房裡面有其專屬的神祇，婆婆有她自己的夫人媽，媳婦也有有她自己的夫人媽，這些習慣跟我們所瞭解的漢文化有很大的差異。」〔註81〕亦此見知婦女婚後，因隨各地風習遂有各式的規範。

（二）做「新婚頭」

攸關宗族的祭祀思想淵源，可上溯承繼商周的封建宗法思想，但其社會組織形態，和宗祠營造的奉祀對象科儀，卻是直接繼承宋明以來的家族社會

〔註79〕樂其麟，《百姓過年老風情》，北京：氣象出版社，2005 年 1 月初版 2 刷，頁93。

〔註80〕福建省同安文史資料精選本編委會編，《同安文史資料精選本》下冊，廈門：同安彩印廠，1996 年 11 月，頁 315。

〔註81〕莊英章，〈漢人社會研究的若干省思〉，《中央研究院民族學研究所集刊》第 80期，1995 年秋季特約演講，頁 31。

組織，以及宋明理學家有關宗祠禮制的規範。宋代理學家極力鼓吹恢復宗法制度，建立倫常禮制，鞏固家族制度的發展，俾求穩定社會秩序。程頤首先提出不分貴庶都應建立家廟，朱熹並作《家禮》一書，規定各家族應興建祠堂祭祀高、曾、祖、禰四世祖先。至丘濬時，更就朱子《家禮》增潤，進一步主張祠堂奉祀祖先，應自開基始祖起，有幾代祭祀幾代，期使歷代先人祖德靈爽式憑，成為今日金門宗祠營建和奉祀的典範。〔註82〕

　　正因為宗祠奉祀定著於金門人的心底，導使金門人特重宗族觀念，舉凡日常生活婚喪喜慶莫不奉為主要考量層面，即連選舉，宗親的支持亦是重要票源之一；「冬至祭祖」從而成為金門地區特別著重的民俗節日〔註83〕，也是金門各姓氏宗親聯誼的良好機會。當冬至祭祖之後，族人相聚吃筵席，謂之「吃頭」。大多數姓氏宗親祭祖在冬至，「吃頭」即在冬至日，但有些姓氏非在冬至日祭祖，則「吃頭」的時間即不在冬至。一般「吃頭」形式有「新婚頭」和「老頭」兩種，以下就楊天厚、林麗寬總編纂，《金門縣金湖鎮志》所述提敘之：

1. 吃新婚頭

　　冬至祭祖後「吃頭」的形式，主要以「吃新婚頭」為主軸。當一對新人結婚之後，須向男方族人報告並登記，再依結婚時間先後安排「新婚頭」的順序，越早成婚者相對越早做「新婚頭」；而大多數姓氏也以結婚與否作為能不能「吃頭」的依據。易言之，已婚之男性才能「吃頭」，未婚之男子則不能「吃頭」。倘若可「吃頭」的男性外出不在家，有些姓氏可以家中其他男子代替「吃頭」，但有些姓氏則不能代替「吃頭」；唯獨外甥不論有無結婚，皆可直接頂替「吃頭」算是特例，無怪乎金門俗諺云：「外甥食母舅，親像食豆腐。」〔註84〕

　　爾近以來，由於男女平權觀念的抬頭，有部分聚落的「吃頭」已打破傳統，准允女姓參加，譬如官澳村，即有從東南亞歸來探親的女族人參與「吃頭」的行列。又為因應族人許多遠赴臺灣或外地就業暨居住的便利，有些姓

〔註82〕楊天厚、林麗寬總編纂，《金門縣金沙鎮志·宗族篇》下冊，金門：金沙鎮公所，2005年2月，頁100。

〔註83〕冬至當日，為方便金門各姓宗親參與冬至祭祖及「吃頭」活動，金門縣政府特別規定：凡縣屬各機關學校，一律自中午十二時起停班停課半天，堪稱全國首創。

〔註84〕楊天厚、林麗寬總編纂，《金門縣金湖鎮志·宗教與寺廟篇》下冊，金門：金湖鎮公所，2009年5月，頁669。

氏對「做新婚頭」的序列，亦不再純以結婚時間先後爲基準，只要事先經過協調即可任意選定檔期。對於新婚或新丁出生的登記，乃是金門各宗親會必做的功課，貴爲金門最早聚落期刊《顯影》即有此載記：「本年鄉中報新丁者廿三名、成丁十二名、新婚五名，列下：……新婚：再憲、芳立、秋篤、水龍、永頭共伍名。」〔註85〕

「排輪『做頭』之家，冬至當天，必須負責整個宗祠祭祖事宜，並須在當晚或中午準備豐盛的筵席招待族人餐敘，量既要多，質更要精美。餐畢，再把事先訂製的麵龜（俗稱墊腳龜）移交給明年接做『新婚頭』的人；還得搓製一種糯米製、純白色、中間按成凹型的扁圓形湯圓（俗稱糖糕仔）餽贈鄰舍。」〔註86〕

2. 吃老頭

設若族中現下無新婚者可安排「做頭」，一般姓氏則改選已有內孫的長老，並須穿著長老服飾來「做老頭」。由於此類「老頭」不易獲得，且多長壽，普遍被視爲榮耀之事，有資格者也樂得參與。〔註87〕

（三）送　節

收關「送節」之俗，《金門縣志》載稱：「端午，新婦皆於是日歸寧，具麵、肉、桃、粽餽娘家，曰『送節』，娘家則報以衣傘之類。」〔註88〕楊志文《金門縣湖峰鄉土誌續輯》亦曰：「新婦皆於是日（農曆五月初五日）歸甯，具麵、肉、桃、粽饋娘家，曰送節，娘家則報以衣傘之類。」〔註89〕

今據陳淑婷報導，婦人婚嫁後第一個端午節，爲感念父母親情有「送節」之舉。即已嫁女兒須在端午節前夕或當天，買辦粽子類節令食品，或是水果、糕餅……等，共六項或八項、十項……數額不計，但應取偶數項目爲宜，饋贈娘家。娘家亦要回贈禮品，回贈物仍以偶數爲主，內容並未嚴格規限，傘、食品、衣物……

〔註85〕施伍、承爵合編，〈鄉聞・向榮景象〉，《顯影》第5卷4期，金門：珠山圖書報社，1931年12月，頁3a～3b。
〔註86〕楊天厚、林麗寬總編纂，《金門縣金湖鎮志・宗教與寺廟篇》下冊，金門：金湖鎮公所，2009年5月，頁669。
〔註87〕楊天厚、林麗寬總編纂，《金門縣金湖鎮志・宗教與寺廟篇》下冊，金門：金湖鎮公所，2009年5月，頁669～670。
〔註88〕金門縣文獻委員會纂修，《金門縣志》卷3〈人民志・禮俗・歲時〉，1968年2月重修版，頁298。此文亦見於該志書1979年重編版，頁408。
〔註89〕金門縣立社會教育館，《金門縣志・人民志》卷3，上冊，金門：金門縣政府，1999年增修版初版2刷，頁410。

皆可,但其中必有一項剪刀含針線,供作已嫁女兒製作女紅之用,因舉行婚禮期間,新娘不宜攜帶刀類等帶煞氣物品,故於「送節」時由娘家補送。

第二節 金門地區特殊婚俗

　　緣於「不孝有三,無後為大」的根深柢固觀念,復加「古者,一娶九女,自秦漢以下,不行此禮,遂有再娶之說。前娶後繼,並是正嫡,則偕祔之義,於禮無嫌。」〔註90〕長來久往的「重男輕女」習俗,導使正規婚娶之餘,另有許多特殊婚俗的衍生。林明義《臺灣冠婚喪祭家禮全書》乃將「臺灣的婚姻,酌分為普通婚姻(女子嫁到夫家)、招夫婚姻」、招婿婚姻、戶內婚姻(媳婦仔)等數種〔註91〕,茲就金門地區因襲沿用的特殊婚俗紹述之。

一、指腹為婚與童養媳婚

(一)指腹為婚

　　顧名思義,即在懷孕之時,長輩私自議定婚約之謂。據《魏書‧王慧龍附子王寶興傳》曰:

> 寶興少孤,事母至孝。尚書盧遐妻,崔浩女也。初,寶興母及遐妻俱孕,浩謂曰:「汝等將來所生,皆我之自出,可指腹為親。」及婚,浩為撰儀,躬自監視。謂諸客曰:「此家禮事,宜盡其美。」〔註92〕

當為確切可見。但因過早議定婚約,之後多衍生貧富、貴賤、容貌、愚智……等無法門當戶對的巨大差距,無形中造成許多悲劇的產生。有鑑於此,章潢《圖書編‧童幼未可議婚》乃云:「按溫公曰,世俗好於襁褓童幼之時,輕許為婚,亦有指腹為婚者,及既長成不肖,或有疾,或家貧,或遠官,遂至棄信負約、速獄致訟者多矣。先祖太尉嘗曰:吾家男女必俟既長,然後議婚,既通書問,不數月必成婚,故終身無此悔,乃子孫所當法也。」〔註93〕即清楚點出指腹為婚的

〔註90〕 (清)乾隆官修《續通典》卷52‧禮8,浙江:古籍出版社,2000年第2版第1刷,頁1441。

〔註91〕 林明義編,《臺灣冠婚喪祭家禮全書》,臺北:武陵出版公司,1995年12月4版6刷,頁119~120。

〔註92〕 〔北齊〕魏收奉敕撰,《魏書》,臺北:鼎文書局,1980年6月3版,頁877。

〔註93〕 〔明〕章潢,《圖書編》卷一百九〈童幼未可議婚〉,《文淵閣四庫全書本‧子部》972冊,臺北:臺灣商務印書館,1986年7月,頁336。

戕害。〔清〕張廷玉等,《明史・禮志・庶人婚禮》更明確昭示:「(明太祖)洪武元年定制用之(案《朱子家禮》);下令禁指腹、割衫襟爲親者。」〔註94〕希冀藉由政府的公法規章,來遏止此般不合時宜的婚姻契約。

因隨傳統世族體制的崩解,以及現今開放的自由戀愛習風,指腹爲婚之習早已不存在,臺灣地區如此,金門地區亦然。

(二)童養媳婚

俗稱「飼媳婦仔」,爲早期農業社會因應傳統婚禮大筆耗費的變通方式,即設法抱養他人女嬰,俟自家男孩長大達適婚年齡,再將本以兄妹相稱、朝夕相處的兩人「送作堆」,使其一夕之間變兄妹爲夫妻,既能減免日後結婚的高昂費用,亦可增進家庭的勞動力。《顯影・五年來的金門婦女》即云:「金門是封建制類廢,資本制擡頭過渡時期中的社會。在農業、手工業發達的金門社會,婦女是生產勞動的機械,農家多得一個婦女,便是多得一個長工和火夫。」〔註95〕因而童養媳婚在金門地區普遍施行。

又據《金門縣志》一九二二年版本曰:「民國成立後,婚禮多從新制,設禮堂,行親迎結婚禮,而聘儀之厚,動費數百金,與前懸殊,此固風尚所趨,抑亦百物騰貴有以致之,故撫養苗媳者,日見其多云。」〔註96〕亦是金門童養媳婚盛行的明證。摒除金門之外,「爲了經濟兼爲宗祀打算,預先爲自己兒子收個童養媳,既可用來幫助各項工作,也可屆時省去一筆鉅大的聘金,這是臺灣收授養女相習成風的最早原因。」〔註97〕至於「一般情形,授養者,多限於女孩…可見養女制度自始就因重男輕女的觀念而生。」〔註98〕可見即如臺灣地區,童養媳婚亦所在多有。

此外,「我們發現在閩南地區,甚至整個福建或粵東地區,社區之間的差異性的確是很大。換句話說,社區間的差異在大陸祖籍地是相當明顯,不只在台灣而已。諸如婚姻的形態,尤其是童養媳婚或招贅婚,常常發現這個村

〔註94〕〔清〕張廷玉等,《明史・禮志・庶人婚禮》卷55,臺北:鼎文書局,1980年1月第3版,頁1403。

〔註95〕施伍,〈五年來的金門婦女〉,《顯影》第7卷3期,金門:珠山圖書報社,1932年11月30日,「漫談」頁2b。

〔註96〕金門縣文獻委員會纂修,《金門縣志・禮俗》卷13,民國本,金門:金門縣政府,1922年2月,頁144。

〔註97〕黃美幸,〈中國婚姻制度之演變〉,《臺灣風物》17卷4期,1967年8月,頁72。

〔註98〕黃美幸,〈中國婚姻制度之演變〉,《臺灣風物》17卷4期,1967年8月,頁72。

的童養媳婚很普遍，隔壁村卻很少；或者說，這個地方招贅婚很多，隔壁村很少。」〔註99〕易言之，童養媳婚、招贅婚……等特殊婚俗，常隨各地或各村的特有成因而大肆流行，並非均一性的普行狀態。

　　又據黃美幸，〈中國婚姻制度之演變〉研究：「所謂的『童養媳婚』在福建廣東以帶，社區之間的變異性也是蠻大的，漢人來到台灣也是如此。……發現閩南和客家社區都有很高比例的童養媳婚。換句話說，在新竹地區的閩南與客家人，童養媳婚的比例都很高。北部客家人童養媳比例很高，南部卻很低……可以歸納為北部地區的樣本，童養媳婚算比較多的，我在南投縣竹山的調查點，以及彰化開始就慢慢少了，到了臺南的比例已經很少，到了屏東就更少了。換句話說，童養媳婚的比例越往南越少。……招贅婚卻沒有這種區域性的差異，常常北部有些社區招贅婚很高，隔壁社區也許就很少，南部地區也是一樣，尤其跟平埔族在一起的那些社區，招贅婚就特別高，……可能是受漢文化跟平埔族文化互動的影響。」〔註100〕更清楚告知童養媳婚、招贅婚……等特殊婚俗，若非有適宜的文化背景即難呈現。

　　由上所述，童養媳婚就是「媳婦仔，就是收養他人的女孩，以便將來做為自己兒子的媳婦。」〔註101〕而「養媳婦仔的原因有兩個，其一是孩子長大結婚時要準備很多聘金，趁幼小時娶進來，就不必花費太多的聘金。其二是從小在家中居住，不但能熟悉家裡的事，也和家人保持親密關係，使喚也較方便，又自小與丈夫同居，婚後生活才會美滿。」〔註102〕又「媳婦仔…要等到結婚以後，才算是家中的一分子，這個時候，才和生父生母斷絕關係。如果媳婦仔結婚以後又離婚，那麼依照規定，可回到生父生母身邊，和養子不一樣。」〔註103〕由此據見童養媳的存在，實因無法應付婚娶的高額聘金所致，也常是庶民的另類婚俗。

〔註99〕莊英章，〈漢人社會研究的若干省思〉，《中央研究院民族學研究所集刊》第80期，1995年秋季特約演講，頁31。

〔註100〕莊英章，〈漢人社會研究的若干省思〉，《中央研究院民族學研究所集刊》第80期，1995年秋季特約演講，頁32。

〔註101〕林明義編，《臺灣冠婚喪祭家禮全書》，臺北：武陵出版公司，1995年12月4版6刷，頁122。

〔註102〕林明義編，《臺灣冠婚喪祭家禮全書》，臺北：武陵出版公司，1995年12月4版6刷，頁124。

〔註103〕林明義編，《臺灣冠婚喪祭家禮全書》，臺北：武陵出版公司，1995年12月4版6刷，頁124。

收關童養媳的收養對象爲何呢？「媳婦仔是爲了自己孩子將來的娶妻，而收養年紀小的女孩，因爲同姓不婚，所以要收養異姓女孩，年齡不受限制，以兩、三歲爲多，或是收養剛生下的女孩，十五、六歲則很少了。」〔註 104〕童養媳的收養方式又如何呢？「媳婦仔決定被收養之前，先由一媒人帶著女孩的『八字』給養母看，養母認爲無任何不妥，便去見欲收養的女孩，如果滿意的話就『掛頷錢』（用紅絲帶串好錢，掛在女孩的頸部），並準備一百二十文做爲『送定』，有的人順便把媳婦仔帶走，也有的人另選他日，並帶著『豬腳麵線』和大餅（圓扁形的餅）來帶走小孩。因媳婦仔丈夫已定，所以不若養女價錢高，有的兩、三歲的媳婦仔不但不用花錢買，還可得到許多衣服，因爲一般人家都喜歡男孩而不喜歡女孩，如果把女孩賣掉，還可省掉養育費用。」〔註 105〕正是長久以來男尊女卑的寫照，亦是造就童養媳婚歷久不衰的元素之一。

由於童養媳多舉行「戶內婚姻」，所謂「戶內婚姻，就是媳婦仔和丈夫到達適婚年齡時，由父母挑選日子，通常是在十二月的最後一天，爲他們舉行結婚儀式。」〔註 106〕不過，隨著時代和社會的不斷演進，「近來，許多年輕人明白沒有愛情的婚姻，是不會幸福的，所以拒絕父母爲他們安排的婚姻，而被拒絕的媳婦仔，在得到生父生母的同意後，改爲養女，可出嫁或招婿。」〔註 107〕亦使得童養媳婚逐漸式微。

《顯影》有言：「岩茗治自少即正式言配與前般君，並即自幼即至男家學習家務，以冀能都熟識於將來也。茲者兩各長大矣，爲求兩愛之實現，遂擇定廿四日正式宣告同居，且大宴鄰戚。」〔註 108〕《顯影》又曰：「里人伙意由清杞嬸爲媒，於本八日迎娶水頭社黃家之養媳，賢聚人顏氏女。」〔註 109〕〔清〕林焜熿《金門志》亦云：「小戶人家多養苗媳於室中，俟長婚配，費少

〔註 104〕林明義編，《臺灣冠婚喪祭家禮全書》，臺北：武陵出版公司，1995 年 12 月 4版 6 刷，頁 124。

〔註 105〕林明義編，《臺灣冠婚喪祭家禮全書》，臺北：武陵出版公司，1995 年 12 月 4版 6 刷，頁 125。

〔註 106〕林明義編，《臺灣冠婚喪祭家禮全書》，臺北：武陵出版公司，1995 年 12 月 4版 6 刷，頁 124。

〔註 107〕林明義編，《臺灣冠婚喪祭家禮全書》，臺北：武陵出版公司，1995 年 12 月 4版 6 刷，頁 124。

〔註 108〕施伍、承爵合編，〈里中景色〉的〈賓往同宿：廿四日舉行洞房花燭禮〉，《顯影》第 3 卷 2 期，金門：珠山圖書報社，1930 年 12 月，頁 3a。

〔註 109〕施伍、承爵合編，〈鄉聞‧意完婚〉，《顯影》第 3 卷 3 期，金門：珠山圖書報社，1931 年 1 月，頁 3b。

則事易集；自幼在家受翁姑教訓，則易於相安，從俗之便可也。」〔註110〕皆是金門地區關於童養媳婚的眞實載體，亦此見出童養媳婚在金門的蓬勃發展、歷久不衰。

二、招妾婚、招贅婚與冥婚

（一）招妾婚

爲求傳宗接代，「中國及臺灣的有錢人家經常是三妻四妾，這是一種多妻主義，經過正式結婚的爲『大妻』（第一夫人），以下的各妻（第二夫人、第三夫人…）與大妻享有同等權利，但夫人和妾不同，夫人以外通稱妾，有些有錢人家，不但有數妻也有數妾。後來改採一夫一妻制，『大妻』就是妻，以外的都是妾，以這樣的方式來登記戶口，只是妾無正式婚姻的保證，不但無法跟妻享有同等權利，甚至可以構成通姦罪。妾之所以能納入戶口的原因主要是妻本身沒有生子，爲了怕斷絕後裔，祖先沒人祭祀，所以將妾納入戶口，希望香火不要斷絕。」〔註111〕

當「有的家長在女兒出嫁時，不願以美麗的媵媒嫻爲隨嫁媒，怕會奪去新郎對新娘的愛，而以醜陋的媵媒嫻爲隨嫁媒。家長和媵媒嫻所生的子爲婢生子，又稱『媵媒嫻子』，媵媒嫻如果因受寵愛而升爲妾，婢生子就變爲庶子。」〔註112〕談及招妾原因，「由於妾無法與妻享有同等的權利，所以聘金並不多，下流社會的女人，因爲生計困難，不得已賣身給有錢人爲妾，也有一些娼妓與她們的客人情投意合，而由客人以數千元爲她們贖身，帶回家作妾，也有的妻子因爲無法生育，而勸丈夫納妾，以傳香火，或是丈夫在外面有情婦，妻子便另找一美女爲丈夫的妾，希望丈夫能和情婦斷絕關係，或是媵媒嫻深受主人寵愛，而升爲妾，或是妻子不願意她的『隨嫁嫻』出嫁到別人家，便讓丈夫納爲妾。」〔註113〕納妾的緣由和情狀據此一目瞭然。

〔註110〕〔清〕林焜熿，《金門志‧風俗記‧冠婚喪祭》卷 15，收入《臺灣歷史文獻叢刊》，南投：臺灣省文獻委員會，1993 年 9 月，頁 391。

〔註111〕林明義編，《臺灣冠婚喪祭家禮全書》，臺北：武陵出版公司，1995 年 12 月 4 版 6 刷，頁 126。

〔註112〕林明義編，《臺灣冠婚喪祭家禮全書》，臺北：武陵出版公司，1995 年 12 月 4 版 6 刷，頁 129。

〔註113〕林明義編，《臺灣冠婚喪祭家禮全書》，臺北：武陵出版公司，1995 年 12 月 4 版 6 刷，頁 126～127。

（二）招贅婚

童養媳婚和招妾婚之外，招贅婚亦普遍存在於庶民之間。「招贅婚，主要是為了延續香火。女方無子嗣，招婿或招夫以求得男性子孫。由婚姻的特殊類型冥婚與招贅婚的產生原因，都可看出與祭祀祖先與傳宗接代有很大的關係，則在台灣漢人宗族社會中，祭祀祖先與傳宗接代對於婚姻的意義，就可想而知了。」〔註114〕

另者，「凡招婿，須憑媒妁，明立婚書，開寫養老或出舍年限。止有一子者，不許出贅。如招養老女婿者，仍立同宗應繼者一人，承奉祭祀，家產均分。如未立繼身死，從族長依例議立。」〔註115〕明確指稱男女雙方日後生兒姓氏的約定。概言之，「家中沒有男丁，只有女兒，以致家財無人管理，所以要招婿，或是收養養女以招來男婿。」〔註116〕其義甚明。據周一良、趙和平著，《唐五代書儀研究》載記：「男子就婦家成禮，最遠可溯至母系氏族。」〔註117〕此外，再有一種謂之「重姓」的特殊情形，據林明義《臺灣冠婚喪祭家禮全書》指稱，死者的牌位，原則上是由同姓繼承人祭祀，但是因為「同姓不娶」的關係，所以有一人祭祀兩家牌位的情形。因無子女，便收養他人女子為養女，一旦養女招婿，依照舊習慣要有契約書來決定生下孩子的所屬問題，通常長子可依父姓，次子則依母姓，但是如果沒有次子，長子就得姓父姓又姓母姓，這種情形稱做『重姓』。〔註118〕緣於國人「坐不改姓，行不改名」的宗法觀念甚為濃烈，故是男性當招贅婚者意願普遍不高，多以家庭經濟困窘人家踐行居多，且多以長子以外諸子為尚，一般長子當招贅婚者少之又少。

金門地區早前的招贅婚亦很普及，由《顯影》雜誌刊錄可見梗概：「招贅吳添壽為婿，聘儀只收八十元，惟當負擔一家費用。」〔註119〕此其一。「彼

〔註114〕侯瑞琪，《從宗法制度看臺灣漢人宗族社會》，國立臺灣師範大學國文研究所碩士論文，1997年1月，頁120。

〔註115〕劉海年、楊一凡總主編，《大明令・戶令》，載《中國珍稀法律典籍集成——洪武法律典籍》乙編第一冊，北京：科學出版社，1994年8月，頁11。

〔註116〕林明義編，《臺灣冠婚喪祭家禮全書》，臺北：武陵出版公司，1995年12月4版6刷，頁125～126。

〔註117〕周一良、趙和平著，《唐五代書儀研究》，北京市：中國社會科學出版社，1995年12月，頁16。

〔註118〕林明義編，《臺灣冠婚喪祭家禮全書》，臺北：武陵出版公司，1995年12月4版6刷，頁119。

〔註119〕施伍、承爵合編，〈鄉聞・于歸〉，《顯影》第7卷4期，金門：珠山圖書報社，1933年元月3日，頁2b。

時結婚乃招贅，現尚掌理禮祠⋯⋯嫁出因只收聘金一佰元，明約代理禮祀，為減收聘金之代價。」〔註120〕此其二。「芳㳇之養媳招贅惠安人，⋯⋯但事為鄉人所知，均起而反對⋯⋯遂召開五房之長會議，當場議決，請㳇妻到會說明議婚經過。⋯⋯乃限日退婚，另招鄉中妥善青年為嗣更妙。」〔註121〕此其三。「前載芳㳇養媳招贅事，⋯⋯而諸鄉長所舉以永炫為最宜，經雙方同意於廿七日已下聘矣。該晚，鄉長召集臨時會議⋯⋯議決合立婚字為據，以免日後發生枝節。⋯⋯語云：『寸絲為定，千金不移。』⋯⋯如在男宅結婚，費歸諸男家，則長子先承乾方，次承坤方。若是費由女家負擔，則長子當先承坤方，循環分配事。」〔註122〕此其四。

（三）冥　婚

對於「婚姻的祭祀祖先與傳宗接代功能，在臺灣漢人宗族社會亦明顯存在，此處以兩種婚姻的特殊類型言之，一是冥婚，一是招贅婚。臺灣漢人社會是一父系社會，未婚男子夭亡，可透過過繼的方式取得傳宗之後嗣。」〔註123〕因此，當未婚女子夭亡，則須舉行「冥婚」之儀。所謂「冥婚，大多是指娶鬼新娘。⋯⋯唯有透過人鬼聯姻的方式，方有可能取得其在家內應有的社會地位，否則極可能變成遊離失所的孤魂。」〔註124〕因為「未婚女子夭亡，在漢人社會的觀念，若不透過人鬼聯姻的方式，只能是一個無主的孤魂，其牌位不能進入公廳享受後代祭祀，在家族內沒有地位，因此必須安排冥婚。冥婚在臺灣中南部鄉村較為普遍，尤其是彰化、嘉南平原。」〔註125〕

〔註120〕施伍、承爵合編，〈本社鄉聞・遺產鬩轕〉，《顯影》第5卷4期，金門：珠山圖書報社，1931年12月，頁4a。

〔註121〕施伍、承爵合編，〈里中・違背鄉規，群起反對〉，《顯影》第5卷5期，金門：珠山圖書報社，1932年1月，頁4a～4b。

〔註122〕施伍、承爵合編，〈鄉的事・出人意外〉，《顯影》第5卷6期，金門：珠山圖書報社，1932年2月，頁4a～4b。

〔註123〕侯瑞琪，《從宗法制度看臺灣漢人宗族社會》，國立臺灣師範大學國文研究所碩士論文，1997年1月，頁120如此說，但特別加註，係引述陳其南，〈中國人的『房』事情結〉，收入《文化的軌跡》下冊《婚姻家族與社會》中，臺北：允晨出版社，1987年10月，頁91。

〔註124〕莊英章，《家族與婚姻－臺灣北部兩個閩客村落之研究》，臺北：中研院民族所，1994年12月，頁7。

〔註125〕侯瑞琪，《從宗法制度看臺灣漢人宗族社會》，國立臺灣師範大學國文研究臺所碩士論文，1997年1月，頁120如此說。但特別加註，係就莊英章原說改寫，《家族與婚姻－臺灣北部兩個閩客村落之研究》，臺北：中研院民族所，

其實，早「在五代時代，鄭餘慶著有《書儀》，已把『冥婚』列爲定制，並非出於偶然。因在宗法制度之下，女子無家庭地位，生爲夫族的附從物，……如果一個女子在婚前死亡，而不能葬於祖墳，所以作父母的嘗爲夭殤的子女互求冥配，使他們在陰間結爲夫妻，以求心之所安。另一方面也是使此女子，得能留名於夫家族譜中，達到人死留名的目的。所以這一習俗，在以前是有其深遠的意義的。」〔註126〕宋儒歐陽修，《新五代史·劉岳列傳》亦云：「（後唐）初，鄭餘慶嘗採唐士庶吉凶書疏之式，雜以當時家人之禮，爲《書儀》二卷。明宗見其有起復、冥昏之制，歎曰：『儒者所以隆孝悌而敦風俗，且無金革之事，起復可乎？婚，吉禮也，用於死者可乎？』乃詔岳選文學通知古今之士，共刪定之。岳與太常博士段顒、田敏等增損其書，而其事出鄙俚，皆當時家人女子傳習所見，往往轉失其本，然猶時有禮之遺制。其後亡失，愈不可究其本末，其婚禮親迎，有女坐婿鞍合髻之說，尤爲不經。公卿之家，頗遵用之。」〔註127〕當爲明證。

三、續絃、再醮、招夫與其他

（一）續絃、再醮、招夫

「琴瑟」素被比喻爲夫妻的象徵，故婚娶時要祝賀「琴瑟和鳴」；故稱喪妻爲斷絃，再娶爲「續絃」。若與前妻已有生育子女者，泰半娶「再醮」之婦，而此些已喪夫並生有子女的「再醮」之婦，當再婚時，許多皆連同親生子女一道陪嫁給續絃之夫。若與前妻未曾生育者，則泰半再娶閨女，也仍依六禮迎親儀節進行，俗稱「重打起」。之所以稱「再醮」，係因古代男子成年行冠禮，抑或女子出嫁之時，父母皆酌酒使之飲用，謂之「醮」，因此稱婦人再嫁爲「再醮」。

另亦有一「招夫」者，即丈夫已亡的寡婦，由於經營家業和養育子女的困難，所以招夫。但是招來的丈夫沒有繼承權，多半是貧困的男人，因無錢娶妻，不得已而接受招夫，但彼此訂有一定的年限，孩子出生後，以一子或數子留在女家，婚姻關係同時結束，兩人又分立戶口。〔註128〕

1994 年 12 月，頁 7。

〔註126〕馬之驌，《中國的婚俗》，臺北：經世書局，1981 年 12 月，頁 3。

〔註127〕〔宋〕歐陽修撰，《新五代史·劉岳列傳》卷 55（《雜傳》第 43），臺北：鼎文書局，1980 年 11 月第 3 版，頁 632。

〔註128〕林明義編，《臺灣冠婚喪祭家禮全書》，臺北：武陵出版公司，1995 年 12 月 4 版 6 刷，頁 126。

　　金門地區在昔時社會，基於經濟困頓的普面情況，爲生活逼迫，更爲順利撫養子女長大成人，「續絃」和「再醮」比比皆是，歷多年而不墜。楊志文〈續絃有感〉一詩，即對續絃的心境剖解甚爲明晰：

> 再續絃琴暗自悲，仍將親迎愧佳期；
> 洞房怯見倩粧影，新者孔佳舊亦宜。
> 華燭新房輝映宜，鵲橋未渡意遲遲；
> 堪憐昔日離鸞者，猶自回思情欲痴。〔註129〕

（二）其　他

1. 貞烈節孝

　　從古至今，「三從四德」素爲婦女品德遵行的準繩，卻也是精神上無情的枷鎖。〔宋〕朱熹編《河南程氏遺書》即言：「餓死事極小，失節事極大。」〔註130〕〔宋〕劉清之《戒子通錄‧教子語，家頤》亦言：「（教子）自小律之以威，繩之以禮，則長無不肖之悔。…富者之教子須是重道，貧者之教子須是守節。」〔註131〕〔明〕盧若騰《留庵文集》亦曰：「吳浯，彈丸島耳，而石堅土厚，屹峙大壑之中，其人性淳而不憍，神王而不僄，士多光明俊偉之槪，次亦勉以廉隅自飭。以至婦人女子，守貞從一，視死如歸者，肩項相望。」〔註132〕《周易正義》也云：「婦人貞吉，從一而終也。」〔註133〕在在顯示已嫁婦人從一而終的要求和規範。

〔註129〕楊志文，《金門縣湖峰鄉土誌紀遺‧詩苑篇》，〈續絃有感〉，金門：金門縣湖峰社史料編纂委員會，2001年12月，頁231。

〔註130〕〔宋〕朱熹編，《河南程氏遺書》卷22下，載《叢書集成三編》第14冊，臺北：新文豐出版社，1989年7月臺一版，頁289。

〔註131〕〔宋〕劉清之撰，《戒子通錄‧教子語，家頤》卷6，《文淵閣四庫全書本‧子部》703冊，臺北：臺灣商務印書館，1986年7月，頁74。

〔註132〕原文見〔明〕盧若騰，《留庵詩文集》，金門：金門縣文獻委員會，頁89。另據清代林焜熿《金門志‧風俗記‧士習》卷15，南投：臺灣省文獻委員會，1993年9月重新勘印，頁393。及林氏《金門志十六卷‧風尚‧士習》卷15，光緒壬午年（1882年）10月開雕，版藏浯江書院，頁8。及金門縣政府出版之《金門縣志》民國本（卷上）卷13〈禮俗‧士習〉，1922年2月，頁148。及1968年2月重修版，卷3〈人民志‧禮俗‧風尚〉，頁286。及1979年6月重編版，卷3〈人民志‧禮俗‧風尚〉，頁394。及1999年初版2刷增修版，卷3〈人民志‧禮俗‧風尚〉，頁401，皆引述爲「浯洲彈丸島耳，而石堅土厚，屹峙大壑之中，其人性惇而不憍，神旺而不僄，士多光明俊偉之槪，次亦勉以廉隅自飭。以至婦人女子，守貞從一，視死如歸者，肩項相望。」有數字之迴異。

〔註133〕〔清〕阮元等校勘，《十三經注疏──周易正義》卷四，〔魏〕王弼、韓康伯注；〔唐〕孔穎達等正義。台北：藝文印書館，1976年5月6版，頁84。

　　甚而對不貞之行，其祖先亦會予以處罰，因為「中國人觀念中的祖先是永遠保佑致蔭的，抑或也會懲罰致禍於子孫……人類學家有三種不同的看法：一端是認為中國人的祖先是仁慈而從不加害於子孫的；另一端則認為中國人的祖先不但會加害於子孫，而且加害與否有時是很無常的；在這兩端之間者，則主張一般來說中國人的祖先是仁慈的，但在某種條件下則亦可致禍或懲罰子孫。」〔註134〕又如「一個寡婦在她的丈夫死後不多久就和她丈夫之兄有染，不久寡婦忽然發瘋了，企圖跳河自殺，她的家人找童乩來問，發現是她丈夫家中的一個成員在祖先爐中放了符咒，籲求祖先懲罰她的亂倫不貞行為。」〔註135〕皆為可考的文獻。

　　無如人性之常，有七情六慾之思，有維持生活及撫育子女之限，夫既已逝，卻要妻切行貞德，實是殘忍至極。因之，錢大昕《潛研堂文集》中即大力疾呼，倡議歷時已久的「貞節」儀規不合時宜，「問婦人之義，從一而終。而禮有七出之文，毋乃啟人以失節乎？曰，此先王所以扶陽抑陰，而家道所以不至於窮而乖也。夫父子兄弟，以天合者也；夫婦，以人合者也。以天合者，無所逃於天地之間，而以人合者，可制以去就之義。」〔註136〕此其一。「先王設為可去之義，義合則留，不合則去，俾能執婦道者，可守從一之貞，否則能割伉儷之愛，勿傷骨肉之恩，故嫁曰歸，出亦曰歸。」〔註137〕此其二。「夫婦之義，非徒以全丈夫，亦所以保匹婦…先儒戒寡婦之再嫁，以為餓死事小，失節事大。予謂全一女子之名，其事小；得罪於父母兄弟，其事大。故父母兄弟不可乖，而妻則可去，去而更嫁，不謂之失節。……使其過不在婦歟，出而嫁於鄉里，猶不失為善，婦不必強而留之，使夫婦之道苦也。」〔註138〕此其三。

　　緣於貞烈節孝觀念乃全國通行，金門地區自不例外。據《金門縣志》載錄：「閩俗女尚貞烈，其弊至縶綵為層臺，女登就縊，眾圍觀之，其父兄以是為榮。

〔註134〕 李亦園，〈中國家族與其儀式：若干觀念的探討〉，《中央研究院民族學研究所集刊》第 59 期，1985 年春季，頁 48～49。

〔註135〕 李亦園，〈中國家族與其儀式：若干觀念的探討〉，《中央研究院民族學研究所集刊》第 59 期，1985 年春季，頁 51。

〔註136〕 錢大昕，《潛研堂文集》卷八〈答問五〉，收入王雲五主編《四部叢刊正編》套書，臺北：臺灣商務印書館，1979 年 11 月臺一版，頁 72。

〔註137〕 錢大昕，《潛研堂文集》卷八〈答問五〉，收入王雲五主編《四部叢刊正編》套書，臺北：臺灣商務印書館，1979 年 11 月臺一版，頁 72～73。

〔註138〕 錢大昕，《潛研堂文集》卷八〈答問五〉，收入王雲五主編《四部叢刊正編》套書，臺北：臺灣商務印書館，1979 年 11 月臺一版，頁 73。

雍正六年，趙國麟任福建布政使，乃疏論禁戢之。」（通志）〔註139〕《滄海紀遺》也云：「婦人從一而終，夫死而從之者義也。或有重撫孤而貞心苦節者，其守義更難；或不幸遭變，不受辱而就死者，均合於義，要之無二心耳。如未醮而死，殊見慕名而過於義；然不二之心，君子取焉；蓋婦人從夫，一死義盡，何必多慕貞烈之名，而起或者之議。浯婦死節者多，有激然之操徵於月旦，乃不登於誌傳，以其不足以致之耳。」〔註140〕即可得見一二。尤其內政部審定的一級古蹟——欽旌節孝坊，目前仍安然矗立於金門金城鎮市場附近，既訴說邱良功母堅貞不二的偉大德操，同時也是貞烈節孝的代表指標。

2. 買女婢

據楊志文《金門縣湖峰鄉土誌紀遺》紹述，金門「早期富裕人家，女主人不做家事，要買女婢，代替家庭一切工作。女婢都自大陸買來，汕頭最多，廈門亦不在少數，價錢依年齡而定，買一個約好幾佰元國幣，但有時也會被賣主矇騙，如五實歲騙說七歲，以賣得較高價錢。較有錢人家嫁女兒時，多陪嫁兩個婢女，粗婢管廚房，洗地、煮飯；細婢管鋪床、倒尿桶。對於女婢的名稱，習慣上以花名命名居多，如紅花、牡丹、茶花、桂花……等。又當女婢自小買來後，養大有的主人納為小妾，不然再予以出嫁（可拿到一筆錢），一般都在名字後加一個『姑』字，以示區別，如牡丹姑、茶花姑……是也。明清時代，有養育女婢制度，民國肇建後已逐漸廢除，迄今已無存在，有則富有家戶僱用女傭（多為外勞），為操持家務，按月發給薪資，期滿解僱之。基上所述，婢女長大後婚姻問題，有的代覓適當青年嫁出，有的納為小妾（或髮妻過世為蓄絃）等情形；追述清末至民國期間，村中就有六起，但各已年邁作古，所育子孫蕃衍成群，殊足稱頌。」〔註141〕即為「買女婢」的確實紀錄。林焜熿《金門志》另言：「家不蓄童僕，二十年來始多蓄婢。婢不錮，長為擇配，曰打頭對。」〔註142〕即言早期金門多有蓄女婢之俗，及長，有與主人成婚情事，亦有另擇婚配情事。

〔註139〕《金門縣志》下冊，卷14擷錄志，1991年增修版，金門縣政府印行，頁1711。

〔註140〕〔明〕洪受，《滄海紀遺‧人才之紀第三》，金門：金門縣文獻委員會，1970年6月再版，頁28。

〔註141〕楊志文，《金門縣湖峰鄉土誌紀遺》，金門：金門縣湖峰社史料編纂委員會，2001年12月，頁188。

〔註142〕〔清〕林焜熿，《金門志‧風俗記‧冠婚喪祭》卷15，南投：臺灣省文獻委員會，1993年9月，頁391。

第七章　金門婚儀禁忌與用品器物象徵意義

　　《周易・序卦》云：「有天地然後有萬物，有萬物然後有男女，有男女然後有夫婦，有夫婦然後有父子，有父子然後有君臣，有君臣然後有上下，有上下然後禮義有所錯。夫婦之道不可以不久也。」〔註1〕揆其原意，當知結合兩姓之好的婚姻正是締造良好社會的根基，而在眾多生命禮俗中，亦唯有婚姻大禮深受個人、家庭與社會的高度重視。

　　為摒除大自然不確定的畏懼因素，及力求驅吉避凶、平安順遂的渴願，長久以來，一般庶人社會或多或少皆有禁忌衍生。就人類生活史言之，為自然崇拜而鑄生恐懼心理，因有恐怖情懷而憂罹禍害，為遠避災厄而形成禁忌，為獲得神靈恩賜與避開懲罰而形成禁忌慣俗，且相沿成習，蔚成風尚。尤以婚儀貴為終身大事，肩負家族與宗族繁衍維繫的重責大任，又豈能任意悖逆呢？

　　本章探究的重點，將自議婚伊始，至定親，至成婚，及至婚後每一階段之諸多限度，倘以今日科學眼光觀之，此般不成文的禁制或言不合時宜，或言迷信使然，但卻是婚嫁禮儀中祈求順利和諧的繁雜禮俗之一，也是現今人們仍須面對的課題之一。在「禮，時為大」主導下，民眾寧可信其有且普遍遵行的婚俗禁忌迷思，雖難以切實驗證出真偽，卻不容否認，今後仍有其持續通行的魅力，亦仍有留待未來再探討的空間。

〔註1〕　〔清〕阮元等校勘，《十三經注疏——周易》卷9〈序卦〉第10，（重刊宋本）。
　　　　〔漢〕鄭玄注；〔唐〕孔穎達等正義。臺北：藝文印書館，1976年5月第6版，頁187。

第一節　金門婚姻禮俗禁忌

人們慣稱的人生四部主曲──婚喪喜慶，係以婚禮稱首，故是《禮記‧昏義》開宗明義即言：「昏禮者，將合二姓之好，上以事宗廟，而下以繼後世也。故君子重之。是以昏禮納采、問名、納吉、納徵、請期，皆主人筵几於廟，而拜迎於門外，入，揖讓而升，聽命於廟，所以敬慎重、正昏禮也。」〔註2〕又因「婚姻，禍福之階也。由之利內則福，利外則取禍。」〔註3〕為求趨吉避凶、禳災祈福，由古至今遂衍生許多不成文的民俗禁忌，且「隨著社會和人民思想意識的發展，禁忌的形態和內涵也有發展和變化，直到近代，它一直在民間廣泛流行。」〔註4〕

時代遞嬗雖已臻高科技場域的現代，不容諱言，在科學知識普及和人們思想觀念變化之下，部分一些迷信成分較多的禁忌必將逐漸消失，〔註5〕但主宰人們生命禮儀的諸多限度卻仍無時無刻漾開在我們生活周遭，如影隨形，欲完全拔開卻不易阻絕，欲切實遵循卻又不易踐行。尤其是隸屬吉、凶、賓、軍、嘉「五禮」之一的嘉禮中的婚禮，既有「合二姓之好」〔註6〕的聯姻關係，又攸關「以繼先聖之後，以為天地宗廟社稷之主。」〔註7〕的家族傳承延續與家族發展契機，豈容等閒視之？

東漢之時，許慎《說文解字》對「禁」字解釋為：「吉凶之忌也，從示林聲。」〔註8〕對「忌」字解釋為：「憎惡也，從心己聲。」〔註9〕兩字合稱，即

〔註2〕　〔清〕阮元等校勘，《十三經注疏──禮記》卷61〈昏義〉第44，（重刊宋本）。〔漢〕鄭玄注：〔唐〕孔穎達等正義。臺北：藝文印書館，1976年5月第6版，頁999。

〔註3〕　〔周〕左丘明原著，黃永堂編，《國語》上冊卷2〈周語中‧富辰諫襄王以狄伐鄭及以狄女為后〉，臺北：臺灣古籍出版公司，2002年5月初版2刷，頁64。

〔註4〕　許鈺撰，《中國民間禁忌‧序文》，臺北：漢欣文化公司，1996年11月初版2刷，頁（序2）。

〔註5〕　許鈺撰，《中國民間禁忌‧序文》，臺北：漢欣文化公司，1996年11月初版2刷，頁（序5）。

〔註6〕　〔清〕阮元等校勘，《十三經注疏──禮記》卷50〈哀公問〉第27（重刊宋本）。〔漢〕鄭玄注：〔唐〕孔穎達等正義。臺北：藝文印書館，1976年5月第6版，頁849。另見同書卷61〈昏義〉第44，頁999。

〔註7〕　〔清〕阮元等校勘，《十三經注疏──禮記》卷50〈哀公問〉第27（重刊宋本）。〔漢〕鄭玄注：〔唐〕孔穎達等正義。臺北：藝文印書館，1976年5月第6版，頁849。

〔註8〕　〔東漢〕許慎撰；〔清〕段玉裁注，《說文解字注》，臺北：天工書局，1998年8月，頁9。

代表一種約定俗成的禁約力量，既有集體對個體的禁止含義，亦有體現個體心理意願的自我抑制含義。〔註10〕其內涵「係包括了『神聖的』和『超出尋常的』，及『危險的』、『不潔的』和『怪誕的』等意義。」〔註11〕質言之，禁忌即是禁止某種行為，倘悍然破壞禁忌必然付出代價。〔註12〕陳海茵《庚己編》因言：「禁忌的設立乃是為了阻止某些災害發生。」〔註13〕

　　任騁《中國民間禁忌》對「禁忌」意涵載記為：「禁忌是人類普遍具有的文化現象，國際學術界把這種文化現象統稱之為『塔怖』（Taboo）。『塔怖』原是南太平洋波里尼西亞湯加島人的土語，其基本含義是表示『神聖的』和『不可接觸』的意義。」〔註14〕許鈺亦言：「禁忌在文化人類學上通常稱為『塔怖』（Taboo）。是關於神聖或不潔事物約定俗成的一種禁制。禁忌在原始時期就已經產生並發生重要作用。」〔註15〕論在我國，與「塔怖」相對應的詞即為禁忌。〔註16〕

　　「禁忌」一類的禁制，在風俗慣習中，係建立在共同的信仰基礎之上，其中禁止的意義，完全來自於共同的忌諱，及來自於自我抑制的集體意識，故是民間禁忌堪指一社群內共同的文化現象，可依民族、地域、社會分工等不同而形成若干禁忌，或型塑某種具體的禁忌。〔註17〕同時，受限於封建文化的長期統治，許多民間禁忌被士大夫階級義理化、道德化，甚至法律化、制度化之後寫進典籍之中。〔註18〕

　　曩昔，破壞禁忌所遭受的懲罰，是由一種精神上的或自發的力量來控制，即由破壞的禁忌本身來執行報復。當神或鬼的觀念產生之後，禁忌才開始和

〔註9〕　〔東漢〕許慎撰；〔清〕段玉裁注，《說文解字注》，臺北：天工書局，1998年8月，頁511。
〔註10〕任騁著，《中國民間禁忌》，臺北：漢欣文化公司，1996年11月初版2刷，頁5。
〔註11〕佛洛依德原著；楊庸一譯，《圖騰與禁忌》，收入《新潮文庫》第114，臺北市：志文出版社，2007年元月重排版，頁45～46。
〔註12〕萬建中，《中國民間禁忌風俗》，北京：中國電影出版社，2005年6月，頁3。
〔註13〕陳海茵，〈從「禁忌」主題看《庚己編》中人與異類的姻緣關係〉，《中正大學中國文學研究所研究生論文集刊》11期，2009年6月，頁25。
〔註14〕任騁著，《中國民間禁忌》，臺北：漢欣文化公司，1996年11月初版2刷，頁3。
〔註15〕許鈺撰，《中國民間禁忌·序文》，臺北：漢欣文化公司，1996年11月初版2刷，頁（序1～2）。
〔註16〕任騁著，《中國民間禁忌》，臺北：漢欣文化公司，1996年11月初版2刷，頁3。
〔註17〕任騁著，《中國民間禁忌》，臺北：漢欣文化公司，1996年11月初版2刷，頁7～8。
〔註18〕任騁著，《中國民間禁忌》，臺北：漢欣文化公司，1996年11月初版2刷，頁8。

它們結合起來，懲罰本身亦即自動附隨於這種神秘力量之上。〔註19〕緣於此般「禁忌的來源是歸因於附著在人或鬼身上的一種特殊神秘力量，它們能夠利用無生命的物質作媒介而加以傳遞。」〔註20〕而且部分禁忌民俗流傳久遠，加之禁忌民俗特有的神秘性，現已難以確定其具體的根源，但並非烏有，起因亦非單一。〔註21〕「只要人類沒有徹底地認識自然，控制自然，禁忌就會以各種方式、各種渠道不知不覺地出現在人們身旁，成爲約束人們言行的不成文的規矩。」〔註22〕

對於禁忌一詞，我國最早見於漢代的史籍〔註23〕：就《漢書·藝文志·陰陽家》云：「及拘者爲之，則牽於禁忌，泥於小數，舍人事而任鬼神。」〔註24〕《後漢書·郎顗襄楷列傳》卷30下亦曰：「臣生長草野，不曉禁忌，披露肝膽，書不擇言。」〔註25〕得見在東漢或更早之時，即已產生並運用「禁忌」語詞，且和宗教、祭祀、鬼神等現象的文字紀錄摻雜並傳。〔註26〕

一、金門議訂婚禁忌

婚姻結合兩姓之好，爲求吉利祥和，傳統即根深柢固存在諸多禁忌而不容觸犯。《白虎通·嫁娶》卷十云：「人承天地，施陰陽，故設嫁娶之禮者，重人倫、廣繼嗣也。」〔註27〕《左傳·文公二年》〈傳〉也云：「凡君即位，好舅甥，修昏姻，娶元配以奉粢盛，孝也。孝，禮之始也。」〔註28〕今人彭利芸《宋代婚俗研究》中亦言：「婚姻乃人倫之本，家國之基石，社會之安

〔註19〕 佛洛依德原著；楊庸一譯，《圖騰與禁忌》，收入《新潮文庫》第114，臺北市：志文出版社，2007年元月重排版，頁42。

〔註20〕 佛洛依德原著；楊庸一譯，《圖騰與禁忌》，收入《新潮文庫》第114，臺北市：志文出版社，2007年元月重排版，頁42。

〔註21〕 萬建中，《中國民間禁忌風俗》，北京：中國電影出版社，2005年6月，頁4。

〔註22〕 萬建中，《中國民間禁忌風俗》，北京：中國電影出版社，2005年6月，頁4。

〔註23〕 萬建中，《中國民間禁忌風俗》，北京：中國電影出版社，2005年6月，頁5。

〔註24〕 〔漢〕班固，《漢書·藝文志》，臺北：鼎文書局，1981年2月4版，頁1734～1735。

〔註25〕 〔南朝宋〕范曄，《後漢書》卷30下〈郎顗襄楷列傳〉第20下，臺北：鼎文書局，1981年4月4版，頁1057。

〔註26〕 萬建中，《中國民間禁忌風俗》，北京：中國電影出版社，2005年6月，頁5。

〔註27〕 〔漢〕班固原撰；〔清〕陳立疏證，《白虎通疏證》卷十〈嫁娶〉（下冊），臺北：廣文書局，2004年10月再版，頁536。

〔註28〕 〔清〕阮元等校勘，《十三經注疏——左傳》卷18〈文公傳2年〉，〔晉〕杜預注；〔唐〕孔穎達等正義。臺北：藝文印書館，1976年5月6版，頁304。

定劑。是以時不論古今，地不分中外，文化不論高低，鮮有不重視婚俗者。」〔註29〕爰此乃見婚姻深負傳宗接代重責大任歷來頗受重視之一斑。在我國古代，婚姻素為社會最基本的組合方式，婚姻的締結亦直接影響家族系統的發達與否，所以婚禮雖為兩姓聯姻的好事，但在締結過程中卻大受各種有形無形，甚或神祕力量的干擾，人們唯恐好事變成壞事，唯恐婚後遭遇不幸，而需恪守一系列的禁忌，導使婚俗的全過程皆充滿禁忌。〔註30〕

（一）議婚禁諱

議婚是指可選擇婚姻配偶的範圍內，與民間習俗允許方式下，對可擇婚對象所作的具體交涉活動，並為男女的訂定婚儀做準備。在此階段及操作過程中，有一些必需遵行的禁忌規約。〔註31〕

1. 才德、財富與婚齡禁諱

（1）限制初婚年齡

對於男女初婚年齡，歷代紛紜，莫衷一是。若清人王聘珍撰《大戴禮記解詁》曰：「中古男三十而娶，女二十而嫁，合於五也，中節也。太古男五十而室，女三十而嫁，備於三五，合於八十也。」〔註32〕率先揭言太古時代和中古時代的男女婚嫁之齡。

古籍《周禮‧大宗伯》曰：「以昏冠之禮，親成男女。」〔唐〕賈公彥加《疏》曰：「昏姻之禮，所以親男女，使男女相親。三十之男，二十之女，配為夫妻是也。冠笄之禮，所以成男女，男二十而冠；女子許嫁，十五而笄，不許，亦二十而笄，皆責之以成人之禮也。」〔註33〕乃見男女初婚的年齡分別是三十歲和二十歲。《孔子家語‧本命解》卷六第二十六云：「魯哀公曰：『男子十六而精通，女子十四而化，是則可以生民矣。而禮男必三十而有室，女必二十而有夫也，豈不晚哉！』」〔註34〕孔子答曰：「男子二十而冠，有為人

〔註29〕　彭利芸，《宋代婚俗研究》，臺北：新文豐出版公司，1988年8月臺1版，頁序1。

〔註30〕　萬建中，《中國民間禁忌風俗》，北京：中國電影出版社，2005年6月，頁148。

〔註31〕　萬建中，《中國民間禁忌風俗》，北京：中國電影出版社，2005年6月，頁148。

〔註32〕　〔清〕王聘珍撰，《大戴禮記解詁》卷13，楊家駱主編《中國學術名著》第3輯，十四經新疏第3期書第1冊，臺北：世界書局，1974年5月3版，頁3b～4a。

〔註33〕　〔清〕阮元等校勘，《十三經注疏──周禮》卷18〈大宗伯〉，〔漢〕鄭玄注；〔唐〕賈公彥疏。臺北：藝文印書館，1976年5月6版，頁277。

〔註34〕　〔魏〕王肅誤註，《孔子家語‧本命解》卷6第26，（明覆宋刊本），《中國子學名著集成──宋元明清善本叢刊》，1978年12月，頁259～260。

父之端，女子十五許嫁，有適人之道，於此而往，則自婚矣。……故聖人因時以合耦，男子窮天數也。」〔註35〕因見孔子以為男子二十歲、女子十五歲應為較適宜成婚之齡。又《黃帝內經·素問》道：「女子二七而天癸至，任脈通，太衝脈盛，月事以時下，故有子……丈夫八歲，腎氣實，發長齒更；二八，腎氣盛，天癸至，精氣溢瀉，陰陽和，故能有子。」〔註36〕即言男子十六歲、女子十四歲之後就具備生育能力，可以結婚。

漢代之時，鄭玄《駁五經異義補遺》云：「男三十，女二十，有婚嫁，合為五十，應大衍之數，自天子達於庶人，同也。」〔註37〕《禮記·內則》曰：「（男子）三十而有室……（女子）十有五年而笄，二十而嫁。」〔註38〕《淮南子集釋》亦云：「故聖人因是制禮，使男三十而娶，女二十而嫁。」〔註39〕皆對男性規定三十歲、女性二十歲舉行婚禮。《白虎通·嫁娶》載記：「男三十而娶，女二十而嫁，何陽數奇，陰數偶也。男長女幼者，何陽道舒、陰道促。男三十筋骨堅強，任為人父；女二十肌膚充盈，任為人母，合為五十，應大衍之數，生萬物也。」〔註40〕明定男女婚齡分別是三十歲和二十歲。

魏晉南北朝時，《晉書·武帝紀》卷三載云：「司馬炎在泰始九年冬十月要求，『制女年十七父母不嫁者，使長吏配之。』」〔註41〕則明訂女年十七不嫁者，將以長吏匹配之。《周書·武帝紀》卷五刊言：「自今以後，男年十五、女年十三以上，爰及寡鰥，所在軍民，以時嫁娶。」〔註42〕對男女的婚嫁年齡分別訂為十五和十三歲以上。

〔註35〕〔魏〕王肅譔註，《孔子家語·本命解》卷6第26，（明覆宋刊本），《中國子學名著集成——宋元明清善本叢刊》，1978年12月，頁260。

〔註36〕春秋戰國·佚名，《黃帝內經·素問》上古天真論篇第1，第3章。行政院衛生署中醫藥委員會中醫藥資訊網：http：//www.ccmp.gov.tw。

〔註37〕〔漢〕鄭玄，《駁五經異義補遺》，《文淵閣四庫全書本·經部》182冊，臺北：臺灣商務印書館，1986年7月，頁319。

〔註38〕〔清〕阮元等校勘，《十三經注疏——禮記》卷28〈內則〉（重刊宋本），〔漢〕鄭玄注；〔唐〕孔穎達等正義，臺北：藝文印書館，1976年5月6版，頁539。

〔註39〕西〔漢〕劉安原撰；〔漢〕高誘注；民國·何寧撰注，《淮南子集釋》中冊，北京：中華書局，2006年4月第1版2刷，頁917。

〔註40〕〔漢〕班固原撰；〔清〕陳立疏證，《白虎通疏證·嫁娶》卷10，（下冊），臺北：廣文書局，2004年10月再版，頁537～538。

〔註41〕二十五史刊行委員會編集，《二十五史·晉書·武帝紀》卷3，臺北：臺灣開明書店鑄版，1965年5月臺二版，頁1084。

〔註42〕二十五史刊行委員會編集，《二十五史·周書·武帝紀》卷5，臺北：臺灣開明書店鑄版，1965年5月臺二版，頁2273。

　　有唐一代，據《新唐書・太宗本紀第二》卷二宣稱：「貞觀元年，……二月丁巳，詔民男二十、女十五以上無夫家者，州縣以禮聘娶。」〔註43〕文中明示男子二十歲、女子十五為適宜嫁娶之齡。又據《新唐書・食貨志》卷五十一刊布：「玄宗……二十二年，詔男十五、女十三以上得嫁娶。」〔註44〕則將婚齡提早至男子十五歲、女子十三以上。不過，依岳純之〈唐代法定適婚年齡考〉証稱：「唐太宗貞觀元年（627年）詔令所規定的『男年二十，女年十五』是勉強結婚的年齡，而不是嚴格意義上的適婚年齡。唐玄宗開元二十二年（734年）所規定的『男年十五，女年十三』才是真正的適婚年齡。」〔註45〕明確指出男性婚齡為十五歲，女性為十三歲。

　　《家禮》的宋刻本指稱：「男子年十六至三十，女子年十四至二十，身及主昏者無朞以上喪，乃可成昏。」朱熹自注曰：「司馬公曰：古者男三十而娶，女二十而嫁。今令丈男年十五、女年十三以上，並聽昏嫁。今為此說，所以參古今之道，酌禮令之，中順天地之理，合人情之宜也。」〔註46〕其中宋刻本《家禮》以為男子年十六至三十歲，女子年十四至二十歲屬適婚之年，司馬光《注》則明言男性年十五以上、女性年十三以上，聽任自由婚嫁。另見司馬光《溫公書儀》云：「男子年十六至三十，女子十四至二十，身及主婚者無期以上喪，皆可成婚。」〔註47〕司馬氏此說與宋刻本《家禮》之說相同，卻與宋刻本《家禮》注中所述稍有出入。〔宋〕劉應李輯，《新編事文類聚翰墨全書・文公婚禮・議婚》卷四言：「男子年十六至三十，女子年十四至三十。」〔註48〕亦明述男女的婚嫁年齡分別是三十歲和二十歲。

　　又《明會典・婚禮・庶人納婦》云：「凡男年十六、女年十四以上，並聽婚娶。」〔註49〕載明男子十六歲、女子十四歲以上得以成婚。明人章潢《圖

〔註43〕二十五史刊行委員會編集，《二十五史・新唐書・太宗本紀》卷2，臺北：臺灣開明書店鑄版，1965年5月臺二版，頁3636。

〔註44〕二十五史刊行委員會編集，《二十五史・新唐書》卷51，〈志第41・食貨1〉，臺北：臺灣開明書店鑄版，1965年5月臺二版，頁3753。

〔註45〕岳純之，〈唐代法定適婚年齡考〉，《歷史教學》，2006年5期（總510期），頁18。

〔註46〕〔宋〕朱熹撰，《家禮》卷3，南宋淳祐5年（1245年）五卷本加附錄一卷，載《孔子文化大全》，山東：友誼書社，1992年11月，頁653。

〔註47〕〔宋〕司馬光，《溫公書儀・婚儀上》卷3，據清嘉慶張海鵬輯刊學津討原本影印，《百部叢書集成》46冊，臺北：藝文印書館，1966年，頁1a。

〔註48〕〔宋〕劉應李輯，《新編事文類聚翰墨全書・文公婚禮・議婚》卷4，《四庫全書存目叢書・子部》169冊，臺南：莊嚴文化公司，1995年9月，頁134。

〔註49〕〔明〕徐溥等奉敕撰；〔明〕李東陽等重修，《明會典・婚禮・庶人納婦》卷69，《文淵閣四庫全書・史部》617冊，臺北：臺灣商務印書館，1986年7月，頁680。

書編》曰:「男子年十六至三十,女子年十四至二十,身及主婚者無期以上喪,乃可成婚。」〔註50〕指涉成婚之齡:男子爲十六至三十歲,女子爲十四至二十歲。《明史·列女傳》言述明代女子多在十六、七歲出嫁。〔註51〕

再者,《欽定大清通禮·嘉禮》卷二十四云:「男年十六以上,女年十四以上,身及主昏者,無暮以上服,皆可行。」〔註52〕其實,「關於初婚年齡,清代的相關法律條文未作規定,民間一般把『加冠』、『及笄』作爲男女婚配的理想年齡,低於此年齡則認爲『非禮』。……從現代醫學的角度看,男女結婚的最佳年齡:女性應該在23歲以後,男性要滿25歲。」〔註53〕清人于鬯《花燭閒談》亦言:「三十而娶,二十而嫁,見於《周官》、《曲禮》、《內則》諸文,如出一口。」〔註54〕光緒《峰縣鄉土志》也曰:「婚嫁年齡,男在二十五歲,女在十九歲左右。」清人實際上把女子十五歲、男子十六歲作爲成人的標誌,過此年齡便允許結婚;在此以上,女子往往因地而異。男子在二十一至二十二歲之間,最高至二十四、五歲,到三十歲爲極限。〔註55〕據郭松義通過對清代全國一萬七千餘人的分析指出:「清代婦女的結婚年齡,以十七歲爲最多,然後依次爲十九歲、十八歲和十六歲。」〔註56〕

近代,林明義《臺灣冠婚喪祭家禮全書》載記:「臺灣的適婚年齡爲男子十六歲以上,女子十四歲以上,而實際上,南部北部各有不同,貴賤貧富也因情形不同而有所差異。日治時代,臺灣戶口上顯示出男子滿十六歲,女子滿十四歲皆可結婚。」〔註57〕對婚齡指稱甚明。此外,地方志書也多有刊載,

---

〔註50〕〔明〕章潢,《圖書編》卷109〈婚禮敘〉,《文淵閣四庫全書本·子部》972冊,臺北:臺灣商務印書館,1986年7月,頁334。

〔註51〕二十五史刊行委員會編集,《二十五史·明史·列女傳》卷301,臺北:臺灣開明書店鑄版,1965年5月臺二版,頁7832~7840。

〔註52〕〔清〕來保、李玉鳴等奉敕撰,《欽定大清通禮》卷24,《文淵閣四庫全書本·史部》655冊,臺北:臺灣商務印書館,1986年7月,頁315。

〔註53〕程方、馬曉雪,〈清代山東婦女的婚姻與生育狀況〉,《東岳論叢》第30卷第11期,2009年11月,頁87。

〔註54〕〔清〕于鬯,《花燭閒談》,《叢書集成續編》67冊,臺北:新文豐出版社,1989年7月臺一版,頁689。

〔註55〕郭松義,《倫理與生活——清代的婚姻關係》,北京:商務印書館,2000年版,頁183~184。

〔註56〕郭松義,《倫理與生活——清代的婚姻關係》,北京:商務印書館,2000年版,頁200。

〔註57〕林明義編,《臺灣冠婚喪祭家禮全書》,臺北:武陵出版公司,1995年12月4版6刷,頁120。

譬如《續修范縣縣志・卷三禮俗志》即紹述：「年齡以男十七八歲、女二十一二歲為普通。」清楚載明男婚女嫁的年齡層次。

　　綜上論述爬梳出各代婚嫁年齡不盡相同，但大抵男子年歲高於女子，緣因清儒于鬯《花燭閒談》記言：「要之陽道舒，陰道促。陽倡陰和，男行女隨。夫必長於婦，婦必少於夫。否則齊年亦甚佳也。婦長於夫，不免太乖禮制。」〔註58〕唯一般說來，「經濟文化愈發達，婚齡相對就高。」〔註59〕如農村婚齡多偏低，普通在男二十歲、女十八歲就開始提親；城鎮婚齡相對提高，男多在三十歲、女二十五歲左右結婚。〔註60〕倘男女婚齡相差不大時，漢族另忌相差三、六、九歲之說，以為會犯刑、沖、剋、害，對婚姻不利。又忌諱女比男大一歲，因俗諺云：「女大一，不是妻。」再忌男女雙方同年出生，尤忌同年且同月誕生，因俗諺曰：「同歲不同月，同月子宮缺。」意謂將影響婚後子孫的繁衍。〔註61〕另外，兄弟姊妹間的結婚亦有依長幼次序習俗，即哥哥未婚，弟弟不能先娶，妹妹亦不能先嫁；姊姊未嫁，弟弟不能娶妻，妹妹也不能嫁人。〔註62〕唯晚近以來，由於社會思想的丕變及時勢潮流所趨，兄弟姊妹循序婚嫁的藩籬已漸浸沒，先有對象者即可先舉行男婚女嫁。

　　男子婚齡較女子婚齡大素為漢族習尚，但亦忌諱雙方年齡差距過大，《續修清平縣志・禮俗志三・禮節》即云：「婚嫁年齡，男子在十五以上，女子在十八以上，兩性年歲間有懸殊者，亦屬寥寥。」又漢族部分地區在一九四九年前，流行一種小女婿的習俗，時興男孩十來歲即與十七八歲之姑娘成婚，如《臨清縣志・禮俗志・婚喪》載言：「往往女子在二十以上，而男子僅十餘歲，男小女大，因嫌成猜。」如《昌樂縣續志・風俗志》卷九紹述：「通常年齡女長於男，有男方十歲即娶二十餘歲之婦者，富家尤多。」此種婚姻多出於早娶媳婦進門當勞動力的思想，是壓迫婦女的表現形式之一，易造成婦女

〔註58〕〔清〕于鬯，《花燭閒談》，《叢書集成續編》67 冊，臺北：新文豐出版社，1989年 7 月臺一版，頁 689。

〔註59〕程方、馬曉雪，〈清代山東婦女的婚姻與生育狀況〉，《東岳論叢》第 30 卷第 11 期，2009 年 11 月，頁 88～89。

〔註60〕任騁著，《中國民間禁忌》，臺北：漢欣文化公司，1996 年 11 月初版 2 刷，頁 131。

〔註61〕任騁著，《中國民間禁忌》，臺北：漢欣文化公司，1996 年 11 月初版 2 刷，頁 133。

〔註62〕任騁著，《中國民間禁忌》，臺北：漢欣文化公司，1996 年 11 月初版 2 刷，頁 133。

很大痛苦，現已禁絕。〔註63〕

　　金門婚俗尚忌憚十九之數，亦即男女雙方有為十九之齡時，不舉行婚儀。「里人春樹，去年末即已聘定……惟因女家以年女當十九，且因粧奩趕備不及，遂即兩各重商，至本廿一日始行完結。」〔註64〕乃是金門地區最先創辦的《顯影》雜誌第一卷下期之陳述，此外，《顯影》第三卷四期再云：「高恬之女紅柑行年十八，于上月間經水頭某氏婦之介紹，已收水頭某氏子之聘矣。茲因兩方長上俱有習俗『十九數』之忌，已互商定，趕將來月出閣矣。」〔註65〕《顯影》第三卷五期又云：「高恬之女紅柑，方於上月之收水頭黃某之聘也，於十二月廿九日竟告出嫁，其所以如此趕緊也，聞因兩方家長均有十九數之忌，而紅柑現年十八也。」〔註66〕當為明證。

表7-1：歷代適婚年齡一覽表

年代	男齡	女齡	文獻出處	文獻說明	備註
太古中古時代	30歲	20歲	〔清〕王聘珍撰《大戴禮記解詁》卷13，頁3b～4a	「中古男三十而娶，女二十而嫁，合於五也，中節也。太古男五十而室，女三十而嫁，備於三五，合於八十也。」注云：「男三十，女二十，有昏嫁合為五十，應大衍之數。……合於三，合於五，男女合於三十，合於五十，備三十、五十，合於八十也，不言大節者，省文也。」	◎太古時代（史前→三皇五帝）：4000BC→2200BC ◎中國的中古時期約是從西元220年到906年（從曹丕篡漢到唐朝滅亡）
夏商	20歲	15歲	《墨子·節用上》卷6，頁246	「丈夫年二十，毋敢不處家。女子年十五，毋敢不事人。」	

〔註63〕任騁著，《中國民間禁忌》，臺北：漢欣文化公司，1996年11月初版2刷，頁132。

〔註64〕施伍、承爵合編，〈鄉聞·迎而後行結〉，《顯影》第1卷下期，金門：珠山圖書報社，1929年3月，頁5a。

〔註65〕施伍、承爵合編，〈鄉聞·俱將出閣〉，《顯影》第3卷4期，金門：珠山圖書報社，1931年1月，頁1b。

〔註66〕施伍、承爵合編，〈鄉的新聞·嫁柑於金水〉，《顯影》第3卷5期，金門：珠山圖書報社，1931年1月，頁1b。

年代	男齡	女齡	文獻出處	文　獻　說　明	備註
春秋	20歲	15歲	《韓非子・外儲說右下》第35，說5，頁874～875	「丈夫二十而室，婦人十五而嫁。」「男子年二十而室，女年十五而嫁。」	
春秋	30歲	20歲	《周禮・大宗伯》卷18，頁277	三十之男，二十之女，配爲夫妻是也。冠笄之禮，所以成男女，男二十而冠；女子許嫁，十五而笄，不許，亦二十而笄，皆責之以成人之禮也。	
春秋戰國	20歲	15歲	《孔子家語・本命解》卷6第26，頁259～260	「魯哀公曰：『男子十六而精通，女子十四而化。是則可以生民矣。而禮男必三十而有室，女必二十而有夫也，豈不晚哉！』」孔子曰：「男子二十而冠，有爲人父之端，女子十五許嫁，有適人之道，於此而往，則自婚矣。……故聖人因時以合耦，男子窮天數也。霜降而婦功成，嫁娶者行焉。」	
春秋戰國	16歲	14歲	《黃帝內經・素問》上古天眞論篇第1，第3章	「女子七歲。腎氣盛，齒更髮長；二七而天癸至，任脈通，太衝脈盛，月事以時下，故有子……丈夫八歲，腎氣實，髮長齒更；二八，腎氣盛，天癸至，精氣溢寫，陰陽和，故能有子。」	行政院衛生署中醫藥委員會中醫藥資訊網http：//www.ccmp.gov.tw
西漢	30歲	20歲	〔西漢〕劉安原撰；〔漢〕高誘注；民國・何寧撰注，《淮南子集釋》中冊，頁917	〔漢〕高誘《注》：「聖人因是制禮，使男三十而娶，女二十而嫁。」	
漢代	30歲	20歲	〔漢〕鄭玄《駁五經異議補遺》，頁319	「男三十，女二十，有婚嫁，合爲五十，應大衍之數，自天子達於庶人，同也。」	
漢代	30歲	20歲	《禮記》卷28〈內則〉，頁539。	「（男子）三十而有室……（女子）十有五年而笄，二十而嫁。」	

年代	男齡	女齡	文獻出處	文獻說明	備註
東漢	30歲	20歲	〔清〕陳立《白虎通疏證・嫁娶》卷10，頁537～538	「男三十而娶，女二十而嫁，何陽數奇，陰數偶也。男長女幼者，何陽道舒、陰道促。男三十筋骨堅強，任爲人父；女二十肌膚充盈，任爲人母，合爲五十，應大衍之數，生萬物也。」	
晉代		17歲	《晉書・武帝紀》卷3，頁1084	司馬炎在泰始九年冬十月要求，「制女年十七父母不嫁者，使長吏配之。」	晉武帝泰始九年詔令
唐代	20歲以上	15歲以上	岳純之〈唐代法定適婚年齡考〉，頁18	「男年二十，女年十五是勉強結婚的年齡，不是嚴格意義上的適婚年齡。」	太宗貞觀元年（627年）詔令
唐代	15歲以上	13歲以上	岳純之〈唐代法定適婚年齡考〉，頁18	「男年十五，女年十三才是眞正的適婚年齡。」	玄宗開元22年（734年）詔令
宋代	16～30歲	14～20歲	〔宋〕司馬光，《溫公書儀・婚儀上》卷3，頁1a	「男子年十六至三十，女子十四至二十，身及主婚者無期以上喪，皆可成婚。」	
宋代	16～30歲	14～20歲	〔宋〕朱熹，《家禮》卷3，南宋淳祐5年（1245年）五卷本加附錄一卷，載《孔子文化大全》，頁653	「男子年十六至三十，女子年十四至二十，身及主昏者無朞以上喪，乃可成昏。」	
宋代	15歲以上	13歲以上	〔宋〕朱熹，《家禮》卷3，南宋淳祐5年（1245年）五卷本加附錄一卷，載《孔子文化大全》，頁653	注曰：「司馬公曰：古者男三十而娶，女二十而嫁。今令文男年十五、女年十三以上，並聽昏嫁。今爲此説，所以參古今之道，酌禮令之，中順天地之理，合人情之宜也。」	
宋代	16～30歲	14～30歲	〔宋〕劉應李輯，《新編事文類聚翰墨全書・文公婚禮・議婚》卷4，頁134	「男子年十六至三十，女子年十四至三十。」	

年代	男齡	女齡	文獻出處	文　獻　說　明	備註
明代	16歲	14歲	《明會典‧婚禮‧庶人納婦》卷69，頁680	「凡男年十六、女年十四以上，並聽婚娶。」	
明代	16至30歲	14至20歲	〔明〕章潢，《圖書編》卷109〈婚禮敘〉，頁334	「男子年十六至三十，女子年十四至二十，身及主婚者無期以上喪，乃可成婚。」	
清代	16歲以上	14歲以上	《欽定大清通禮‧嘉禮》卷24，頁315	「男年十六以上，女年十四以上，身及主昏者，無朞以上服，皆可行。」	
清代	滿25歲	23歲以後	程方、馬曉雪，〈清代山東婦女的婚姻與生育狀況〉，頁87。	「從現代醫學的角度看，男女結婚的最佳年齡：女性應該在二十三歲以後，男性要滿二十五歲。」	
清代	30歲	20歲	〔清〕于鬯《花燭閒談》，頁689	「三十而娶，二十而嫁，見於《周官》、《曲禮》、《內則》諸文，如出一口。」	
清代		17歲最多，依次為19歲、18歲和16歲	郭松義，《倫理與生活——清代的婚姻關係》，頁200	「清代婦女的結婚年齡，以十七歲為最多，然後依次為十九歲、十八歲和十六歲。」	
日治時代	滿16歲	滿14歲	林明義編《臺灣冠婚喪祭家禮全書》，頁120	「日治時代，臺灣戶口上顯示出男子滿十六歲，女子滿十四歲皆可結婚。」	
現代	16歲以上	14歲以上	林明義編《臺灣冠婚喪祭家禮全書》，頁120	「臺灣的適婚年齡為男子十六歲以上，女子十四歲以上，而實際上，南部北部各有不同，貴賤貧富也因情形不同而有所差異。」	
現代	17、18歲	21、22歲	《續修范縣縣志‧卷三禮俗志》	「年齡以男十七、八歲、女二十一、二歲為普通。」	
現代	15歲以上	18歲以上	《續修清平縣志‧禮俗志三‧禮節》	「婚嫁年齡，男子在十五以上，女子在十八以上，兩性年歲間有懸殊者，亦屬寥寥。」	

年代	男齡	女齡	文獻出處	文 獻 說 明	備註
現代	20歲 30歲	18歲 25歲	任騁《中國民間禁忌》，頁131	「一般農村（婚齡）偏低，城鎮偏高。農村習尚早婚，城市則樂於晚婚。農村一般在男二十、女十八就開始提親……城市裡，一般男都在三十、女二十五歲左右結婚。」	
現代	18歲	16歲	現行臺灣《民法》規定	「男未滿十七歲、女未滿十五歲者，不得訂訂婚約；男須滿十八歲，女須滿十六歲，始得結婚。未成年人結婚，須得其法定代理人同意。」	
現代	18歲	18歲	修正民法第973條及第980條相關規定	將男女最低訂婚及結婚年齡調整爲一致，分別修正爲十七歲及十八歲	民法第982條：結婚應以書面爲之，有二人以上證人之簽名，並應由雙方當事人向戶政機關爲結婚之登記

資料來源：本論文整理製表。

（2）著力才德與財富

有鑑於婚禮是萬世之起始，遠古至今無不深受重視，除開初婚年齡爲社會普行風氣外，才德更是擇選對象要件之一。《白虎通·嫁娶》卷十〈禮·保傳〉即記曰：「謹爲子嫁娶，必擇世有仁義者。」〔註67〕清人王聘珍《大戴禮記解詁》卷三〈保傳〉亦言：「謹爲子孫，娶妻嫁女，必擇孝悌，世世有行仁義者。如是則其子孫慈孝，不敢淫暴，黨無不善，三族輔之。」〔註68〕《明會典》也云：「凡親王妃宮人等，必須選擇良家子女，以禮聘娶。」〔註69〕明然彰顯婚嫁限有才德

〔註67〕 〔漢〕班固原撰；〔清〕陳立疏證，《白虎通疏證》卷10〈嫁娶〉（下冊），臺北：廣文書局，2004年10月再版，頁536。

〔註68〕 〔清〕王聘珍撰，《大戴禮記解詁》卷3，〈保傳〉第48，楊家駱主編《中國學術名著》第3輯，十四經新疏第3期書第1冊，臺北：世界書局，1974年5月3版，頁8。

〔註69〕 〔明〕徐溥等奉敕撰；〔明〕李東陽等重修，《明會典·婚姻》卷54，《文淵閣四庫全書·史部》617冊，臺北：臺灣商務印書館，1986年7月，頁589。

者的禁諱。《大戴禮・本命篇》更明言有五不娶：「逆家子不取；亂家子不取；世有刑人不取；世有惡疾不取；喪婦長子不取。」〔註70〕其中逆家子者不取，爲其逆德也；亂家子者不取，爲其亂人倫也；世有刑人者不取，爲其棄於人也。世有惡疾者不取，爲其棄於天也；喪婦長子者不取，爲其無所受命也。〔註71〕前三項即隸屬才德的典限。

攸關財富方面，雖可列爲非絕對性的、或較才德略遜一籌的擇婚必然條件，明人章潢《圖書編・國朝定制》曾言：「不當爲財之寡，以誤男女大事也。」〔註72〕惜仍是多數人家看中的一環，故楊青主編《八閩三楊匯譜・弘農楊氏源流卷》中的〈浙江蒼南《楊氏宗族箴規》〉乃告誡曰：「慎嫁娶：閨門，爲起化之原，家規不可不肅。男大當婚，女大當嫁，古之常情。嫁女乃人倫之始，聯姻不可不慎。嫁女擇佳婿，娶媳求淑女，勿計厚奩，勿重取聘金，貽誤後世子女。凡我族衆，當共凜之。」〔註73〕章氏《圖書編・議婚不可慕富貴》再云：「按溫公曰：凡議婚姻，當先察其婿與婦之性行及家法如何？勿苟慕其富貴也。」〔註74〕因爲「婦者，家之所由盛衰也。」〔註75〕一旦締結婚儀，「苟能克肖，今雖貧賤，安知異時不富貴乎？苟爲不肖，今雖富盛，安知異時不貧賤乎？……苟慕一時之富貴而娶之，彼挾其富貴，鮮有不輕其夫而傲其舅姑，養成驕妒之性，異日爲患，庸有極乎？借使因婦財以致富，依富勢以取貴，有丈夫之志氣者能無愧乎？」〔註76〕奈何「世俗不察，婿婦之性

〔註70〕　〔清〕王聘珍撰，《大戴禮記解詁》卷13，楊家駱主編《中國學術名著》第三輯，十四經新疏第3期書第1冊，臺北：世界書局，1974年5月3版，頁6a。另見〔漢〕班固原撰；〔清〕陳立疏證，《白虎通疏證》卷10〈嫁娶〉（下冊），臺北：廣文書局，2004年10月再版，頁577亦有類似之說：「有五不娶：亂家之子不娶、逆家之子不娶、世有刑人、惡疾、喪婦長子，此不娶也。」

〔註71〕　〔清〕王聘珍撰，《大戴禮記解詁》卷13，楊家駱主編《中國學術名著》第三輯，十四經新疏第3期書第1冊，臺北：世界書局，1974年5月3版，頁6a。

〔註72〕　〔明〕章潢，《圖書編》卷109〈國朝定制〉，《文淵閣四庫全書本・子部》972冊，臺北：臺灣商務印書館，1986年7月，頁336。

〔註73〕　參見楊青主編，《八閩三楊匯譜・弘農楊氏源流卷》中的〈浙江蒼南《楊氏宗族箴規》〉，香港：國際炎黃文化出版社，2002年6月，頁707。

〔註74〕　〔明〕章潢，《圖書編》卷109〈議婚不可慕富貴〉，《文淵閣四庫全書本・子部》972冊，臺北：臺灣商務印書館，1986年7月，頁335～336。

〔註75〕　〔明〕章潢，《圖書編》卷109〈議婚不可慕富貴〉，《文淵閣四庫全書本・子部》972冊，臺北：臺灣商務印書館，1986年7月，頁336。

〔註76〕　〔明〕章潢，《圖書編》卷109〈議婚不可慕富貴〉，《文淵閣四庫全書本・子部》972冊，臺北：臺灣商務印書館，1986年7月，頁335～336。

行，止以財幣為重輕。其往嫁也，侈厚其資裝，其納婦也，靡麗於宴饗。凡婚禮親迎、奠雁、廟見之儀，一切棄之而不講，而古人靡嫚之誚、賣婢之譏，甘冒之而不知愧也。俗之澆薄至此，良可慨哉！」〔註77〕

確然，「昏娶而論財，靡嫚之道也。君子不入其鄉，古者男女之族，各擇德焉，不以財為禮。」〔註78〕、「婚娶論財，乃是駔儈。賣婢鬻奴之法，豈得為之士大夫婚姻哉？其舅姑既受欺給，則殘虐其婦，以攄其忿，往往終為仇讎矣，然則議婚有及於財者，皆勿與其為婚姻可也。」〔註79〕古昔多有明訓，焉能不慎哉！因此，元人鄭太和《鄭氏規範》有此一說：「婚嫁必須擇溫良有家法者，不可慕富貴，以虧擇配之義。其豪強逆亂，世有惡疾者，毋得與議。」〔註80〕正殷切叮囑世人婚娶莫以財富論定，只是言者諄諄，興世之人又有多少能切實遵行呢？現在是一夫一妻制，但論及「從前男方很重視女方的家產、社會地位和有多少嫁妝……對本人的個性反而不關心，在女方也是一樣，只關心聘金有多少。」〔註81〕豈不令人喟然而嘆？

2、圈限門第與族群

男女婚姻既是個人成婚，亦是兩姓聯姻，「對於士族本身而言，門第婚姻暫時起到了發展勢力、壟斷權益與維繫門第的作用。」〔註82〕因此，「在門閥社會中，婚姻適當與否直接影響到門第的變化，婚姻適當，可以提高門第或維持門第……。婚姻成了維護門第的手段。」〔註83〕袁紅麗〈清代宗族組織調處的社會效力〉因言：「對於婚姻對象的選擇，宗族法力倡『重門第、輕財富』。」〔註84〕為此希求，諸多相關的婚俗禁忌因而衍生。

〔註77〕〔明〕章潢，《圖書編》卷 109〈婚禮敍〉，《文淵閣四庫全書本・子部》972 冊，臺北：臺灣商務印書館，1986 年 7 月，頁 332。

〔註78〕〔明〕章潢，《圖書編》卷 109〈昏娶不可論財〉，《文淵閣四庫全書本・子部》972 冊，臺北：臺灣商務印書館，1986 年 7 月，頁 336。

〔註79〕〔明〕章潢，《圖書編》卷 109〈昏娶不可論財〉，《文淵閣四庫全書本・子部》972 冊，臺北：臺灣商務印書館，1986 年 7 月，頁 336。

〔註80〕〔元〕鄭太和，《鄭氏規範》，《叢書集成新編》33 冊，臺北：新文豐出版社，1985 年元月，頁 9。

〔註81〕林明義編，《臺灣冠婚喪祭家禮全書》，臺北：武陵出版公司，1995 年 12 月 4 版 6 刷，頁 130。

〔註82〕易圖強，〈論兩晉南朝門第婚姻的影響〉，《湖南教育學院學報》第 16 卷第 6 期，1998 年 12 月，頁 37。

〔註83〕易圖強，〈論兩晉南朝門第婚姻的影響〉，《湖南教育學院學報》第 16 卷第 6 期，1998 年 12 月，頁 37。

〔註84〕袁紅麗，〈清代宗族組織調處的社會效力〉，《歷史教學》總第 571 期，2009

（1）講求門當戶對

「門當戶對」素為漢族行婚的門檻訴求之一，尤其盛行於兩晉南朝的門第婚姻，對後世社會歷史的發展產生了重大作用與深遠影響。〔註85〕「婚姻，以其血緣的紐帶和寓於其中的文化象徵意義，對於門第的形成與維護起著其他手段不可替代的、特殊的作用。士族選擇配偶時，必先考慮對方的門第是否與己相當，這樣做既可以維繫自家的門第，又可以抬高自己的身價。」〔註86〕質是之故，「門第等級性宗法宗族制的維繫還具體反映於婚配。」〔註87〕再因「魏晉以來的舊世族，通過與新貴聯姻以保持他們的門第。」〔註88〕導致「門第婚姻建立在社會等級凝固不變和門第等級靜止不動的觀念之上，違背了社會發展的規律。」〔註89〕故是恩格斯，《家庭、私有制和國家的起源》言及：「結婚是一種政治行為，是一種借新的聯姻來擴大自己勢力的機會，起作用的是家世的利益，而絕不是個人的意願。」如此「門第不當不婚的觀念是加劇社會矛盾的催化劑，導致了社會衝突。」〔註90〕加上「婚姻和家庭有延緩社會階層的功能……，婚姻不當會敗壞個人與家族的聲譽，會降低門第的等級。」〔註91〕

基此，「門第婚姻的盛行造成士族婚姻圈的狹窄，導致大量的近親通婚和近親繁殖，使人口素質下降，最終妨礙了士族的發展，也阻礙了社會歷史的進步。」〔註92〕且因兩晉南朝的這般門第婚姻，對隋唐時期的婚姻也產生一

年第 6 期，頁 64。
〔註85〕易圖強，〈論兩晉南朝門第婚姻的影響〉，《湖南教育學院學報》第 16 卷第 6 期，1998 年 12 月，頁 36。
〔註86〕易圖強，〈論兩晉南朝門第婚姻的影響〉，《湖南教育學院學報》第 16 卷第 6 期，1998 年 12 月，頁 37。
〔註87〕李文治、江太新，《中國宗法宗族制和族田義莊》，北京：社會科學文獻出版社，2000 年 4 月，頁 13。
〔註88〕李文治、江太新，《中國宗法宗族制和族田義莊》，北京：社會科學文獻出版社，2000 年 4 月，頁 11。
〔註89〕易圖強，〈論兩晉南朝門第婚姻的影響〉，《湖南教育學院學報》第 16 卷第 6 期，1998 年 12 月，頁 37。
〔註90〕易圖強，〈論兩晉南朝門第婚姻的影響〉，《湖南教育學院學報》第 16 卷第 6 期，1998 年 12 月，頁 36。
〔註91〕易圖強，〈論兩晉南朝門第婚姻的影響〉，《湖南教育學院學報》第 16 卷第 6 期，1998 年 12 月，頁 37。
〔註92〕易圖強，〈論兩晉南朝門第婚姻的影響〉，《湖南教育學院學報》第 16 卷第 6 期，1998 年 12 月，頁 37。

定的影響。〔註93〕種因於兩晉南朝的門第婚姻，導使隋唐時期培育了一種注重門第的傳統習慣，這種傳統習慣以其較強的穩定性，和強有力的慣性影響著隋唐時人的婚姻觀念。〔註94〕《舊唐書‧李懷遠傳》卷九十乃有是說：「（唐）天寶初，（李懷遠）又為吏部侍郎，與右相李林甫善，慕山東著姓為婚姻，引就清列，以大其門。」〔註95〕明顯透露唐朝新貴爭與舊世族通婚的目的，是想借此「以大其門」〔註96〕。實則上，「重視家世，青睞舊士族是有唐一代社會上婚姻的風氣……這種風氣的形成是北朝士族推行門第婚姻的直接影響所致，但誰能否認兩晉南朝盛行門第婚姻的間接影響呢？」〔註97〕

管鑰於門第婚姻的箝制，「士庶不通婚的習俗，在唐代長期持續。這種習俗一方面是等級性宗法宗族制的反映，同時它對等級性宗法宗族制的持續發展又起著一定助長作用。」〔註98〕在婚姻圈狹窄的背後，必然導致大量的近親通婚，在同姓不婚社會裡，近親通婚乃指中表親婚，包括舅表親婚、姑表親婚和姨表親婚……等。其實，中表親婚並非兩晉南朝才有，在此之前的兩漢三國就不少見，由於東晉南朝諸政權偏居江南一隅，地域狹小，因而其婚姻具有濃厚的近距離通婚特點。加之，東晉南朝又有北方士族不與南方士族通婚的慣例，更加重近距離通婚的程度，遂使兩晉南朝的中表親婚益加普遍。〔註99〕而「人口經過長時期近距離的通婚，會產生『孤立群』現象，這些人群必然會存在嚴重的近親結婚現象……這種現象必要使得他們的死亡率高，同時也限制了他們的生育率。」〔註100〕直接和間接均影響族群的發展。

〔註93〕 易圖強，〈論兩晉南朝門第婚姻的影響〉，《湖南教育學院學報》第 16 卷第 6期，1998 年 12 月，頁 39。

〔註94〕 易圖強，〈論兩晉南朝門第婚姻的影響〉，《湖南教育學院學報》第 16 卷第 6期，1998 年 12 月，頁 39。

〔註95〕 二十五史刊行委員會編集，《二十五史‧舊唐書‧李懷遠傳》卷 90，第 4 冊（共9 冊），臺北：臺灣開明書店，1965 年 5 月臺二版，頁 303，總頁 3359。

〔註96〕 李文治、江太新，《中國宗法宗族制和族田義莊》，北京：社會科學文獻出版社，2000 年 4 月，頁 14。

〔註97〕 易圖強，〈論兩晉南朝門第婚姻的影響〉，《湖南教育學院學報》第 16 卷第 6期，1998 年 12 月，頁 40。

〔註98〕 李文治、江太新，《中國宗法宗族制和族田義莊》，北京：社會科學文獻出版社，2000 年 4 月，頁 14。

〔註99〕 易圖強，〈論兩晉南朝門第婚姻的影響〉，《湖南教育學院學報》第 16 卷第 6期，1998 年 12 月，頁 38。

〔註100〕 法國人口學家阿爾弗雷‧索維，《人口通論》上冊第三章，北京：商務印書館，1983 年中文版。

倘依現代優生學觀之，近親結婚導致近親繁殖，近親繁殖會提高遺傳體中不良性狀的遺傳率，並因降低的遺傳素質，而大增隱性遺傳病的患病率，此爲科學與現實已經證明的事實。兩晉南朝士族壽命之所以短少，在一定程序上即應歸因於此種近親通婚和近親繁殖。〔註 101〕又因「封閉式的婚姻，大量的近親結婚和近親繁殖是造成士族人才日漸退化的不可忽視的原因。」〔註 102〕因此，《魏書》卷七上·齊，〈帝紀第七·高祖紀上〉載記北魏孝文帝詔書中提到：「又皇族、貴戚及士民之家，不惟士族，高下與非類婚偶。」〔註 103〕目的即在打破門第不當不婚的束縛。

衡諸《金門縣志》（民國本）有言：「婚姻重門户，不甚選婿。傳聞四十年前，嫁娶不過數十金，儀從物采，概從儉約。今則漸華靡。親迎惟水頭村閭行之，今亦罷廢。小户人家多養苗媳於室中，俟長，婚配費少，則事易集。自幼在家受翁姑教訓，則易於相安從俗之便可也。」〔註 104〕亦見一斑。金門隸屬離島地域，先天交通條件已略遜一籌，國共戰爭期間，復加「戰地政務」的枷鎖，島民婚姻圈狹隘之餘，多數就近婚娶，是否因之導致遺傳學上的偏差，而孕育出較大的殘障比例，並非不無可能，也是有待調查實證的一項相關議題。

（2）力行同姓不婚

中國人特別重視姓，被認爲是維持宗族、門閥、血統的力量，以及決定是否可和某家通婚的根據。〔註 105〕易言之，「『姓』是代表派閥和血統，也是決定結婚與否的重要方法，所以非常受重視。因爲古代是母系社會，所選定的姓都是適合女孩子的姓，如姬、姜、瀛、姒、嬀、姞、妘、婤、嫪等。而『氏』本爲天子諸侯的國號，到了夏商周三代時，變爲貴人的門第用來表彰稱號。」〔註 106〕關於姓的由來，明人顧炎武（1613 年～1682 年），《日知

〔註 101〕易圖強，〈論兩晉南朝門第婚姻的影響〉，《湖南教育學院學報》第 16 卷第 6 期，1998 年 12 月，頁 38。

〔註 102〕易圖強，〈論兩晉南朝門第婚姻的影響〉，《湖南教育學院學報》第 16 卷第 6 期，1998 年 12 月，頁 38。

〔註 103〕二十五史刊行委員會編集，《二十五史·魏書·齊·高祖帝紀第 7》卷 7，第 3 冊（共 9 冊），臺北：臺灣開明書店，1965 年 5 月臺二版，頁 19，總頁 1917。

〔註 104〕金門縣文獻委員會纂修，《金門縣志·禮俗》卷 13，民國本，金門：金門縣政府，1922 年 2 月，頁 143～144。

〔註 105〕〔日〕鈴木清一郎原著；馮作民譯，《增訂臺灣舊慣習俗信仰》，臺北：眾文圖書公司，2004 年 10 月 1 版 4 刷，頁 155。

〔註 106〕林明義編，《臺灣冠婚喪祭家禮全書》，臺北：武陵出版公司，1995 年 12 月 4

錄》曰：「姓之所從來，本於五帝，五帝之得姓，本於五行，則有相配相生之理。……而後世五音族姓之說，自此始矣。」〔註107〕關於姓、氏兩者之分，《左傳・隱公八年》云：「公問族於眾仲，眾仲對曰：『天子建德，因生以賜姓，胙之土而命之氏。諸侯以字為謚，因以為族。』」〔註108〕易言之，天子封諸侯，既因其所由以賜之姓，又封土地而命之氏。諸侯于大夫，以其字為謚，而其後人因之以為族姓。〔宋〕鄭樵《通志・氏族略》卷二十五亦曰：「三代之前，姓氏分而為二，男子稱氏，婦人稱姓，氏所以別貴賤，貴者有氏，賤者有名無氏。」〔註109〕鄭氏前揭書又言：「故姓可呼為氏，氏不可呼為姓。姓所以別婚姻，故有同姓、異姓、庶姓之別。氏同、姓不同者，婚姻可通。姓同、氏不同者，婚姻不可通。三代之後，姓氏合而為一，皆所以別婚姻，而以地望明貴賤，於文女生為姓，故姓之字多從女，如姬、姜、瀛、姒、嬀、姞、妘、姻、姶、妧、嫪之類也。」〔註110〕即可見其梗概。

引以致之，「三代以後姓氏混淆，氏已失去獨立存在的意義。……五代以後，取士不問家世，婚姻也不一定選擇閥族（派閥），所以，姓氏之學的研究便漸漸荒廢。前文所言姓氏的區別，乃三代以前的事，姓氏自秦以後就混亂不明，那時男女都可稱姓，就如同現在姓氏只是名字，實際上兩者無多大區別，雖還承認同姓不婚，但已不再嚴加限制了。」〔註111〕由此歷史的刊布，乃見姓、氏的因革與變異。

早前（神話）時代，據說可能是與當時人們重圖騰而不重血親歸屬有關，當時的婚姻並不限於同姓異姓之別；夏商時際，不論同姓與異姓也都可婚配，並無同姓不婚的限制。〔註112〕清人王國維（1877年～1927年）《觀堂集林》

版6刷，頁116～117。

〔註107〕〔明〕顧炎武，《日知錄》卷6〈取妻不取同姓〉，收入王雲五主編《國學基本叢書四百種》，臺北：臺灣商務印書館，1968年3月臺一版，頁2。

〔註108〕〔清〕阮元等校勘，《十三經注疏——春秋左傳》（重刊宋本），〔晉〕杜預注；〔唐〕孔穎達等正義，臺北：藝文印書館，1976年5月6版，頁74～75。

〔註109〕〔宋〕鄭樵，《通志・氏族略》第1冊卷25，杭州：浙江古籍出版社，2000年1月，頁439。

〔註110〕〔宋〕鄭樵，《通志・氏族略》第1冊卷25，杭州：浙江古籍出版社，2000年1月，頁439。

〔註111〕林明義編，《臺灣冠婚喪祭家禮全書》，臺北：武陵出版公司，1995年12月4版6刷，頁116～117。

〔註112〕任騁著，《中國民間禁忌》，臺北：漢欣文化公司，1996年11月初版2刷，頁108～109。

道：「周人制度之大異於商者，一曰立子立嫡之制……二曰廟數之制……三曰同姓不婚之制。」〔註113〕鑑此知見「同姓不婚始見於周。」〔註114〕

但格於「同村異姓人口不多，選擇困難，大多娶鄰近村莊不同姓的婦女。同姓不婚的觀念，在中國社會已根深柢固。」〔註115〕甚而至今，在中國絕大多數民族中仍屬普遍留存的婚俗禁忌。歷來攸關同姓不婚文獻史料刊錄眾多，譬如《白虎通‧姓名》有言：「故紀世別類，使生相愛，死相哀，同姓不得相娶者，皆為重人倫也。」〔註116〕《三禮辭典》有曰：「娶妻必異姓，不娶同姓。」〔註117〕《禮記‧曲禮上》有云：「取妻不取同姓。故買妾不知其姓，則卜之。」〔漢〕鄭玄《注》：「為其近禽獸也。」〔註118〕清人陳宏謀撰，華希閔補輯，《訓俗遺規‧王士晉宗規‧四禮當行》有云：「先王制冠婚喪祭四禮以範後人，……惟禮則成父道，成子道，成夫婦之道。……婚則禁同姓…。祭則聚精神，致孝享，內外一心，長幼整肅，具物惟稱家有無，不得為非禮之禮。此皆孝子慈孫所當盡者。」〔註119〕明儒顧炎武《日知錄》卷六〈取妻不取同姓〉有言：「姓之為言生也……男女同姓，其生不蕃。……是知禮不娶同姓者，非但防嫌，亦以戒獨也。」〔註120〕可見一斑。

《春秋左傳注‧桓公九年》〈經〉也載道：「（桓公）九年春，紀季姜歸于京師。」楊伯峻《注》曰：「紀季姜即去年祭公所迎之桓王后，紀為其國，季為其姊妹排行，姜為其姓。古代同姓不婚，故女子必著姓于下。迎時稱王

〔註113〕王國維，《觀堂集林》，北京：中華書局，1991 年，頁 453。指出殷商時代有族內婚現象，至周代才不娶同姓。

〔註114〕任騁著，《中國民間禁忌》，臺北：漢欣文化公司，1996 年 11 月初版 2 刷，頁 110。

〔註115〕王人英，〈宗族發展與社會變遷──台灣小新營李姓宗族的個案研究〉，《中央研究院民族學研究所集刊》第 35 期，頁 93。

〔註116〕〔漢〕班固原撰；〔清〕陳立疏證，《白虎通疏證》卷 9〈姓名〉，（下冊），臺北：廣文書局，2004 年 10 月再版，頁 477。

〔註117〕錢玄、錢興奇編著，《三禮辭典》，南京：江蘇古籍出版社，1998 年 3 月第 1 版 2 刷，頁 141。

〔註118〕〔清〕阮元等校勘，《十三經注疏──禮記》卷 2〈曲禮上〉（重刊宋本）。〔漢〕鄭玄注；〔唐〕孔穎達等正義。臺北：藝文印書館，1976 年 5 月第 6 版，頁 37。

〔註119〕〔清〕陳宏謀撰，華希閔補輯，《訓俗遺規‧王士晉宗規‧四禮當行》，北京圖書館分館藏清乾隆 55 年（1790 年），含英閣刻道光增補本卷 2，《四庫全書存目叢書‧子部》158 冊，臺南：莊嚴文化公司，1995 年 9 月，頁 650。

〔註120〕〔明〕顧炎武，《日知錄》卷 6〈取妻不取同姓〉，收入王雲五主編《國學基本叢書四百種》，臺北：臺灣商務印書館，1968 年 3 月臺一版，頁 2。

后，歸時稱無母家姓，蓋當時書法如此。」〔註121〕林明義《臺灣冠婚喪祭家禮全書》曰：「漢民族嚴格禁止同姓結婚，臺灣人也是一樣的認爲同姓不能結婚。」〔註122〕林氏前揭書又曰：「現在是一夫一妻制，夫婦必須是異性且不爲親族。」〔註123〕明人章潢《圖書編》曰：「世之人又有同姓爲婚者，尤爲不知禮也。禮曰：娶妻不娶同姓，買妾不知其姓則卜之，白虎通以爲不娶同姓者，重人倫，防淫佚，恥與禽獸同也。」〔註124〕《臺灣風俗誌》言：「從來中國人絕對不娶同姓爲原則。」〔註125〕劉師培《中國歷史教科書・古代之體制上・昏禮》宣稱：「上古昏禮未備，以女子爲一國所共有，故民知母不知有父。且當時之民，非惟以女子爲一國共有也，且有劫奪婦女之風。凡戰勝他族，必係纍婦女以備嬪嬙，故娶女必於異部。」〔註126〕漢代鄭玄《駁五經異議補遺》紹述：「同人於宗吝言，同姓相娶吝道也。即犯誅絕之罪，言五屬之內，禽獸行，乃當絕。」〔註127〕皆爲佐證實例。

　　同姓何以一定要禁絕婚配呢？「最普通的說法是同姓同血統，同姓婚配，影響後代子孫的生育。」〔註128〕「同姓之所以不能結合，是因爲同爲一個祖先，具有相同的血緣。」〔註129〕蓋因與血緣相近者通婚，易引發基因突變，對後代人的健康不利，既有科學根據，亦吻合優生學之說。《春秋左傳注》曰：「周之宗盟，異姓爲後。」鄭玄《注》云：「庶姓，無親者也；異姓，昏姻也。」

〔註121〕〔周〕左丘明傳；〔晉〕杜預注；〔唐〕孔穎達疏；楊伯峻編著《春秋左傳注》上冊〈桓公九年・經〉，高雄：復文圖書出版社，1991年9月再版，頁123。

〔註122〕林明義編，《臺灣冠婚喪祭家禮全書》，臺北：武陵出版公司，1995年12月4版6刷，頁116。

〔註123〕林明義編，《臺灣冠婚喪祭家禮全書》，臺北：武陵出版公司，1995年12月4版6刷，頁130。

〔註124〕〔明〕章潢，《圖書編》卷109〈士昏禮考〉，《文淵閣四庫全書本・子部》972冊，臺北：臺灣商務印書館，1986年7月，頁340。

〔註125〕〔日〕片岡巖著；陳金田、馮作民合譯，《臺灣風俗誌》，臺北：大立出版社，1981年，頁13。

〔註126〕劉師培，《中國歷史教科書・古代之體制上・昏禮》冊1第24課，史部・史鈔類，1934～1936年寧武南氏排印本，國圖線裝善本書，頁50a～50b。

〔註127〕〔漢〕鄭玄，《駁五經異議補遺》，《文淵閣四庫全書本・經部》182冊，臺北：臺灣商務印書館，1986年7月，頁320。

〔註128〕任騁著，《中國民間禁忌》，臺北：漢欣文化公司，1996年11月初版2刷，頁110。

〔註129〕黃啓木，〈分類械鬥和艋舺〉，《民俗臺灣》第6輯，1990年12月，頁77。

〔註130〕《左傳・僖公二十三年》云：「男女同姓，其生不繁。」〔註131〕《左傳・昭公元年》又云：「內官不及同姓，其生不殖。」〔晉〕杜預《注》：「內官，嬪御。」〔唐〕孔穎達《疏》：「言內官若取同姓，則夫婦所以生疾，性命不得殖長。」〔註132〕《國語》亦曰：「同姓不婚，惡不殖也。」〔註133〕《白虎通・嫁娶》載記：「不娶同姓者，重人倫，防淫泆，恥與禽獸同也。」〔註134〕孫希旦《禮記集解》說：「謂娶妻不娶同姓，固兼有遠嫌戒獨之義……然男女同姓，其生不蕃，卜之而吉，則其非同姓可知也。」〔註135〕《禮記・郊特牲》述：「夫昏禮，萬世之始也。取於異姓，所以附遠厚別也。」〔唐〕孔穎達《疏》曰：「取異姓者，所以依附相疏遠之道，厚重分別之義，不欲相褻，故不取同姓也。」〔註136〕以上概舉數例，以見同姓婚嫁後的不良影響。

（3）其他不婚限度

容且同姓不婚之外，「子女和母親的兄弟的子女之間爲姑表兄弟姊妹，和母親的姊妹的子女之間爲姨表兄弟姊妹。姑表之間的婚姻是被禁止的，而姨表之間的婚姻則被允許。因爲姑表之間的血緣關係較濃，而姨表之間較淡。」〔註137〕舊的民法第九百八十三條第一項規定：「旁系血親之輩分相，而在八親等以內者，不得結婚，但六親等及八親等之表兄弟姊妹，不在此限。」近因優生學考量，認爲血緣太近親屬締婚較易孕育不健康的子女，所以在一九八五年六月三日公佈新修訂的親屬編條文，已將四親等的表兄弟姊妹含括在禁止結婚範圍內，以致四親等的表兄弟姊妹從此不能通婚。

〔註130〕〔周〕左丘明傳；〔晉〕杜預注；〔唐〕孔穎達疏；楊伯峻編著《春秋左傳注》上冊〈隱公 11 年・傳〉，高雄：復文圖書出版社，1991 年 9 月再版，頁 72。

〔註131〕〔清〕阮元等校勘，《十三經注疏・左傳》卷 15，〈僖公傳 23〉，〔晉〕杜預注；〔唐〕孔穎達等正義。臺北：藝文印書館，1976 年 5 月 6 版，頁 252。

〔註132〕〔清〕阮元等校勘，《十三經注疏・左傳》卷 41，〈昭公元年〉，〔晉〕杜預注；〔唐〕孔穎達等正義。臺北：藝文印書館，1976 年 5 月 6 版，頁 707。

〔註133〕〔周〕左丘明原著；黃永堂編，《國語》下冊，卷 10 晉語 4〈鄭文公不禮重耳〉，臺北：臺灣古籍出版社，2002 年 5 月初版 2 刷，頁 472。

〔註134〕〔漢〕班固原撰；〔清〕陳立疏證，《白虎通疏證・嫁娶》卷 10（下冊），臺北：廣文書局，2004 年 10 月再版，頁 564。

〔註135〕〔清〕孫希旦撰，沈嘯寰、王星賢點校，《禮記集解》卷 2〈曲禮上〉第 1 之 2，臺北：文史哲出版社，1990 年 8 月，頁 47。

〔註136〕〔清〕阮元等校勘，《十三經注疏——禮記》卷 26〈郊特牲〉（重刊宋本）。〔漢〕鄭玄注；〔唐〕孔穎達等正義。臺北：藝文印書館，1976 年 5 月第 6 版，頁 505。

〔註137〕田井輝雄，〈雞肋集續〉，《民俗臺灣》第 6 輯，1990 年 12 月，頁 31。

　　另外，尚有部分姓氏不相通婚的禁忌，「臺灣除了同姓不能結婚以外，『周、蘇、連』；『陳、胡、姚』；『徐、余、涂』〔註138〕、『高、呂、簡』〔註139〕等各三姓，『蕭、葉』；『柯、許』等各二姓，因其始祖相同，也不能通婚。」〔註140〕「劉、唐、杜」；「陳、田、胡」；「張、廖、簡」；「許（或鄭）、柯、蔡」等，亦因互爲同宗而被禁婚。〔註141〕

　　金門地區門第間也盛行「董、楊一家親」之說，而禁行婚娶。另有一種係「受制於祖先之間的的爭執遺留給後代，不准後代和對方的後代互相交往。」〔註142〕的不婚原因，也屢出現。

表7-2：歷代同姓及與特定姓氏不婚限制

原因	不婚姓氏	文　獻　出　處	文　獻　說　明
同姓不婚		《左傳·僖公傳23》，頁252	「男女同姓，其生不蕃。」
同姓不婚		《左傳·昭公元年》，頁707	「內官不及同姓，其生不殖。」〔晉〕杜預《注》：「內官，嬪御。」〔唐〕孔穎達《疏》：「言內官若取同姓，則夫婦所以生疾，性命不得殖長。」
異姓爲後		楊伯峻編著《春秋左傳注·隱公11年·傳》上冊，頁72	「周之宗盟，異姓爲後。」鄭玄《注》云：「庶姓，無親者也；異姓，昏姻也。」
同姓相娶各道		〔漢〕鄭玄《駁五經異議補遺》，頁320	「同人於宗吝言，同姓相娶吝道也。即犯誅絕之罪，言五屬之內，禽獸行，乃當絕。」
同姓不婚		王國維，《觀堂集林》，頁453	「周人制度之大異於商者，一曰立子立嫡之制…二曰廟數之制…三曰同姓不婚之制。」

〔註138〕「徐、余、涂」三姓互不通婚，是林明義編，《臺灣冠婚喪祭家禮全書》，臺北：武陵出版公司，1995年12月4版6刷，頁116之說。〔日〕鈴木清一郎原著；馮作民譯，《增訂臺灣舊慣習俗信仰》，臺北：眾文圖書公司，2004年10月1版4刷，頁154，則說是「徐、余、涂」互不通婚，「涂涂」兩字有所不同。

〔註139〕〔日〕鈴木清一郎原著；馮作民譯，《增訂臺灣舊慣習俗信仰》，臺北：眾文圖書公司，2004年10月1版4刷，頁154。

〔註140〕林明義編，《臺灣冠婚喪祭家禮全書》，臺北：武陵出版公司，1995年12月4版6刷，頁116。

〔註141〕黃啓木，〈分類械鬥和艋舺〉，《民俗臺灣》第6輯，1990年12月，頁77。

〔註142〕黃啓木，〈分類械鬥和艋舺〉，《民俗臺灣》第6輯，1990年12月，頁77。

原因	不婚姓氏	文　獻　出　處	文　獻　說　明
同姓不婚		王人英，〈宗族發展與社會變遷——台灣小新營李姓宗族的個案研究〉，《中央研究院民族學研究所集刊》第 35 期，頁 93	「同姓不婚的觀念，在中國社會已根深柢固。」
同姓不婚		〔清〕陳宏謀撰，華希閔補輯，《訓俗遺規·王士晉宗規·四禮當行》卷 2，頁 650	「先王制冠婚喪祭四禮以範後人，……惟禮則成父道，成子道，成夫婦之道。……婚則禁同姓…。祭則聚精神，致孝享，內外一心，長幼整肅，具物惟稱家有無，不得為非禮之禮。此皆孝子慈孫所當盡者。」
同姓不婚		《國語》下冊，頁 472	「同姓不婚，惡不殖也。」
同姓不婚		《禮記·曲禮上》卷 2，頁 37	「取妻不取同姓。故買妾不知其姓，則卜之。」〔漢〕鄭玄《注》：「為其近禽獸也。」
同姓不婚		孫希旦《禮記集解·曲禮上》卷 2，頁 47	「謂娶妻不娶同姓，固兼有遠嫌戒獨之義…然男女同姓，其生不蕃，卜之而吉，則其非同姓可知也。」
同姓不婚		楊伯峻編著《春秋左傳注·桓公九年·經》上冊，頁 123	「（桓公）九年春，紀季姜歸于京師。」楊伯峻《注》曰：「紀季姜即去年祭公所迎之桓王后，紀為其國，季為其姊妹排行，姜為其姓。古代同姓不婚，故女子必著姓于下。迎時稱王后，歸時稱無母家姓，蓋當時書法如此。」
同姓不婚		《禮記·郊特牲》卷 26，頁 505	「夫昏禮，萬世之始也。取於異姓，所以附遠厚別也。」〔唐〕孔穎達《疏》曰：「取異姓者，所以依附相疏遠之道，厚重分別之義，不欲相褻，故不取同姓也。」
同姓不婚		《白虎通·姓名》卷 9，頁 477	「故紀世別類，使生相愛，死相哀，同姓不得相娶者，皆為重人倫也。」
同姓不婚		錢玄、錢興奇編著，《三禮辭典》，頁 141	「娶妻必異姓，不娶同姓。」
同姓不婚		〔明〕章潢《圖書編》卷 109〈士昏禮考〉，頁 340	「世之人又有同姓為婚者，尤為不知禮也。禮曰：娶妻不娶同姓，買妾不知其姓則卜之，白虎通以為不娶同姓者，重人倫，防淫佚，恥與禽獸同也。」

原因	不婚姓氏	文 獻 出 處	文 獻 說 明
同姓不婚		〔明〕顧炎武《日知錄》卷6〈取妻不取同姓〉，頁2	「姓之爲言生也……男女同姓，其生不蕃。……是知禮不娶同姓者，非但防嫌，亦以戒獨也。」
同姓不婚		〔清〕陳立《白虎通疏證·嫁娶》卷10，頁564	「不娶同姓者，重人倫，防淫泆，恥與禽獸同也。」
同姓不婚		林明義編《臺灣冠婚喪祭家禮全書》，頁116	「漢民族嚴格禁止同姓結婚，臺灣人也是一樣的認爲同姓不能結婚。」
同姓不婚		林明義編《臺灣冠婚喪祭家禮全書》，頁130	「現在是一夫一妻制，夫婦必須是異性且不爲親族。」
同姓不婚		〔日〕片岡嚴著；陳金田、馮作民合譯，《臺灣風俗誌》，頁13	「從來中國人絕對不娶同姓爲原則。」
娶女必於異部		劉師培《中國歷史教科書·古代之體制上·昏禮》，冊1第24課，頁50a～50b	「上古昏禮未備，以女子爲一國所共有，故民知母不知有父。且當時之民，非惟以女子爲一國共有也，且有劫奪婦女之風。凡戰勝他族，必係纍婦女以備嬪嬙，故娶女必於異部。」
始祖相同	周、蘇、連	林明義編《臺灣冠婚喪祭家禮全書》，頁116	「因其始祖相同，也不能通婚。」
始祖相同	陳、胡、姚姓不婚	林明義編《臺灣冠婚喪祭家禮全書》，頁116	「因其始祖相同，也不能通婚。」
始祖相同	徐、余、涂姓不婚	林明義編《臺灣冠婚喪祭家禮全書》，頁116	「因其始祖相同，也不能通婚。」
始祖相同	徐、余、涂姓不婚	〔日〕鈴木清一郎原著；馮作民譯，《增訂臺灣舊慣習俗信仰》，頁154	「都認爲是生於同一祖先，所以也互不通婚。」
始祖相同	高、呂、簡姓不婚	〔日〕鈴木清一郎原著；馮作民譯，《增訂臺灣舊慣習俗信仰》，頁154	「都認爲是生於同一祖先，所以也互不通婚。」
始祖相同	蕭、葉姓不婚	林明義編《臺灣冠婚喪祭家禮全書》，頁116	「因其始祖相同，也不能通婚。」
始祖相同	柯、許姓不婚	林明義編《臺灣冠婚喪祭家禮全書》，頁116	「因其始祖相同，也不能通婚。」
始祖相同	劉、唐、杜姓不婚	黃啓木，〈分類械鬥和艋舺〉，《民俗臺灣》第6輯，頁77。	「因互爲同宗而被禁婚。」

原因	不婚姓氏	文　獻　出　處	文　獻　說　明
始祖相同	陳、田、胡姓不婚	黃啓木，〈分類械鬥和艋舺〉，《民俗臺灣》第6輯，頁77。	「因互為同宗而被禁婚。」
始祖相同	張、廖、簡姓不婚	黃啓木，〈分類械鬥和艋舺〉，《民俗臺灣》第6輯，頁77。	「因互為同宗而被禁婚。」
始祖相同	許（或鄭）、柯、蔡姓不婚	黃啓木，〈分類械鬥和艋舺〉，《民俗臺灣》第6輯，頁77。	「因互為同宗而被禁婚。」
始祖相同	董、楊姓不婚	民間盛行	具有相同血緣

資料來源：本論文整理製表。

3、擷抗生肖、命相與體貌

體態身貌、出生的生肖及命相諸項，亦是影響婚姻成敗要件之一部分，以下分別撰述：

（1）體貌符應

常言道：「不孝有三，無後為大。」饒是可見傳宗接代乃是婚娶的主要訴求之一，因此「婚嫁的必要條件為品性的良否與身體是否健全，……如果調查女方的血統，發現有癩病、肺病及精神病患者，那這個女孩子可能就嫁不出去了。」〔註143〕又女性手掌若有斷掌之時，亦被當成是受禁者之一，因俗諺曰：「斷掌查脯做相公，斷掌查某守空房。」《大戴禮・本命篇》揭言「五不娶」的第四款則曰：「世有惡疾不取。」〔註144〕即言世有惡疾者，為其棄於天也，故不娶之。蘇維熊〈俚諺中的臺灣男女〉亦言：「黃花閨女大都不願嫁給傳統上受人輕蔑的九流之輩。」〔註145〕亦見婚娶禁絕體貌不佳的實例。

〔註143〕林明義編，《臺灣冠婚喪祭家禮全書》，臺北：武陵出版公司，1995年12月4版6刷，頁130。

〔註144〕〔清〕王聘珍撰，《大戴禮記解詁》卷13，楊家駱主編《中國學術名著》第三輯，十四經新疏第3期書第1冊，臺北：世界書局，1974年5月3版，頁6a。另見〔漢〕班固原撰；〔清〕陳立疏證，《白虎通疏證》卷10〈嫁娶〉（下冊），臺北：廣文書局，2004年10月再版，頁577亦有類似之說：「有五不娶：亂家之子不娶、逆家之子不娶、世有刑人、惡疾、喪婦長子，此不娶也。」

〔註145〕蘇維熊〈俚諺中的臺灣男女〉，《民俗臺灣》第6輯，1990年12月，頁166。

「需要指出的是，相貌和體態之所以能影響婚姻等級性絕非偶然。」〔註146〕為求各地需求不同，婚娶對象亦因之各有所異，「吳人娶婦欲長，美觀瞻也；楚人欲矮，善哺傭工也。然地脈相接而風俗不同，大抵吳奢、楚儉，故致如此。」〔註147〕即為明證。「當選擇婚姻伴侶時，男性更多地受女性身體魅力的影響，女性所受的影響則要稍低一些。」〔註148〕尤其是殘害女性最為嚴重的纏足問題，據聞「女人纏足，起於後唐後主宮人窅宵娘，蟬鬢始於魏帝宮女莫瓊樹。」〔註149〕導致長久以來，「古人認為女人的腳愈小愈美，所以才有纏足的陋俗，因而纏足也是決定婚嫁的條件，實際上，腳小並不一定就美，只是腳小的女人，因使用腳尖走路，腳尖肌肉發達，看起來比較性感，所以男人說腳小的女人才是美人，這是他希望得到性感妻子的說詞。」〔註150〕

纏足之事，歷朝早有例證，但在金門，見《金門縣志》如是刊記：「民國後，開天足會，不特大家閨秀，羞稱蓮步，即庸俗婦女，亦爭尚歐風。然北伐以後，烈嶼婦女，尚有纏足者。今則男俱短髮，女皆天足矣。金門民生艱苦，婦女以善操作為能，曩昔之世，亦有不纏足者，如東半島女性，皆與男子耦而耕，故鮮纏足。」〔註151〕乃見古昔列為婚娶體貌要件之一的「三寸金蓮」風氣亦盛行於金門，唯因東、西半島生活條件的迥異，東半島仍以耕作為上而鮮少纏足，西半島相對的較少農事而較多纏足。

（2）生肖與命相徵戒

當「問名」之後，男方即將男女當事人庚帖請星術先生測卜吉凶，如是「白馬畏青牛」、「豬猴不到頭」、「龍虎兩相鬥」等，即被認為是不宜結合。〔註152〕馬之驌《中國的婚俗》中，對供神「屬『雞』的不能配屬『猴』的人，屬『羊』的又不能配屬『鼠』的人，所謂『雞猴不到頭』、『羊鼠一旦休』

〔註146〕彭衛，《漢代婚姻形態》，西安：三秦出版社，1988年6月，頁34。
〔註147〕〔明〕郎瑛，《七修類稿》卷四〈天地類‧吳楚娶婦〉，上海：世紀出版集團、上海書店出版社，2001年8月第1版1刷，頁37。
〔註148〕彭衛，《漢代婚姻形態》，西安：三秦出版社，1988年6月，頁34。
〔註149〕〔明〕郎瑛，《七修類稿》卷22〈辯證類‧女人纏足蟬鬢〉，上海：世紀出版集團、上海書店出版社，2001年8月第1版1刷，頁233。
〔註150〕林明義編，《臺灣冠婚喪祭家禮全書》，臺北：武陵出版公司，1995年12月4版6刷，頁130。
〔註151〕金門縣文獻委員會纂修，《金門縣志‧禮俗》卷3，重修本，金門：金門縣政府，1968年2月，頁289～290。
〔註152〕彭文宇，〈福建婚俗禮儀中的觀念與禁忌〉，收入福建省民俗學會編，《閩臺婚俗》，廈門：廈門大學出版社，1991年8月，頁31～32。

全係俗套。」〔註153〕

4、以父母之命、媒妁之言主導

兩姓男婚女嫁之事,《大明令・戶令》有言:「凡嫁娶,皆由祖父母、父母主婚。祖父母、父母俱無者,從餘親主婚。若夫亡擄女適人者,其女從母主婚。若已定婚,未及成親而男女或有身故者,不追財禮。其定婚夫作盜及犯徒、流移鄉者,女家願棄,聽還聘財。其定婚女犯姦,經斷,夫家願棄者,追還聘財。五年無故不娶及夫逃亡過三年不還者,並聽經官告給執照,別行改嫁,亦不追財禮。」〔註154〕《臺灣冠婚喪祭家禮全書》亦言:「以往臺灣的婚嫁選定完全由父母決定,當事人很少參與意見,甚至有時使用強制的手段。」〔註155〕由此據見婚姻係以父母之命爲主。

除開父母之命外,媒人亦是婚娶必備的重要條件之一。對於「媒」字的意涵,《說文解字》曰:「媒,謀也,謀合二姓者也,從女某聲。妁,酌也,斟酌二姓者也,從女勺聲。」〔註156〕《廣雅・釋詁》亦曰:『媒,謀也。』媒謀聲類同,故義亦通。」〔註157〕得見結合兩姓之誼的婚嫁禮儀中,媒人正是負責串演的主角。

因隨古時民風閉塞,男女之間交往多採媒妁之言,故是《禮記・曲禮上》有言:「男女非有行媒,不相知名;非受幣,不交不親。故日月以告君,齊(齋)戒以告鬼神,爲酒食以召鄉黨僚友,以厚其別也。」〔註158〕《孔子家語》有云:「女嫁無媒,君子不以交禮也。」〔註159〕《周禮正義》亦曰:「『媒氏』者,

---

〔註153〕馬之驌,《中國的婚俗》,臺北:經世書局,1981 年 12 月,頁 10。

〔註154〕劉海年、楊一凡總主編,《大明令・戶令》,載《中國珍稀法律典籍集成——洪武法律典籍》乙編第一冊,北京:科學出版社,1994 年 8 月,頁 11。

〔註155〕林明義編,《臺灣冠婚喪祭家禮全書》,臺北:武陵出版公司,1995 年 12 月 4 版 6 刷,頁 130。

〔註156〕〔東漢〕許慎撰;〔清〕段玉裁注,《說文解字注》,臺北:天工書局,1998 年 8 月,頁 613。

〔註157〕〔清〕孫詒讓撰;王文錦、陳玉霞點校,《周禮正義》第三冊,卷十七〈地官・敘官〉,北京:中華書局,2008 年 11 月初版 3 刷,頁 660。

〔註158〕〔清〕阮元等校勘,《十三經注疏——禮記》卷 2〈曲禮上〉(重刊宋本)。〔漢〕鄭玄注;〔唐〕孔穎達等正義。臺北:藝文印書館,1976 年 5 月第 6 版,頁 37。又元人吳澄《禮記纂言》亦有相同載記:「男女非有行媒,不相知名。非受幣,不交不親。」

〔註159〕〔魏〕王肅撰註,《孔子家語・觀思第八》卷 2,(明覆宋刊本),《中國子學名著集成——宋元明清善本叢刊》,1978 年 12 月,頁 79。

掌男女之判。是夫家人民之事，故屬地官。會合男女與和合事亦相近，故冢調人而次之。」〔註160〕《中華漢語工具書書庫・釋名》更言：「壻父曰姻，姻，因也，女往因媒也。」〔註161〕《中華漢語工具書書庫・釋名疏證補》又言：「壻之父曰姻，姻，因也，女往因媒也。」〔註162〕爰此，庶可一睹媒人在婚禮中不可或缺的重要性，及舉足輕重的果效情狀，無怪乎俗諺道：「生前當一次媒人，死後即可不必牽豬哥。」

　　在另一面向上，俗諺又云：「媒人喙，胡濾濾。」即明確告示「婚嫁……全靠媒人穿針引線，有的媒人依對方所開的條件來介紹適當人選，所以媒人的禮金即『媒人禮』是非常多的，有人便以牽紅線爲專門的職業，也有狡猾的媒人爲了多得禮金，而使出方法來騙人，因而產生許多問題。」〔註163〕亦此見知在婚典中缺媒人不可行事的禁例。

　　「近年來臺灣的文化有長足的進步，有識之士便將婚嫁條件加以改變，首先是婚姻自由，一切尊重當事人的意見，……由當事人親自觀看對方的容貌、品性，且不過分介意教育程度、血統和健康等問題，其次是金錢問題，也不再向以前那麼爲人所重視了。」〔註164〕而舊時缺之不可的媒人，也在男女多講求自由戀愛的今時今日，多數退居成戀愛成熟之後，男女雙方居中談論婚事的現成媒合者而已。

（二）訂婚禁制

　　正式婚娶的前奏曲即爲訂婚，冀求合婚的適宜、吉慶，有所禁制，似所必然。

1. 男方之規箴

　　「訂婚時，男方家中多擺設筵席宴請賓客，來賓吃過這頓訂婚宴後，爲表衷心祝福之意，率皆相約在《金門日報》刊登『天賜良緣』、『永結同心』、

〔註160〕〔清〕孫詒讓撰；王文錦、陳玉霞點校，《周禮正義》第三冊，卷十七〈地官・敘官〉，北京：中華書局，2008年11月初版3刷，頁660。

〔註161〕〔漢〕劉熙撰；〔明〕吳琯校。李學勤主編《中華漢語工具書書庫・釋名》雅書部第51冊卷三〈釋親屬〉，合肥：安徽教育出版社，2002年1月，頁465。

〔註162〕長沙王先謙撰集；李學勤主編《中華漢語工具書書庫・釋名疏證補》雅書部第51冊卷一〈釋天〉，合肥：安徽教育出版社，2002年1月，頁527。

〔註163〕林明義編，《臺灣冠婚喪祭家禮全書》，臺北：武陵出版公司，1995年12月4版6刷，頁131。

〔註164〕林明義編，《臺灣冠婚喪祭家禮全書》，臺北：武陵出版公司，1995年12月4版6刷，頁131。

『鴛鴦璧合』、『天作之合』……之類的祝福語。一些事前並不知悉的同事、朋友在閱報後得知訂婚佳訊，也相繼於《金門日報》再登載祝福，一時之間，喜訊頻頻見報。」〔註165〕熱鬧非凡。平時，攸關個人的升遷、考試、高就，抑或是公司、店面的開張……等，在在以見報為賀為慶，形成金門時下的登報賀婚與賀喜新風氣，也造就《金門日報》社另類的行銷契機。

戴戒指儀節係訂婚時舉行，因而金戒指為男方訂婚採辦不可或缺之物，還須買備以紅絲線繫綁的銅戒指，象徵新郎與新娘永結「同」心，白首偕老。至於金戒為何限戴中指已不可考，〔註166〕不過要直接戴到底則有志一同，因重戴恐有再婚之虞。

2. 女方之規箴

舉行訂婚之禮，女方「贈與新郎衣物六樣或十二樣，一般都取六樣，如手帕、領帶、金質領帶夾、襯衫、西裝、皮包、雙喜巾等，後來也有人仿照臺灣禮俗，為新郎倌準備從頭到腳各種配件，如鞋襪。但（金門）老一輩卻認為應忌用鞋子，因閩南語『鞋』和『話』諧音，以免將來太多閒『話』而頻生是非。是以新娘在結婚前一天的『盤擔』中，最多只能放一雙鞋子和一雙拖鞋。」〔註167〕乃為女方買辦餽贈新郎訂婚物品的限制。

論及喜餅，「新娘子訂婚當天不可吃自己的喜餅，訂婚日過後則無限制。訂婚、結婚後四個月內，男女新人普通都不參與別人的喜宴及食用他人的喜餅，以免『喜沖喜』，招來霉氣。遇有新喪人家也不贈送喜餅，以免招來煞氣。」〔註168〕即為一對新人與喜餅間的限制。

除此之外，在「購買（新娘燈）時，（忌諱照原訂價買下）一定要加以講價，象徵『出丁』的意義，據說如此才會人丁興旺。」〔註169〕

（三）結婚前禁忌

1. 請期規約

貴為終身大事的婚姻，關係長長久久，任何環節均馬虎不得，請期自不外例，因而多所限制。《禮記·曲禮上》曰：「外事以剛日，內事以柔日。凡

〔註165〕楊天厚、林麗寬，《金門婚嫁禮俗》，臺北：稻田出版公司，1998年元月，頁26。
〔註166〕宮山智淵，〈臺灣的戒指〉，《民俗臺灣》第6輯，1990年12月，頁133。
〔註167〕楊天厚、林麗寬，《金門婚嫁禮俗》，臺北：稻田出版公司，1998年元月，頁17。
〔註168〕楊天厚、林麗寬，《金門婚嫁禮俗》，臺北：稻田出版公司，1998年元月，頁22。
〔註169〕楊天厚、林麗寬，《金門婚嫁禮俗》，臺北：稻田出版公司，1998年元月，頁35。

卜筮日，旬之外曰『遠某日』，旬之內曰『近某日』。喪事先遠日，吉事先近日。」〔註170〕姜義華《禮記讀本》：「單日爲剛日，偶日爲柔日。以干支紀日，則甲、丙、戊、庚、壬爲剛日，乙、丁、己、辛、癸爲柔日。」〔註171〕易言之，吉事多擇近期偶日爲主。「以年歲爲論，逢雙爲佳；以月令而言，下半年爲宜，尤以冬、春交替之際更是結婚旺季。」〔註172〕其中「逢雙爲佳」者，係取成雙成對的吉祥涵義。以「下半年爲宜」者，係以農事忙妥較爲清閒緣由。以「冬、春交替之際爲結婚旺季」者，係因《白虎通》云：「嫁娶必以春何？春者，天地交通，萬物始生，陰陽交接之時也。」〔註173〕《夏小正經傳集解》亦曰：「二月，冠子取婦之時也。」〔註174〕因是「有以二月爲『媒月』」〔註175〕之說。

　　近人楊炯山編《結婚禮儀》也有相關說詞：「一般取『雙日』以重『吉日』，……避免該日係女方近支祖先忌日，或女方家長未克在家時。如正月正媒人不出廳，四月四日死音不吉。」〔註176〕而之所以挑選雙數的日子，因爲「人們常說好事成雙，比翼齊飛。福州、閩南一些地方，還忌五、七、九三個月興辦家事，認爲這三個月是『惡月』，若不迴避，只能帶來厄運。」〔註177〕黃璨君，《民間習俗諧音現象之研究——以漢族婚俗、年俗爲主》則言，舊日臺灣婚俗，五月、九月都不是適合嫁娶的月份：五月娶妻會誤大事，因「五」、「誤」諧音。俗言「狗頭墜地」不吉，故九月娶妻爲凶兆。〔註178〕尤其金門地區「農曆四月分，正值棲息於海灘石堆下的孤螺繁衍期，因恐

〔註170〕〔清〕阮元等校勘，《十三經注疏——禮記》卷三〈曲禮上〉（重刊宋本）。〔漢〕鄭玄注；〔唐〕孔穎達等正義。臺北：藝文印書館，1976 年 5 月第 6 版，頁 59。

〔註171〕姜義華，《禮記讀本》，臺北：三民書局，1997 年 10 月，頁 40。

〔註172〕楊天厚、林麗寬，《金門婚嫁禮俗》，臺北：稻田出版公司，1998 年元月，頁 11。

〔註173〕〔漢〕班固原撰；〔清〕陳立疏證，《白虎通疏證・嫁娶》卷 10（下冊），臺北：廣文書局，2004 年 10 月再版，頁 552。

〔註174〕〔清〕顧鳳藻，《夏小正經傳集解》卷 1，臺北：世界書局，1974 年 5 月 3 版，頁 6。

〔註175〕阮昌銳，《中外婚姻禮俗之比較研究》，《中華文化叢書》系列之一，臺北：中央文物供應社，1982 年 6 月，頁 100。

〔註176〕楊炯山編，《結婚禮儀》，新竹：竹林書局，2001 年 7 月再版，頁 43。

〔註177〕彭文宇，〈福建婚俗禮儀中的觀念與禁忌〉，收入福建省民俗學會編，《閩臺婚俗》，廈門：廈門大學出版社，1991 年 8 月，頁 32～33。

〔註178〕黃璨君，《民間習俗諧音現象之研究——以漢族婚俗、年俗爲主》，國立高雄師範大學國文學系教學碩士論文，2005 年 1 月，頁 211。

『孤螺』與『孤鸞』協音緣故，一般都不選定該月訂、結婚。農曆六月分，婚娶有『半年新娘』之嫌，亦應避免。農曆七月俗稱『鬼月』，諸事不宜。」〔註179〕攸關終身幸福的婚事理當徹戒，造就「在農曆十月以後到新年前後這段結婚旺季。」〔註180〕喜宴頻傳，眾家疲於吃婚禮筵席的特殊景象。

　　又為避「沖喜」之忌，請期亦當避開。「里人再慮於未回時，其妻家本先聘定，早意原按到後即婚，巧逢到里未數日，其兄再靜即慶得子，因舊俗有喜添喜恐相沖之忌，因之娶期乃一擇而緩至廢四月初二日，方欲舉行云。」〔註181〕即是金門珠山村《顯影》〔註182〕雜誌上確鑿的載記，或因生理緣故，婚期也須列入考慮層面，「後面陳廷戡之侄，前憑媒聘后浦黃承貞之女克端為妻，已有數年之久。祇因生理關係，故延緩至廿九號，假后浦金門公學禮堂舉行，禮儀式之隆重為文明婚所未有云。」〔註183〕甚或因已訂親女子遭其家人歧視而提前婚娶，「長柏之女碧雲，於去年間由紹普從中作伐，介與後浦許景錦之次子順龍訂婚，本聞男家原按此年杪，方欲迎娶。惟近以此女在家屢遭家人白眼，因之男方聞悉，殊為不悅，乃即改擇定此廿九迎娶云云。」〔註184〕除開此外，據說同一個家庭裡，在同一年裡有兩回的嫁娶是不吉祥的。應亦是阻絕「喜沖喜」的緣故。〔註185〕

〔註179〕楊天厚、林麗寬總編纂，《金門縣金沙鎮志‧風俗篇》上冊，金門：金沙鎮公所，2002 年 12 月，頁 374。及楊天厚、林麗寬，《金門婚嫁禮俗》，臺北：稻田出版公司，1998 年元月，頁 11。

〔註180〕楊天厚、林麗寬，《金門婚嫁禮俗》，臺北：稻田出版公司，1998 年元月，頁 39。

〔註181〕施伍、承爵合編，〈新聞‧慮婚娶緩〉，《顯影》第 4 卷 6 期，金門：珠山圖書報社，1931 年 5 月，頁 1b。

〔註182〕關於《顯影》雜誌，獨釣生，〈讀「五年來的金門婦女」──給施伍君〉有言：「我們金門的唯一出版：《顯影》。」施伍、承爵合編《顯影》第 7 卷 6 期，金門：珠山圖書報社，1933 年 3 月 1 日，頁 1a。此外，顏西林，〈影印《顯影月刊》合訂本感言〉亦言：「《顯影月刊》創刊於民國十七年，為薛丞祝和施伍（薛永麥）主編，其後為澤人（薛健椿）主持。初為珠山小學校刊，報導珠山鄉訊，間有浯島新聞，當一、二十年代，金門民風未開，資訊閉塞，海外鄉僑，關心家鄉信息，若大旱之望雲霓，《顯影月刊》之傳播鄉訊，大受僑胞歡迎，厥功至偉。」，該文收入施伍、承爵合編《顯影》第 1 卷上期，（1986 年 10 月重印本），金門：珠山圖書報社，頁 1a。

〔註183〕施伍、承爵合編，〈浯江雜訊‧文明結婚〉，《顯影》第 5 卷 6 期，金門：珠山圖書報社，1932 年 2 月，頁 1a。

〔註184〕施伍、承爵合編，〈新聞‧碧雲〉，《顯影》第 4 卷 6 期，金門：珠山圖書報社，1931 年 5 月，頁 1b～2a。

〔註185〕田井輝雄，〈雞肋集續〉，《民俗臺灣》第 6 輯，1990 年 12 月，頁 31。

2. 盤擔（插定）規約

（1）挽面儀制

何謂「挽面」？據《金門縣志》載錄：「出嫁前日，須請福命婦人，以線作剪狀，摘去（新娘）面毛，謂之『挽面』。」〔註186〕當男女方家長正爲盤擔事務忙得不亦樂乎時，新娘也有任務在身。「盤擔當天……新娘本身也要進行『挽面』工作。首先，找一位生肖佳、福命又與新娘輩分相當的婦人前來幫忙挽面。若是在平輩中找不到，則找一位輩分稍高者也無妨，但絕不能找晚輩代勞。假若實在找不著適當人選，非得讓晚輩來爲長輩挽面時，則要採用變通方式，即先從脖子後方用紅線挽三下破解忌諱後，再用紅線開面，共挽十二下，借用細線左右張拉作剪刀狀來挽臉部細毛。……結婚前夕的挽面工作，爲求討吉利，除限用紅線開面外，挽面的細線也一定不能中途斷裂。」〔註187〕是知「挽面」亦有其禁諱的一面。

（2）避用魷魚

婚禮前夕舉行的盤擔（插定）儀節，男方須準備連頭魚乾兩條，象徵年年有餘（魚），因魚乾取得不易，一般人多以魷魚代替。唯魷魚外體滑溜，有人以爲婚姻恐不牢靠，而認爲不妥，而忌用之。〔註188〕格見婚禮講究面面具到、盡求吉祥如意的特殊景象。

（3）女方收肉儀制

在婚禮前一天，男方要委請專人在自宅宰殺豬隻，數量多寡取決於女方要求「吃肉」的數目。最重的豬隻當「全豬」敬拜天公，其餘的豬隻則縱切成兩半送往女方家。女方則在自家客廳象徵性秤過重量，再請技藝精湛的屠殺師傅「收肉」，並將骨骸連同周邊細肉連成一串退還男方，此即俗諺所云：「肉要給人吃，骨不給人啃。」的道理。〔註189〕

又爲避免連在骨頭上的肉──象徵「親戚路」斷絕或過於窄小，收肉時應

〔註186〕金門縣文獻委員會纂修，《金門縣志・禮俗》卷3，重編本，金門：金門縣政府，1979年6月，頁425。

〔註187〕參見楊天厚、林麗寬，《金門婚嫁禮俗》，臺北：稻田出版公司，1998年元月，頁73。

〔註188〕楊天厚、林麗寬，《金門婚嫁禮俗》，臺北：稻田出版公司，1998年元月，頁62。

〔註189〕林麗寬，《生命的歷程：金門的節慶與禮俗》，金門：金門縣文化局，2009年11月，頁239～241。此說亦見於楊天厚、林麗寬，《金門婚嫁禮俗》，臺北：稻田出版公司，1998年元月，頁64～65。

小心翼翼將豬尾、兩片排骨、豬腳、小肚等切下，並保持其完整，不可使之中斷，尤其早前生活困苦時代，收肉時總會竭盡收取，不輕易放過斤兩，致如何拿捏得當，確非專人無法勝任。〔註190〕

而來且有，豬體上兩片豬油，女方不能全收，必要退一片還給男方，表示油（遊）來油（遊）去，希望兩家在聯姻後得以長相往來。〔註191〕

二、金門合婚禮規制

（一）用語多吉祥

傳統習俗凡事喜歡講求吉利，尤以婚喜壽誕慶賀之時，於是婚儀進行中，多以吉祥用語爲尚。舉凡議婚或訂婚採辦物品，概以偶數爲依歸，以應婚偶成對的吉意；婚儀進行中，也多以吉祥話陳述，以討吉利。

當親友寄來喜帖告知婚期後，收受喜帖者即須準備賀儀往賀之，數額悉憑主客間的情誼而訂定，但不論數額多寡，必取偶數，以求成雙成對之意。反觀日本賀婚的紅包金額「不可爲偶數，必須是奇數才是吉利。理由是人們認爲一個完整的物體必爲單數，若劈成兩半，才能形成雙數；若賀儀爲雙數者，如同詛咒新人不能白頭偕老，無法合而爲一之意。」〔註192〕其用法與我國情適得其反，倘是跨國聯姻，入境問俗，焉能不愼？。

另就黃瓈君，《民間習俗諧音現象之研究──以漢族婚俗、年俗爲主》曰：「在婚禮儀式中，燒香之時，不管插入香爐的香是不是歪了、斜了，都忌諱拔出來再插一次。令人有重婚、離婚等不吉祥的聯想。」〔註193〕即言再插一次是「重」插之意，應予避開。臺灣人在訂婚時，當男方派來訂婚人禮畢欲回返時，女家送出門口，慣例只能點頭示意，忌諱打招呼說：「再來坐」，因婚禮最忌諱有「再嫁意義的事出現，以求吉利。」〔註194〕唯金門並無此般說法。

〔註190〕楊天厚、林麗寬，《金門婚嫁禮俗》，臺北：稻田出版公司，1998年元月，頁64～65。

〔註191〕楊天厚、林麗寬，《金門婚嫁禮俗》，臺北：稻田出版公司，1998年元月，頁66。

〔註192〕林文萍，《臺日宗教信仰與民間禁忌之比較─以日本神道與臺灣道教、與民間禁忌衣、食、住爲中心》，義守大學應用日語學系碩士論文，2009年，頁36。

〔註193〕黃瓈君，《民間習俗諧音現象之研究──以漢族婚俗、年俗爲主》，國立高雄師範大學國文學系教學碩士論文，2005年1月，頁171。

〔註194〕黃瓈君，《民間習俗諧音現象之研究──以漢族婚俗、年俗爲主》，國立高雄師範大學國文學系教學碩士論文，2005年1月，頁172。

（二）新房典限

合婚佳期既經確定，當要採購新床，並裝置新房。新床擺設方位應與新房屋頂的樑柱成平行爲原則，忌憚成垂直狀態，因擺垂直狀謂之「擔樑」，易對居住者不利，理當避開。〔註195〕

1.安床忌諱

於正式婚娶前，貴爲新人共居的新房，首需進行「安床」禮規：即在婚禮前三天，得找一位好生肖（如肖龍）又福命之人前來幫忙，於擇定良辰吉後，先以三碗湯圓敬拜床母，再在新床的四個床腳各墊一塊俗稱「六寸」的磚頭，磚頭上有的擺放少許「壽金」（案紙錢之一種），有的擺放白銀，並將床鋪裡裡外外黏貼大紅「囍」字，俾使新房呈現喜氣洋洋氛圍。

安床過後，「須再進行翻（床）鋪……須在親族中挑選一位十一、二歲左右，面目姣好、聰明活潑、父母健全的男孩，並以肖龍者爲上選，與新郎倌在洞房同榻而眠。同時要準備花生、芋頭各一盤，供小男孩食用，取其像花生、芋頭一般繁衍不息，世世代代、子孫長發的祥意。次日，新郎倌援例要在小男孩手中塞個紅包……若實在尋不著肖龍者，則可改選與新娘能相配的生肖，唯獨最忌肖虎者。」〔註196〕

2. 梳妝台忌諱

布置新房時，爲便於新嫁娘梳妝打扮，必備一座梳妝台和座椅。梳妝台的擺設並無嚴格規範，只要鏡面不對到臥床即可。

（三）新娘規範

新娘出門後，福州地區、浦城一帶禁忌新人回頭看望，認爲此舉不吉利，有「回頭重婚」之嫌。且各地路途忌碰送喪和孕婦，生怕帶來晦氣，龍岩地區還忌遇牛、馬等牲畜。致使人們迎親時多選擇凌晨與黃昏時段。〔註197〕

1. 新娘禮服禁諱

習俗上，婚禮當天，「新娘身上所有內外衣的口袋都要放錢，象徵日後永

〔註195〕楊天厚、林麗寬，《金門婚嫁禮俗》，臺北：稻田出版公司，1998年元月，頁33～34。

〔註196〕楊天厚、林麗寬，《金門婚嫁禮俗》，臺北：稻田出版公司，1998年元月，頁34。

〔註197〕彭文宇，〈福建婚俗禮儀中的觀念與禁忌〉，收入福建省民俗學會編，《閩臺婚俗》，廈門：廈門大學出版社，1991年8月，頁33。

遠富裕無缺。」〔註198〕

2. 出轎禁制

舊時社會父權至上，當花轎停在男方事先鋪設的大型米篩或草席上後，新郎為向新娘下馬威，總會在轎門旁用右腳象徵性踢一下，再掀轎門，再伸手拉新娘禮服。此時新娘在轎夫把花轎往前傾後才低頭下轎，由媒人以畫有八卦圖形的米篩遮頭，再攙扶進大門，以求避邪破煞；後來始演變成遮黑傘，此即俗諺所言的「媒人牽新娘」。而後改為喜車新郎親迎，就大都由新郎直接牽新娘下車。〔註199〕

3. 入門禁制

婚禮當天，新嫁娘雖貴為第一女主角，但「新娘為表示自己是知書達禮、謹守分際之人，當過大門時，一定不可踩在門檻上，而要跨過門檻，越過『淨爐』。」〔註200〕之所以「『不能踏』，被解釋成是一種『不好的行為舉止』，或『沒有禮貌』。」〔註201〕因為「從民俗學的看法來解析，『門檻』被視為一種『境界』。簡單來說，門檻是從這個階段踏上另一個階段，所必須跨越的一種禮儀境界，而且必須經過這種模糊狀態，才能進行到第三階段。無論時間也好，空間也好，皆存在著一種『境界』。其多半被視為模糊的、不舒服的一種危險邊緣，許多禁忌習俗也因此而產生。像『門檻』之類的禁忌之背後，可說是存在著一種不安的氣氛。」〔註202〕易言之，門檻即「戶蹬」，古人認為有「戶蹬神」，一如有門神、有床母般。復加門檻是進入廳堂的一道重要關卡，亦代表一個家的門面，倘若任意踩踏別人家的門檻，即表示無視於別人的存在，對屋主是一大侮辱，〔註203〕故是新娘初入夫家豈能隨意踐踏？

4、鬧洞房禁諱

依據舊式婚禮，當天並不宴請賓客，新娘三天內足不出戶，而由媒人在

〔註198〕楊天厚、林麗寬，《金門婚嫁禮俗》，臺北：稻田出版公司，1998年元月，頁94。
〔註199〕楊天厚、林麗寬，《金門婚嫁禮俗》，臺北：稻田出版公司，1998年元月，頁99。
〔註200〕楊天厚、林麗寬，《金門婚嫁禮俗》，臺北：稻田出版公司，1998年元月，頁99。
〔註201〕林文萍，《臺日宗教信仰與民間禁忌之比較－以日本神道與臺灣道教、與民間禁忌衣、食、住為中心》，義守大學應用日語學系碩士論文，2009年，頁32。
〔註202〕林文萍，《臺日宗教信仰與民間禁忌之比較－以日本神道與臺灣道教、與民間禁忌衣、食、住為中心》，義守大學應用日語學系碩士論文，2009年，頁32。
〔註203〕林文萍，《臺日宗教信仰與民間禁忌之比較－以日本神道與臺灣道教、與民間禁忌衣、食、住為中心》，義守大學應用日語學系碩士論文，2009年，頁40～41。

新郎家陪伴，賓客須至第三天晚上筵席過後才開始鬧洞房。據言抗戰勝利之後，逐漸演變成婚禮當日宴客，鬧洞房儀式自亦改從當夜開始，有時不但鬧到通宵達旦，甚或連鬧三天之久。因參與之人皆是至親好友與街坊鄰居，倘有部分玩笑稍嫌過火，新郎和新娘亦禁止動怒，非但得笑臉相陪，還要親自端茶請客人飲用。為迎接鬧洞房的挑戰，有些新人甚在婚前即閉門練歌，用心良苦。〔註204〕

　　一旦鬧洞房人潮散去後，為展現男性的權威，新郎總會下馬威似地命令新娘關房門，傳聞如此之後，太太將較能順從、聽話。而洞房花燭夜，「新郎的衣服必需疊在新娘衣服上，據說此舉可以防雌威。」〔註205〕烈嶼地區（小金門）在洞房內，尚要準備一個「斗燈」，內放敬天公所用的十二樣物品，當中的剪刀、尺、劍、鏡子象徵一家團圓。斗燈不可使之熄滅，因熄滅則表不祥。〔註206〕

（四）迎親禁忌

1. 食「雞蛋湯」要求

　　迎親隊伍當一路浩浩蕩蕩抵達女方家娶親時，新郎倌與男儐相一行人即被女方招待享用「雞蛋湯」。按習俗，碗內的兩個蛋只能吃一個，另一個須用筷子剪成兩半留在碗內，不可因貪嘴全吃，而被譏為不懂禮術。〔註207〕

2. 食「見緣桌」規制

　　一群迎親隊伍熱熱鬧鬧來到女方家後，「女方為款待前來迎親的隊伍，必須設一桌俗稱的『見緣桌』。早些年，新郎倌不用親自迎娶，新娘又必須禁足三天，因而女方都是在婚後第四天回娘家做客時，才開『見緣桌』請女婿；烈嶼（小金門）地區則在結婚第二天舉行。如是新郎倌親自迎娶，『見緣桌』乃在結婚當天開宴。除男儐相四位、花童兩位、媒人、新郎倌共八位外，女

〔註204〕攸關戲鬧洞房新郎、新娘不許惱怒之說，亦見於陳玟錦《臺灣傳統婚俗與禁忌之研究》，長榮大學臺灣研究所碩士論文，2009年7月，頁84。另參見楊天厚、林麗寬，《金門婚嫁禮俗》，臺北：稻田出版公司，1998年元月，頁118。

〔註205〕陳玟錦，《臺灣傳統婚俗與禁忌之研究》，長榮大學台灣研究所碩士論文，2009年7月，頁90。

〔註206〕楊天厚、林麗寬，《金門婚嫁禮俗》，臺北：稻田出版公司，1998年元月，頁118。

〔註207〕林麗寬，《生命的歷程：金門的節慶與禮俗》，金門：金門縣文化局，2009年11月，頁247～248。此說亦見於楊天厚、林麗寬，《金門婚嫁禮俗》，臺北：稻田出版公司，1998年元月，頁90。

方要派一位執瓶者，負責斟酒招待客人，還要一位負責端菜，另外還須找來與新娘平輩或晚輩之人作陪，如此湊足十人或十二人，取其十全十美之意。照例轎夫或喜車司機不得參與『見緣桌』……近年來，有些人家已改請轎夫和司機參加『見緣桌』。」〔註208〕

至若「『見緣桌』的菜色固定爲十二道，新郎倌依習只能吃六道菜或八道菜就得離席。若是新郎倌一時失察，陪在身邊的男儐相應要起身示意，否則會被笑爲『憨女婿』；新郎倌一旦離席，其餘作陪的人也要一起離座。……所以新郎在臨出發前往女方迎娶之時，常被告誡忌吃『豬肚』這道菜。」〔註209〕因爲要避免被取笑爲「豬肚面」——不知進退還照吃不誤。〔註210〕

又「新娘結婚當天吃早餐時，坐上椅子後要用另一張矮椅墊腳，並以雞腿連同雞爪配飯：先吃一口雞腿，再反過頭來用雞爪扒一口飯（不用筷子），然後再吃一口雞腿……如此周而復始。母親則要在一旁念道：『高椅坐，低椅靠腳，吃飯配雞腳〔註211〕。』象徵女兒此去能衣食無缺，永遠過幸福康樂的生活。同時，新娘身上所有內外衣的口袋都要放錢，象徵日後永遠富裕無缺。」〔註212〕

3. 迎親隊伍規制

有鑑於結婚普遍挑選黃道吉日，當在冬末初春結婚旺季，一天中有數對新人成婚頗爲常見，彼此在街路遇逢機會亦相對大增。依金門慣習，此時應將新娘頭上插的兩對枝仔花或吉仔花，取下其中一對與對方交換，方能爲雙方帶來好運，且不占對方便宜，所以俗語說：「換花不相欺。」〔註213〕

（五）喜宴禁諱

1. 新娘禁食「新娘桌」

往昔婚禮當天並不宴客，眞正宴客時間在婚後第三天，所以唯一的「新娘桌」即席設於洞房內。「新娘桌」中的新娘座位，禁止新娘直接坐定。在

〔註208〕楊天厚、林麗寬，《金門婚嫁禮俗》，臺北：稻田出版公司，1998年元月，頁91。
〔註209〕楊天厚、林麗寬，《金門婚嫁禮俗》，臺北：稻田出版公司，1998年元月，頁94。
〔註210〕楊天厚、林麗寬，《金門婚嫁禮俗》，臺北：稻田出版公司，1998年元月，頁94。
〔註211〕案金門話「雞腳」即指雞腿部位，「雞腳爪」才指一般的雞腳部位，故此處母親念語「雞腳」即指雞腿而言。
〔註212〕楊天厚、林麗寬，《金門婚嫁禮俗》，臺北：稻田出版公司，1998年元月，頁94。
〔註213〕楊天厚、林麗寬，《金門婚嫁禮俗》，臺北：稻田出版公司，1998年元月，頁98～99。

金城鎮與金寧鄉地區，有少部分是由婆婆先坐一會，再讓新娘坐，表示媳婦坐婆婆位，也將能像婆婆一樣福壽綿綿、子孫滿堂之意。而新娘為免去洞房內無盥洗室的排泄問題，通常以強制禁食方式來因應。〔註214〕

2. 母舅不參宴，喜宴禁開動

為感念母親養育子嗣勞苦功高，「母舅桌」的擺設必須中規中矩，絲毫馬虎不得。若得罪母舅不來參宴，則所有喜宴不得開動，關係不可謂不重大。故新郎應站著為母舅斟酒、敬酒，較講究者甚且要連敬三遍。〔註215〕

3. 旁人禁坐母舅大位

婚宴進行中，如有不知情之人，尤其是孩童或年輕人，若不巧坐到母舅大位後，傳言會有急性頭痛、嘔吐、腹痛或吃不下食物……等異狀出現，須等到起身離開母舅大位後，異狀始會自動消除。〔註216〕

4. 婚宴講求「頭烘尾桔」、「二併一湯」

早期金門，只要是喜宴，不論花樣如何變化無窮，「頭烘尾桔」和「二併一湯」是不能改變的定律。「頭烘尾桔」指第十道菜一定出現烘肉配發粿（案現多以刈包代替），第十二道菜一定是禮餅配甜湯（案現亦有以蛋糕代替禮餅，以養樂多代替甜湯），兩者之間可用豬肚湯（或魚丸湯、魷魚湯、雞湯、豬腳鮑魚湯……等）作橋樑。「二併一湯」指涉出兩道菜後出一道湯，共計八道菜、三道湯、一道甜湯，湯多自然形成金門喜宴的最大特色。〔註217〕近年來的筵席，餐廳為將本求利，並求十全十美之意涵，有時只出十道菜而已。

談及「所謂的『烘』，即指俗稱『烘肉』的大塊燉肉，將約十八公分見方的（豬）腿肉，加上栗子、香菇、蝦仁等佐料燉製而成。所謂的『桔』，則指俗稱『禮餅』的桔仔餅，分為伍仁餡和豆沙餡二大類。前者由桔餅、冬瓜排、芝麻、蜜餞、酥油、麵粉調製而成；後者由豆沙、麵粉、酥油調配而成，製作過程頗為費時費力。兩者又以前者最具代表性，它不但是喜宴上不可或缺的菜色，更是婚禮結束後主人餽贈親友（每人兩個）的最佳禮物。所以主人總會央求廚師在婚禮舉行前數天搭設菜鋪後，先行料理菜餚的燉煮切炸工作

〔註214〕楊天厚、林麗寬，《金門婚嫁禮俗》，臺北：稻田出版公司，1998年元月，頁113。
〔註215〕楊天厚、林麗寬，《金門婚嫁禮俗》，臺北：稻田出版公司，1998年元月，頁113。
〔註216〕楊天厚、林麗寬，《金門婚嫁禮俗》，臺北：稻田出版公司，1998年元月，頁114。
〔註217〕楊天厚、林麗寬，《金門婚嫁禮俗》，臺北：稻田出版公司，1998年元月，頁28～29。

之餘，也依實際需要做好幾十個到幾百個備用。」〔註218〕

5. 男女雙方分開宴客

新郎或新娘雙方，皆各有各的親友，因此金門地區的婚宴，係採各自宴客模式，男女雙方分別各自宴請個人親友，與臺灣地區同時一起宴請的方式大不相同。〔註219〕往往接受祝福的是同一對新人，卻分別收到男方和女方家長署名寄出的喜帖，被迫包兩次賀儀，並參加兩場婚宴，著實令人啼笑皆非，也令人無可奈何。

三、金門婚後禮規約

（一）四個月內禁制

行婚後的禁諱，大抵以四個月為期限。金門風習，「婚後四個月內，禁止新人參加喪禮，亦不可食用喪家提供的任何食品，目的在避免『沖喜』。」〔註220〕不但喪禮如此，婚禮亦然，即在此限期之內，一對新人不可「參加其他的婚喪喜慶，新嫁娘也不可在旁觀看迎娶過程，因為新婚四個月內仍有新娘神隨身，如此一來將會沖散別人的喜氣，應避免。」〔註221〕如接獲不知情者寄來的喜帖，亦可置之不理，俾免犯沖，對己、對人不利，而發放喜帖之人過後知曉真相也都能諒解。

（二）回娘家禁制

當新嫁娘結婚後，重回娘家，謂之「歸寧」，俗語稱「做客」。由於做客日期的不同，而有頭道客、二道客、三道客、四道客之分。「除頭道客不可在娘家過夜外，二道客以後則不在此限。任何日子都可回娘家做客，也都可在娘家過夜。烈嶼（小金門）地區另有一不成文規定，即大年初三絕不可以回娘家，如在當日回娘家，表示有不好之事發生。」〔註222〕

（三）其他禁制

一男一女結合婚配，關係一生幸福，深遠又重大，焉能不慎重處理？一

〔註218〕楊天厚、林麗寬，《金門婚嫁禮俗》，臺北：稻田出版公司，1998年元月，頁28。

〔註219〕楊天厚、林麗寬，《金門婚嫁禮俗》，臺北：稻田出版公司，1998年元月，頁117。

〔註220〕楊天厚、林麗寬，《金門婚嫁禮俗》，臺北：稻田出版公司，1998年元月，頁126。

〔註221〕陳玟錦，《臺灣傳統婚俗與禁忌之研究》，長榮大學臺灣研究所碩士論文，2009年7月，頁86。

〔註222〕楊天厚、林麗寬，《金門婚嫁禮俗》，臺北：稻田出版公司，1998年元月，頁126。

對新人婚後，最重要之事當在儘快「做人」，早生貴子，以傳緒後嗣，因而民俗中有諸多祈求之道。

其一：「偷別人的蔥會嫁到好丈夫的迷信：俗語云：『偷拔蔥嫁好夫，偷拔菜嫁好婿』，意思是在正月十五日的晚上，凡是處女偷了別人的蔥或蔬菜，將來會嫁到好丈夫，所以在這天晚上，不少未婚女子偷偷的到別人的菜園偷蔥或蔬菜，但並沒有帶回家，摘下後放在原處即可。」〔註223〕

其二：「從提燈下走過會生男子的迷信：在正月十五日的晚上，許多婦女會到註生娘娘或其他的寺廟參拜，希望能求得平安和生出男孩，俗語云：『貫燈腳生囊巴，過燈腳生囊巴』，所以婦女常在自己家中的走道掛提燈，希望走過以後能生男孩。」〔註224〕

其三：「聽香：正月十五日晚上有『聽香』的習慣，『聽香』前要先向神燒香禮拜，以擲筊來求得聽的方向，然後拿一個筊往指示的方案前進，主要是偷聽他人的談話，但不可被發現，聽到第一句話就立刻回到神前擲筊，判斷今年的吉凶運氣等，如果聽到的第一句話是有人死亡或生病或破產，就表示凶，要特別注意。」〔註225〕

統結言之，「禁忌」一詞，顧名思義即指當禁止及避諱之事。是人們爲躲開某種臆想的超自然力量或危險所帶來的災禍，從而對某些人、物、言、行的自我迴避與限制。〔註226〕就個人而言，窮其一生，必經出生、成年、婚姻、死亡諸種重要人生的關鍵點，而此些關鍵點與平時又寓含完全不同的社會文化意義，禁忌正是人生轉變重大關頭不可或少的一項保障因素。〔註227〕

就婚姻禮俗言之，「有天地，然後有萬物；有萬物，然後有男女；有男女，然後有夫婦；有夫婦，然後有父子；有父子，然後有君臣；有君臣，然後有上下；有上下；然後禮義有所錯。夫婦之道，不可以不久也，故受之以恆。」

〔註223〕林明義編，《臺灣冠婚喪祭家禮全書》，臺北：武陵出版公司，1995年12月4版6刷，頁232。

〔註224〕林明義編，《臺灣冠婚喪祭家禮全書》，臺北：武陵出版公司，1995年12月4版6刷，頁231～232。

〔註225〕林明義編，《臺灣冠婚喪祭家禮全書》，臺北：武陵出版公司，1995年12月4版6刷，頁232。

〔註226〕江達智，《春秋、戰國時代生育及婚喪禁忌之研究》，國立成功大學歷史語言研究所碩士論文，1993年7月，頁249。

〔註227〕萬建中，《中國民間禁忌風俗》，北京：中國電影出版社，2005年6月，頁274。

〔註228〕是《周易正義・序卦》對夫婦之道的詮釋，而「昏禮者，將合二姓之好，上以事宗廟，而下以繼後世也。故君子重之。」〔註229〕則是《禮記・昏義》中希望透過婚俗禁忌的掌控得以追尋的三項主要課題。唯有透過禁忌的驅避，方能保有人們內心當中禳凶求吉的希冀，也才能達成人們追求美滿幸福的渴願。

由於禮俗並非一成不變，移殖進入臺灣抑或金門的禮俗亦同。傳統禮樂文化歷經日領時代的洗禮，及臺灣光復後的時空衝擊，似乎與我們這一代越行越遠、益越陌生。尤在科技產業日新月異遞嬗之餘，知識份子對傳統禮俗不免心存陋視，然在我們的日常生活行徑，依然無法脫俗，因傳統禮俗一直根深柢固支配著人們的行為。〔註230〕有鑑於此，前述婚俗禁忌或有其不合時宜之處，卻仍占有舉足輕重的地位，且將不斷綿延奉行，進而提供探索社會發展進程的利基。

第二節　金門婚儀用品器物象徵意義

婚禮結合兩家之好，又係終身大事，為求吉祥如意，子孫繁榮，所用物品、器物率爾取其象徵意涵，以下分就諧音意涵、物件涵義、物件形態三種取譬釋例之：

一、諧音意涵取譬

婚禮中使用器物，若因物件名稱的諧音關係而取義者稱屬之。如黃瓈君，《民間習俗諧音現象之研究——以漢族婚俗、年俗為主》云：「舊時婚禮舉行跨鞍儀式，取平安之義。」〔註231〕因「鞍」諧音「安」也。今就金門地區婚俗中使用禮品、禮器、禮物的諧音以取義者分敘於下：

〔註228〕〔清〕阮元等校勘，《十三經注疏——周易正義》卷9〈序卦〉，〔魏〕王弼、韓康伯注；〔唐〕孔穎達等正義。臺北：藝文印書館，1976年5月6版，頁187～188。

〔註229〕〔清〕阮元等校勘，《十三經注疏——禮記》卷61〈昏義〉第44（重刊宋本）。〔漢〕鄭玄注；〔唐〕孔穎達等正義。臺北：藝文印書館，1976年5月第6版，頁999。

〔註230〕涂順從，《南瀛生命禮俗誌》，臺南：臺南縣文化局，2001年5月，頁12。

〔註231〕黃瓈君，《民間習俗諧音現象之研究——以漢族婚俗、年俗為主》，國立高雄師範大學國文學系教學碩士論文，2005年1月，頁175。

（一）雞

從前結婚歸寧時，女家必備一對甘蔗、一對帶路雞（種子雞）、一盆米糕送給新郎、新娘攜回夫家，目前此三樣物品，則全部在親迎時由禮車順道載走。其中雞比喻「起家」、「安家」之意，婚俗上女方在雞前冠以「帶路」二字，實有其五項功能：

其一是生殖功能：雞易下蛋，蛋孵成雞，雞長大又下蛋，代代繁殖；夫妻也是這般代代繁衍，所以母親哺育子女，父親則須善盡養家之責。

其二是補養功能：結婚時帶去的這對種子雞，經過新娘婚後十月懷胎期，早已孵化多代成群，正可供給新娘生產頭胎嬰孩「坐月子」時進補養身之用。

其三是經濟功能：農業社會靠天吃飯，維生不易，若逢年節，或可攜帶雞蛋或已繁殖的部分雞隻至市集變賣，換購家庭用品，提昇經濟能力。

其四是佳肴功能：家中養雞後，平時既可消化三餐的廚餘，逢年過節或客人來訪，即可宰殺雞隻做佳肴。

其五是倫理功能：所謂「倫，是一種社會和家庭秩序，這是不能違反的。」〔註232〕。女兒既嫁，不論夫家經濟如何，應常偕女婿回娘家探望父母，倘多遺忘，「帶路雞」正可睹物思憶，引發偕女婿回娘家省親之行。〔註233〕

另就黃璨君，《民間習俗諧音現象之研究——以漢族婚俗、年俗爲主》言：「新郎、新娘對坐食酒婚桌，應吃雞。俗諺云：『食雞，會起家』。」〔註234〕乃指雞、家兩字閩南語諧音緣故。

（二）芋頭、韭菜、犁頭鉎、桔餅、木炭、柿粿

訂盟時，女家備辦的芋頭、紅粬、白粬、韭菜、棉尾、大麥、春粟、犁頭鉎、多瓜排、桔餅、苧、木炭等，稱爲「十二樣」物品，大抵就地取材，或以方便取得的物品爲主軸，目的在求吉祥如意。唯因時間的隔離、鄉鎮或聚落的不同，內容上稍有小異，卻不影響其吉利和諧的寓意，今就田調訪錄後的四種說法陳述如下：

〔註232〕劉達臨，《中國性史圖鑑》，長春：時代文藝出版社，2003年7月，頁99。
〔註233〕楊炯山編，《結婚禮儀》，新竹：竹林書局，2001年7月再版，頁204～205。
〔註234〕黃璨君，《民間習俗諧音現象之研究——以漢族婚俗、年俗爲主》，國立高雄師範大學國文學系教學碩士論文，2005年1月，頁211。

其一：爲楊天厚、林麗寬，《金門婚嫁禮俗》〔註235〕中載錄的芋頭、韭菜、棉尾、大麥、春粟、犁頭鉎、木炭、紅粬、白粬、冬瓜排、桔餅、苧麻。

其二：爲楊翠鈿報導的芋頭、韭菜、棉尾、大麥、春粟、犁頭鉎、木炭、紅粬、白粬、福圓乾、燈芯、絲對（即麻）。

其三：爲「奇香糕餅店」報導的芋頭、韭菜、棉尾、大麥、春粟、犁頭鉎、木炭、柿粿、白粬、福圓乾、桔餅、絲對（即麻）。

其四：爲「風行百貨行」報導的芋頭、韭菜、棉尾、五穀（大麥）、五穀（春粟）、鉛粉、木炭、五穀之3、五穀之4、五穀5、燈芯、苧麻。

表7-3：金門訂婚採辦「十二樣」物品的不同說法

編序	「十二樣」品項說法 1	「十二樣」品項說法 2	「十二樣」品項說法 3	「十二樣」品項說法 4	象 徵 意 義
來源	楊天厚、林麗寬,《金門婚嫁禮俗》,頁 17	楊翠鈿報導	奇香糕餅店報導	風行百貨行報導	
1	芋頭	芋頭	芋頭	芋頭	芋子芋孫：喻子孫綿延不絕
2	韭菜	韭菜	韭菜	韭菜	長長久久：喻子孫綿延不斷
3	棉尾	棉尾	棉尾	棉尾	好頭好尾：喻百年好合、添丁進財
4	大麥	大麥	大麥	五穀（大麥）	五穀種子：喻繁殖不斷
5	春粟	春粟	春粟	五穀（春粟）	五穀種子：喻繁殖不斷
6	木炭	木炭	木炭	木炭	生炭：喻生生不息
7	苧麻	絲對（即麻線）	絲對（即麻線）	苧麻	苧麻與絲對：絲線串姻緣，喻白首偕老，傳宗接代
8	犁頭鉎	犁頭鉎	犁頭鉎	鉛粉	犁頭鉎表生炭：喻生生不息。鉛粉喻好人緣
9	紅粬	紅粬	柿粿	五穀之 3	五穀種子：喻繁殖不斷。紅粬喻家運興旺。柿粿喻事事如意

〔註235〕楊天厚、林麗寬,《金門婚嫁禮俗》,臺北：稻田出版公司,1998 年元月,頁 17。

編序	「十二樣」品項說法1	「十二樣」品項說法2	「十二樣」品項說法3	「十二樣」品項說法4	象徵意義
10	白釉	白釉	白釉	五穀之4	白釉喻家運興旺。五穀種子：喻繁殖不斷
11	冬瓜排	福圓乾	福圓乾	五穀之5	冬瓜排喻甜甜蜜蜜、永浴愛河。福圓乾喻圓圓滿滿。五穀種子：喻繁殖不斷
12	桔餅	燈芯	桔餅	燈芯	桔餅喻吉祥如意。燈芯喻薪火相傳。

資料來源：本論文田調整理製表。

　　此「十二樣」物品中的芋頭、韭菜、棉、大麥（五穀之一）、春粟（五穀之一）、木炭、苧麻具存在四種說法之中，顯見其寓意的深遠和普及。今就各物品的吉祥寓意，依所分諧音意涵、物件涵義和物件形態取譬依序紹述如下：

　　「芋頭」易繁殖，也易串生成一整塊的芋子芋孫，有後代繁榮不絕的寓意；「芋」音「育」，即育子育孫，亦是育子繁昌之意。金門除夕年夜飯後，須備一大碗「過年飯」至佛龕旁，「過年飯」上即須加放一小把生蔥（象徵來年全家人皆聰明善辦事），以及一個連生在一起的「芋子芋孫」，象徵隨著新年的開啓，子孫將更加枝繁葉茂。另就黃璨君，《民間習俗諧音現象之研究——以漢族婚俗、年俗爲主》言稱，新郎、新娘對坐食酒婚桌，應吃芋，俗諺云：「食芋，新娘快大肚。表示祈祝新娘早生貴子。」〔註236〕即祝福新娘早日傳承後嗣，子孫綿延。

　　「韭」菜音「久」，徵象長長久久，一方面表示夫妻情感長存，二方面表示家族永世其昌。對於「芋頭」和「韭菜」二物，「男方應將之種活，象徵日後子孫綿延不斷，如同芋頭、韭菜一般。」〔註237〕「犁頭鉎」即「生鐵，諧音爲『生』，即生生不息，即下了種之後，女人即可以『生小孩』了。」〔註238〕亦有家族生生不滅涵義。「桔餅」的「桔」字諧音爲「吉」，取義吉

〔註236〕黃璨君，《民間習俗諧音現象之研究——以漢族婚俗、年俗爲主》，國立高雄師範大學國文學系教學碩士論文，2005年1月，頁212。
〔註237〕楊天厚、林麗寬，《金門婚嫁禮俗》，臺北：稻田出版公司，1998年元月，頁17。
〔註238〕楊炳山編，《結婚禮儀》，新竹：竹林書局，2001年7月再版，頁179。

祥如意；又桔餅味甜，也寓含夫妻甜蜜美好。「木炭」或言「生炭」，其「諧音『拓殖』，即繁衍、繁殖的意思。」〔註 239〕意爲「生生不息。」〔註 240〕「柿粿」的「柿」諧音「事」，喻義事事如意。

（三）棗、栗、發粿

《禮記・昏義》云：「夙興，婦沐浴以俟見；質明，贊見婦於舅姑，執笲、棗、栗、段脩以見，贊醴婦，婦祭脯醢，祭醴，成婦禮也。」〔註 241〕《禮記・內則》云：「以適父母舅姑之所，及所，下氣怡聲，問衣燠寒，疾痛苛癢，而敬抑搔之。出入，則或先或後，而敬扶持之。進盥，少者奉盤，長者奉水，請沃盥，盥卒授巾。問所欲而敬進之，柔色以溫之，饘酏、酒醴、芼羹、菽麥、蕡稻、黍粱、秫唯所欲，棗、栗、飴、蜜以甘之，堇、荁、枌、榆免槁薧瀡以滑之，脂膏以膏之，父母舅姑必嘗之而後退。」〔註 242〕孔穎達疏云：「棗、栗至膏之，以甘之者，謂以此棗栗飴蜜以和，甘飲食」均指稱婚禮翌日，新婦有捧棗、栗和「段脩」面見公婆的儀節，一方面表示慎重其事，尊長重道；二方面表示吉祥如意，並祈「早」生貴子，繁延後嗣，其義甚明。

《國語》云：「夫婦贄不過棗、栗，以告虔也。」〔註 243〕《禮記・曲禮下》亦云：「凡摯，天子鬯，諸侯圭，卿羔，大夫雁，士雉，庶人之摯匹；童子委摯而退。野外軍中無摯，以纓，拾，矢，可也。婦人之摯，椇榛、脯脩、棗栗。」〔註 244〕足見婚禮行後翌日之晨，新婦首先要拜見舅姑（即翁姑、公婆），並在首次見面禮時，執笲獻上棗、栗及瞬脩（案《禮記・昏義》作「段脩」）。……「棗」取早起之意、「栗」取戰慄之意，而「瞬脩」爲肉

〔註 239〕楊炯山編，《結婚禮儀》，新竹：竹林書局，2001 年 7 月再版，頁 179。
〔註 240〕黃璨君，《民間習俗諧音現象之研究——以漢族婚俗、年俗爲主》，國立高雄師範大學國文學系教學碩士論文，2005 年 1 月，頁 212。
〔註 241〕〔清〕阮元等校勘，《十三經注疏——禮記》卷六十一〈昏義〉第 44（重刊宋本），〔漢〕鄭玄注；〔唐〕孔穎達等正義，臺北：藝文印書館，1976 年 5 月 6 版，頁 1001。
〔註 242〕〔清〕阮元等校勘，《十三經注疏——禮記》卷二十七〈內則〉第 12（重刊宋本），〔漢〕鄭玄注；〔唐〕孔穎達等正義，臺北：藝文印書館，1976 年 5 月 6 版，頁 518。
〔註 243〕〔周〕左丘明原著，黃永堂編，《國語》上冊卷四〈魯語上・夏父展諫宗婦覿哀姜用幣〉，臺北：台灣古籍出版公司，2002 年 5 月初版 2 刷，頁 195。
〔註 244〕〔清〕阮元等校勘，《十三經注疏——禮記》卷五〈曲禮下〉（重刊宋本），〔漢〕鄭玄注；〔唐〕孔穎達等正義，臺北：藝文印書館，1976 年 5 月 6 版，頁 101。

乾，則是義在振作；後來也有解棗爲早生貴子的，祈願早日完成傳宗接代之任。〔註 245〕足見貴爲「終身大事」的婚禮，其相關儀節和禮器、禮物的行事，莫不以吉祥爲首要訴求。

「發粿」，顧名思義即發展騰達，有綿延繁盛、永世其昌意涵，金門庶民多所使用。舉凡婚嫁、喪葬、奠安、歲時節慶、祭拜……等，幾乎皆可派上用場，由於製作工程繁雜，街坊市集日有販售。

二、物件涵義取譬

婚禮中使用器物，若因物件本身的特殊涵義關係而取義者稱屬之。

（一）茶

當男女「雙方允諾兩三日後，選擇吉日，送去下聘書簡。此時，將送給女方之茶葉裝於小錫罐中，數量約數十罐至一百罐左右不同。不稱送茶，而謂之「授茶」。據傳茶可不移植根而結籽，故古人以茶爲結婚之禮。」〔註 246〕至於「行聘用茶，並非取其經濟的或實用的價值，而是暗寓婚約一經締結，便鐵定不移，絕無反悔，這是男家對女家的希望，也是女家應盡的義務。故納徵曰『下茶』，而稱訂婚之禮曰『茶禮』；女子受聘，則謂之「吃茶」，已經受過人家的『茶禮』，便有信守不渝的義務。」〔註 247〕意義甚爲明確。故金門訂婚之時亦有「食茶」之儀（請參閱第四章第二節，頁 213）。

（二）雁、鵝

古代婚姻六禮中，均有各種禮物，除「納徵」以玄纁爲主，其餘五禮皆以雁爲贄。《禮記・昏義》曰：「昏禮者，將合二姓之好，上以事宗廟，而下以繼後世也。故君子重之。是以昏禮納采、問名、納吉、納徵、請期，皆主人筵几於廟，而拜迎於門外，入，揖讓而升，聽命於廟，所以敬愼、重正昏禮也。」孔穎達疏曰：「納采，用鴈也。必用鴈者，《白虎通》云：『鴈，取其隨時而南北，不失節也。又是隨陽之鳥，妻從夫之義也。』」〔註 248〕乃此據見

〔註 245〕李師豐楙，《慶典禮俗》，臺北：國立空中大學，2010 年 8 月，頁 114。

〔註 246〕〔日〕中川忠英編著；方克、孫玄齡譯，《清俗紀聞・婚禮》卷 8，北京：中華書局，2007 年 7 月第 2 刷，頁 343。

〔註 247〕馬之驌，《中國的婚俗》，臺北：經世書局，1981 年 12 月，頁 46。

〔註 248〕〔清〕阮元等校勘，《十三經注疏——禮記》卷六十一〈昏義〉第 44（重刊宋本），〔漢〕鄭玄注；〔唐〕孔穎達等正義，臺北：藝文印書館，1976 年 5

雁在婚禮中，當為最重要的禮物。而婚禮中用雁實有雙重意義：

其一是不失節、不失時：因雁為候鳥，秋南飛而春北返，來去有時從無失信，故以雁為男女雙方信守不渝的象徵。

其二是嫁娶長幼有序，不相跨越：因雁的轉徙飛行，率以老而壯者在前引導，幼而弱者尾隨其後，從不踰矩，正是儒家「長幼有序」的禮法原則，嫁娶時際亦應長幼循序而行，非萬不得已，不使叔季跨出伯仲而成婚。〔註 249〕

雁，「雖然確有此鳥，但不是家禽，也不易得，則以鵝代替，謂之『雁鵝』，鵝並不放在籠子裡，而放在特製的彩亭上。用兩人擡著它，隨行於儀仗行列中，可見世人對雁鵝特別重視，謂以此表示婚前互守信約，婚後夫婦結為伴侶，永不分離。」〔註 250〕由此據見古人對婚禮信約的重視，亦是「君子重然諾」的體現。

（三）大麥、春粟、冬瓜排、絲對（即苧麻）、紅糰、白糰、棉尾、燈芯、福圓乾

芋頭、紅糰、白糰、韭菜、棉尾、大麥、春粟、犁頭銑、冬瓜排、桔餅、芋、木炭……等「十二樣」物品，是金門婚禮訂盟時女家須備辦之物。就中的「大麥」、「春粟」隸屬於農產品，俗稱「種子」，代表岳父母嫁女，如同贈送女婿一塊田園，希冀女婿能愛護田園，勤勞耕作，肥水不流外人田，則該田園必能取之不盡，用之不竭。易言之，象徵新娘嫁到男家後，新郎必須專心疼愛，努力耕耘下種（做愛），新娘方能活得欣欣向榮。反之，新郎怠惰魯莽，則田園必將荒蕪。〔註 251〕換言之，大麥與春粟均屬五穀之一，原供農作繁殖之用，象徵繁殖不斷、世代傳承。

「冬瓜排」用糖熬煮而成，味道香甜，象徵新婚夫妻甜甜蜜蜜，永浴愛河，也能如冬瓜般繁衍不輟，傳承久遠。「絲對」（案即苧麻），或稱「麻線」，亦是農作物之一，供作編織絲帶之用，有綑綁、繫上意味，象徵絲線串姻緣，新娘嫁到夫家後能白首偕老，也能為夫家傳宗接代、延嗣香火。

據擅長編織苧麻絲帶的蔣霞女士報導，金門地區早昔婚嫁時，女方需備

月 6 版，頁 1000。
〔註 249〕馬之驌，《中國的婚俗》，臺北：經世書局，1981 年 12 月，頁 33～35。
〔註 250〕馬之驌，《中國的婚俗》，臺北：經世書局，1981 年 12 月，頁 42～43。
〔註 251〕楊炯山編，《結婚禮儀》，新竹：竹林書局，2001 年 7 月再版，頁 177～179。

辦四種苧麻編成的絲帶，供男方發送喜帖時饋贈親友之用，每人贈送三種絲帶，可就四種任選其三，每種五尺長。其一稱「龜殼帶」，供作綁腳帶和褲帶用。其二稱「萬（卍）字帶」，供作圍司裙帶用。其三稱「牡丹邊帶」，供作褲帶、鞋帶用。此三種皆由四十七條絲線編織成，上方爲二十三條，下方爲二十四條。其四稱「肚兜帶」，供作肚兜帶用，由十三條絲線編成。另有一種純供自用，並不贈與他人的「珠丁帶」，供作初生兒褲帶用，由十九條絲線編成，上方九條，下方十條。〔註252〕

「紅糟」、「白糟」供發酵之用，象徵蓬勃發展、家運興旺，有薪傳之喻義。「棉尾」供點燈之用，象徵好頭好尾、百年好合、添丁進財。「燈芯」專供點火之用，喻義薪火相傳。「福圓乾」外型圓潤，滋甜味美，喻義圓圓滿滿。「鉛粉」供新娘打扮之用，喻義好人緣。另就婚禮一切講求吉利祥和緣故，既多取音、取義、取形以寓祥瑞，倘有不良喻義之物，自是避開爲上，譬如傘，象徵「散」，表示夫妻離散之意，理當避用。

（四）錢　幣

婚禮前一日「敬天公」演傀儡戲時，主人要撒錢幣供觀眾撿拾，並將「敬天公」之大型發粿放置門板充當的戲棚上，取其「發家」之意。敬拜天公畢，再將大型發粿移放洞房新床，直至睡覺才移開，象徵人丁興旺，家運輝煌。〔註253〕另廟宇、宗祠或住家，當新建或修建完竣舉行「奠安」慶典時，亦有這般撒錢幣之儀，觀眾則在旁大喊「發啊！」據聞喊叫聲愈大愈見榮茂。

（五）花　生

婚禮前一日，進行「翻鋪」時，須準備花生和芋頭，供與新郎同榻而眠的小男孩食用，取義像花生、芋頭不斷繁榮拓殖，後世子孫因而永不停歇的意涵。〔註254〕其中芋頭又有「芋」音「育」，代表育子育孫、綿延繁殖、生生代代，請參閱本章本節之前述。

〔註252〕楊天厚、林麗寬，《金門婚嫁禮俗》，臺北：稻田出版公司，1998年元月，頁38～39。

〔註253〕楊天厚、林麗寬，《金門婚嫁禮俗》，臺北：稻田出版公司，1998年元月，頁54。

〔註254〕楊天厚、林麗寬，《金門婚嫁禮俗》，臺北：稻田出版公司，1998年元月，頁34。

三、物件形態取譬

（一）甘　蔗

新婚「歸寧」時，女家贈與新郎和新娘的一對甘蔗，意義深遠：

其一、大小相當：兩隻甘蔗應求一般粗細，影射夫妻在家地位一樣尊大，無孰重孰輕之分。兩隻甘蔗也應一樣長，象徵夫妻歲壽一樣長。

其二：帶頭帶尾：甘蔗頭和甘蔗葉皆要留下，暗示夫妻「有頭有尾」——自始至終永不仳離。尾葉部分愈長愈好，越茂越盛，象徵「大翻尾」（好結尾），亦即螽斯衍慶，生育子女連綿不絕。

其三、有笝有節：甘蔗有笝有節，代表有分寸，夫妻終身如魚得水，夫唱婦隨，不宜任意吵架、口角、嘔氣。同時，甘蔗之笝節多有十二節以上，形容夫婦高壽一百二十歲以上。

其四：褐皮白肉：甘蔗皮是褐紅色，肉是白色，形容男主外、女主內，無論男女在外燈紅酒綠，幾多應酬，回返家後一切清白、坦蕩，互愛、互信、互助、互諒。

其五：直挺不彎：甘蔗外型昂直挺立，不彎不曲，直通到底，象徵夫婦生活坦誠、融洽，不可隱瞞、欺騙。〔註255〕

（二）米　糕

出嫁女新婚「歸寧」省親，娘家必備一盤用糯米加糖熬煮的米糕，供攜回擺放新房內，象徵夫婦甜蜜似膠漆，恩愛永纏綣，終身廝守不分離。〔註256〕

〔註255〕楊炯山編，《結婚禮儀》，新竹：竹林書局，2001 年 7 月再版，頁 201～204。
〔註256〕楊炯山編，《結婚禮儀》，新竹：竹林書局，2001 年 7 月再版，頁 205～206。

第八章　結　論

　　婚禮貴爲人倫之始與禮儀根本，自古以來即備受儒家推崇，亦深受個人、家族、社會和國家的極度重視。但因隨時代巨輪永不停歇地往前推進，及禮俗「以時爲大」的特殊屬性，傳統婚禮呈現於今日或多或少有所蛻變，誠屬必然。

　　金門位居海峽兩岸之間的跳板，稟承交通要衝的津要樞紐，長久迭受無情兵燹的洗禮，無形中制限地區的發展甚劇。另方面，卻也因國共戰爭特設的「戰地政務」箝制，限設外來風習的大量傳入，得使金門鮮少受到外來文化的深化影響，而得保有較多傳統的閩南文化。較諸臺灣地區頻與歐美習風合流同化，已不再留存原有的文化風貌；大陸地區又因「文化大革命」的大肆洗劫和破壞，舊有傳統科儀率皆湮滅不存，據使金門搖身變爲「禮失求諸野」的最佳場域，並得躋身爲閩南文化、僑鄉文化、戰爭文化與宗族文化全相觀察的聖地。

　　再方面，又因「戰地政務」已於一九九二年十一月七日以不合時宜而戛然廢止，金廈「小三通」更於二〇〇一年元月一日創辦運行，促使臺金兩地和金廈兩門往來漸趨密切。種因於此，則深受朱子《家禮》影響的金門閩南婚俗，是否因此備受衝擊、變異，或可預見；種因於此，則攸關未來金門閩南婚俗的後續觀察與研究，亦有其實質上的必要與重要。

　　朱子爲興革宋代理學家重義理、輕禮儀的陋習，及提振庶民合宜易行的禮學傳統，特別針對古禮加以改易，撰作切合當時民間時宜的通用今禮——《家禮》，強調天理、人倫縱不可變，人爲的禮文、禮器、禮制卻可因時、因地而制宜，甚而特別設立「祠堂」，提倡婚禮的「納采」、「親迎」、「廟見」等重要活動切實與祠堂系聯起來，其中「納采」共告于祠堂三次；「親迎」共告于祠

堂兩次;「廟見」告于祠堂一次。

之後,民間儒士群起,紛相競作各式家禮的修訂,一時之間,風潮慨興,家禮式典籍的出版方興未艾,沛然成流。繼朱子弟子大力推闡《家禮》之餘,復加清儒撰述《家禮大成》、《家禮會通》……等作者的大量跟進發揚,致使朱子《家禮》非但盛行於閩學發源地的福建,甚而藉由海外移民而遠播於金門、臺灣……等閩南地區,以及朝鮮、日本……等東亞地區。

唯《家禮》一書,卻是朱子逝後始復出傳世的禮書,且在福建蓬勃發展,遂有偽作之說,而頗受質疑。姑不論武林應氏的《家禮辨》、王懋竑的《白田雜記》、紀昀的《欽定四庫全書總目》三書,對朱子撰作《家禮》的說法皆深存疑慮,甚且詳作辯證。但就學界絕大多數贊同《家禮》確爲朱子所撰的共識;及見朱子《家禮》在當代與後世的婚、喪、冠、祭諸儀中歷歷可見的重大影響,尤其《家禮》的婚禮中,將納采、問名、納吉、納徵、請期、親迎等「六禮」,大改成納采、納幣、親迎三禮,且儀節一再被簡易化的種種大變革,意義最爲深遠。

若以《家禮》在庶民禮儀中占舉足輕重的地位與意義言之,《家禮》的重要性和影響性,與眞否爲朱子撰作又有何差異呢?易言之,朱子《家禮》是否偽作,實不撼動其價值和影響;朱子《家禮》亦深值探討和研究。

朱子《家禮》共分通禮、冠禮、昏禮、喪禮、祭禮五卷,鑑於所定庶民諸儀禮於古有徵又簡約易行,宋元以來,幾乎家有此書。元明以來,地方官紳亦常刊行講述文公《家禮》,以期能化民成俗。尤其自元仁宗首度詔令朱子《四書集註》作爲科舉考試範本之後,又於《大元通制條格》明定婚禮概以《文公家禮‧昏禮》爲法定儀式。接續,明太祖亦詔令全國庶人婚禮依朱子《家禮》爲定制,又將《文公家禮》的儀制編列《大明集禮》之中,期使全國人民一切生活禮儀有所遵循,同時導正社會不良的浮靡奢華風尚。有清以來,清聖祖康熙帝甚而御纂《朱子全書》,俟完竣後再刊布天下通行。至此,朱子《家禮》即由私人編撰踐履的家庭禮儀殿堂,躍升爲官方禮制的禮典;《家禮‧昏禮》即成常民共行不悖的婚嫁準則。

對於朱子《家禮》得以普行於元、明、清及民國以來而不墜,除開官方的極力尊崇與全方位詔告全國遵行之外,民間儒士競相撰述舉薦亦功不可沒,譬若明儒章潢的《圖書編》、薛應旂的《方山先生文錄‧涇野先生傳》;清儒陳宏謀撰,華希閔補輯的《訓俗儀規‧陸桴亭(世儀)思辨錄》……等。

此外,朱熹門生義不容辭、任勞任怨的傳嗣亦厥功甚偉,導使朱子《家禮》
得以高居爲庶民日常禮儀的瑰寶,庶民生命禮儀也多以朱子《家禮》爲圭臬。

至於朱子有無過化金門,學界亦多存疑,致有正反兩派說論。但因朱熹
曾任福建省同安縣主簿,而金門又曾隸屬同安縣管轄,則或多或少受到朱子
教化殆無疑義,朱子眞否來過金門已無關緊要。另者,朱子在福建省曾大力
修建書院,學者查證金門的「燕南書院」並非朱子實際參與修建的書院其中
之一,但因朱子弟子有推展朱學至金門的史實,則金門間接受到朱子的教化
誠可信據,倘因此而間接設立「燕南書院」亦有可能。盱衡彈丸之地的金門
竟卓然崇設「燕南書院」與「朱子祠」,據見朱子備受金門推崇,以及對金
門教化深厚影響之一斑,論及常民生活的婚、喪、喜、慶、祭禮諸儀典,又
豈能撇清朱子而不談呢?

由於臺澎金馬地區人民大多屬於漢民族,其祖先也大多由福建和廣東移
民而來,故是風俗慣習大抵同於福建和廣東,僅因種族不同,彼此略有差異
而已。金門閩南婚俗,即由大量閩南移民的「原鄉信仰」與風習直接帶入,
而得以保有屬於移民文化的閩南文化。又因閩南文化之一的閩南婚俗係承接
朱子《家禮》而來,朱子《家禮》且承接《儀禮》而來,金門閩南婚俗從而
深具儀節繁雜瑣細的閩南婚俗特色與精神,自不殆言。

早前金門,率皆依循閩南婚俗完成終身大事,從議婚前的籌備,至訂婚、
合婚的完成,至婚後做客、做「新婚頭」……等後續活動,儀節雖然層層牽
制又繁瑣累人,卻在農業社會「團結互助,精誠合作」的精神體現下,彼此
互伸援手,終能順利完滿達成使命。反觀今日,緣於工商業社會繁忙、緊張、
快步調的生活模式,過往出於摯誠互助合作的時空背景已然變易,過往完全
默守傳統規制的風氣已然丕變,無形中導致現今金門閩南婚俗深受衝擊,而
衍生諸多缺失,也須諸多改進。

人力籌設問題首當其衝。金門早期農業社會時代的婚禮,普及「一家行
婚,全村義助」的傳統型態,舉凡採辦訂婚、結婚物品;訂製、分送喜糖、
喜餅;布置訂、結婚場地;繕寫、分發婚束;裝修新房;義助「搓圓」、「拜
圓」;宰殺「盤擔」所用豬公與配贈肉品;吊掛賀聯、喜幛、喜燈;參與迎娶、
做儐相;陪拜宮廟、宗祠;租借、清洗婚宴桌椅、碗盤;採辦喜筵食材、設
計菜單;大鬧洞房取樂……等,昔時莫不由村人無條件義務幫辦,各色工作
人員各私其職,團結一氣,視若全村大事而全面總動員。爾今,在現實民生

問題不斷壓迫之下，農村大量人口外移就學或就業，許多傳統婚禮儀節已無法再配合舉行，不得不因隨時代變革而產生各種變應方式。譬若依然留存的「搓圓」、「拜圓」儀程，因人力不足，已較罕見眾人共同搓製的場景，而多改由採購現成袋裝的湯圓餽贈。拜宮廟、拜宗祠禮儀限縮在金門地區結婚者才舉行。婚宴多改至餐館進行，或請餐廳至府上外燴，桌椅、碗盤、廚師、場地及菜色一併解決。婚柬亦請到處林立的印刷商鋪直接印製，既燙金、美觀又富變化。

另就結婚經費言之，古時爲節省嫁妝而將女兒送海漂流，抑或送女兒當他人「童養媳」的人倫悲劇傳聞比比皆是。基於共享喜悅，昔日參與婚宴的人以賀儀禮謝時，僅表達心意即可，並不須費款很多，例如一九七九年，一般賀婚僅新台幣五、六十元；部分聚落嫁或娶親時皆不收賀禮；部分聚落則娶媳收賀禮、嫁女不收賀儀。回觀今日社會，因隨經濟提昇、民生富庶，竟普遍競效奢華靡爛、侈肆鋪張；竟講求婚禮型態的標新立異、與眾不同；甚或濫發婚帖、廣開喜筵的陋規，恐非得宜。尤其金門訂婚之時，男女雙方均行餽送禮餅之儀，村里之間且採「口灶」發放方式，家家贈喜餅，亦致使多數家庭喜餅氾濫，常因吃不完而被迫丟棄，實屬可惜，實屬浪費。如何在傳統和現代間取得平衡點，實有其必要，也是政府應及早規範因應之事，但無論採取何種型式，均應探求簡樸爲最佳原則。

婚嫁對象問題亦足堪探討。「父母之命，媒妁之言」是亙古以來成就婚儀的千年不易準則，如今已在「自由戀愛」習風推波助瀾下逐漸瓦解，年輕人一味講求對味之餘，有率性追求戀愛刺激者；有愛戀「小三」、「小四」、「小五」者；有同姓婚者……常間接鑄成高離婚率或未婚媽媽的社會紛爭。甚有「單身貴族」終身不婚之人，或「頂客族」雖婚卻終身不生育之人，皆有待相關單位及早多作宣傳，多作防範。

婚後「做客」（回娘家）問題，由於臺金兩地通婚的日漸普遍，加之目今人們已較不拘泥於細節，以及教育的普及與時代思想的開放等因由，攸關婚後「做客」規範，已不再嚴格要求必依頭道客、二道客、三道客、四道客循序而進行，甚至「頭道客」回娘家時，已踰越以往規矩而允許住宿娘家過夜。大鬧洞房問題，時值至今亦罕少在金門出現，畢竟現代人們都忙於個人的事業或學業，對昔日奉爲農閒重要娛樂的鬧洞房幾至通宵已較無閒暇，已較無興味。

　　禮儀不外因時、因地而行，為配合今日科學時代力求快速便捷的社會風習，傳統婚禮的婚前禮、正婚禮或婚後禮等儀節因之改變，事屬必然，例如新近時尚的公證結婚、集團結婚、宗教婚禮、新式婚禮、餐館或公開場合的婚禮……等，均為應時應地的變通改革婚禮。又留存較多閩南婚禮精髓是金門閩南婚俗的時代意義，其後續的發展和變異，或許是現下階段本論文所不及之處，卻仍待後人持續的觀察和探討。尤其是朱熹聯結婚禮重要行事和祠堂密切契合的崇尚先祖精神，以及金門地區一家有事，鄰里和族親相約守望相助的精神，無不立基於儒家的傳統思想，亦是儒家禮儀的實踐。倘能多予發揮，未嘗不是一股振聾發聵的清流，對國家社會、對個人宗族想必亦大有助益。

參考文獻

一、**古籍**（按年代先後排序）

（一）**經部**（包含儒家的經典及小學方面的書籍）

1. 〔周〕左丘明撰；〔晉〕杜預注；〔唐〕孔穎達疏；楊伯峻編著《春秋左傳注》，高雄：復文圖書出版社，1991 年 9 月再版。

2. 〔漢〕鄭玄，《駁五經異義》，《文淵閣四庫全書本・經部》182 冊，臺北：臺灣商務印書館，1986 年 7 月。

3. 〔漢〕鄭玄，《駁五經異義補遺》，《文淵閣四庫全書本・經部》182 冊，臺北：臺灣商務印書館，1986 年 7 月。

4. 〔漢〕劉熙，《釋名》（上海涵芬樓《古今逸史》叢書本），李學勤主編《中華漢語工具書書庫》第 51 冊，安徽：教育出版社，2002 年 1 月。

5. 〔東漢〕許慎撰；〔清〕段玉裁注，《說文解字注》，臺北：天工書局，1998 年 8 月。

6. 〔晉〕郭璞注；〔宋〕邢昺疏。李傳書整理，《爾雅注疏》，臺北：臺灣古籍出版社，2001 年 11 月。

7. 〔唐〕杜佑原著。王文錦、王永興、劉俊文、徐庭雲、謝方點校，《通典》，北京：中華書局，2003 年 5 月 1 版 4 刷。

8. 〔唐〕陸德明，《經典釋文》，《文淵閣四庫全書本・經部》182 冊，臺北：臺灣商務印書館，1986 年 7 月。

9. 〔唐〕賈公彥等撰，〔日〕蜂屋邦夫編，《儀禮士昏禮疏》，東京：東京大學東洋文化研究所，1986 年 3 月。

10. 〔宋〕司馬光，《書儀》，《文淵閣四庫全書本・經部》142 冊，臺北：臺灣商務印書館，1986 年 7 月。

11. 〔宋〕司馬光,《溫公書儀》,據清嘉慶張海鵬輯刊學津討原本影印,《百部叢書集成》46 冊,臺北:藝文印書館,1966 年。

12. 〔宋〕朱熹,《家禮》(載錄《性理大全書》),《四庫全書珍本》五集,臺北:臺灣商務印書館,1935 年。

13. 〔宋〕朱熹,《家禮》,《文淵閣四庫全書本‧經部》142 冊,臺北:臺灣商務印書館,1986 年 7 月。

14. 〔宋〕朱熹,《家禮》,日本慶安元年(1648 年)風月宗知刊本,臺北:國家圖書館四樓善本書室。

15. 〔宋〕朱熹,《家禮》,清光緒六年(1880 年)刊本,臺北:國立故宮博物院珍藏善本書。

16. 〔宋〕朱熹,《家禮》,清康熙四十年(1701 年)線裝書(紫陽書院定本),臺北:中央研究院傅斯年圖書館珍藏善本書。

17. 〔宋〕朱熹,《儀禮經傳通解》,《文淵閣四庫全書本‧經部》131～132 冊,臺北:臺灣商務印書館,1986 年 7 月。

18. 〔宋〕朱熹原撰;丘濬輯,《重刻朱子家禮》(紫陽書院定本),臺北:中央研究院民族所圖書館。

19. 〔宋〕朱熹撰,《家禮》,南宋淳祐 5 年(1245 年)五卷本加附錄一卷,載《孔子文化大全》,山東:友誼書社,1992 年 11 月。

20. 〔宋〕朱熹撰;朱傑人、嚴佐之、劉永翔主編,《朱子全書》,上海:上海古籍出版社,2002 年 12 月。

21. 〔宋〕朱熹撰;〔明〕丘濬重編,《文公家禮儀節》(共八卷),明萬曆戊申 36 年(1608 年)常州府推官錢時刊本,常州府出版。臺北:國家圖書館四樓善本室。

22. 〔宋〕朱熹撰;〔明〕丘濬重編,《文公家禮儀節》;〔明〕弘治 3 年(1490年),順德知縣吳廷舉刊;嘉靖己亥 18 年(1539 年)修補本。臺北:國家圖書館四樓善本書室微卷。

23. 〔宋〕張虙,《月令解》,王雲五主持《四庫全書珍本》初集,臺北:臺灣商務印書館,1935 年。

24. 〔宋〕陳振孫,《直齋書錄解題》,清光緒 9 年(1883 年)江蘇書局刊本,收入李學勤主編《中華漢語工具書書庫》,安徽:教育出版社,2002 年 1 月。

25. 〔宋〕陳祥道,《禮書》,《文淵閣四庫全書本‧經部》130 冊,臺北:臺灣商務印書館,1986 年 7 月。

26. 〔宋〕楊復,《儀禮經傳通解續》,《文淵閣四庫全書本‧經部》,臺北:臺灣商務印書館,1986 年 7 月。

27. 〔宋〕葉夢得,《春秋考》,《四庫全書珍本》四集,臺北:臺灣商務印書館,1935 年。

28. 〔宋〕歐陽修等編,《太常因革禮》,載《叢書集成新編》35 冊,臺北:新文豐出版社,1985 年元月。

29. 〔宋〕鄭居中等敕撰,《政和五禮新儀》,王雲五主持《四庫全書珍本》初集,臺北:臺灣商務印書館,1935 年。

30. 〔宋〕聶崇義,《三禮圖集注》,《文淵閣四庫全書本‧經部》129 冊,臺北:臺灣商務印書館,1986 年 7 月。

31. 〔元〕吳澄,《禮記纂言》,《四庫全書珍本》五集,臺北:臺灣商務印書館,1935 年。

32. 〔元〕鄭泳,《鄭氏家儀》,(上海圖書館藏清刻本),《四庫全書存目叢書‧經部》114 冊,臺南:莊嚴文化公司,1997 年 10 月。

33. 〔金〕張瑋等,《大金集禮》,《叢書集成新編》33 冊,臺北:新文豐出版社,1985 年元月。

34. 〔明〕丘濬撰,《邱公家禮儀節》,乾隆庚寅 35 年（1770 年）重修,板藏寶勒樓,載《丘文莊公叢書》,臺北:丘文莊公叢書輯印委員會,1972 年 5 月。

35. 〔明〕丘濬輯,《文公家禮儀節》（八卷）,據北京大學圖書館藏明正德 13 年（1518 年）常州府刻本影印,《四庫全書總目‧經部》114 冊,臺南:莊嚴文化公司,1997 年 2 月。

36. 〔明〕吳麟徵,《家誡要言》,《叢書集成新編》33 冊,臺北:新文豐出版社,1985 年元月。

37. 〔明〕呂坤,《四禮疑》,北京大學圖書館藏明萬曆刻清同治光緒間補修呂新吾全集本,《四庫全書存目叢書‧經部》115 冊,臺南:莊嚴文化公司,1995 年 9 月。

38. 〔明〕呂坤,《四禮翼》（八卷）,北京大學圖書館藏明萬曆刻清同治、光緒間補修呂新吾全集本,《四庫全書存目叢書‧經部》115 冊,臺南:莊嚴文化公司,1995 年 9 月。

39. 〔明〕呂坤,《呂坤全集‧四禮疑》,北京:中華書局,2008 年 5 月。

40. 〔明〕呂柟,《涇野先生禮問》,北京圖書館藏明嘉靖三十二年謝少南涇野先生五經說本,《四庫全書存目叢書‧經部》114 冊,臺南:莊嚴文化公司,1997 年 10 月。

41. 〔明〕呂維祺,《四禮約言》,附錄於清康熙 40 年（1701 年）線裝《家禮》卷八,臺北:中央研究院傅斯年圖書館珍藏善本書。

42. 〔明〕宋纁,《四禮初稿》,附錄於清康熙 40 年（1701 年）線裝《家禮》卷八,臺北:中央研究院傅斯年圖書館珍藏善本書。

43. 〔明〕俞汝楫編,《禮部志稿》,《四庫全書珍本》初集,臺北:臺灣商務印書館,1935 年。

44. 〔明〕彭濱撰,《重刻申閣老校正朱文公家禮正衡》七卷,據〔明〕余良相刊本攝製,臺北:臺大圖書館珍藏善本書微卷,臺北:映像,2000 年。

45. 〔明〕馮善編集,《家禮集說》,明成化己亥（15 年,公元 1479 年）刊本,臺北:國家圖書館善本書室珍藏微卷。

46. 〔明〕楊慎輯,《文公家禮儀節》,明啓禎間（1621～1644 年）刻本,美國:國會圖書館珍藏。

47. 〔明〕劉績,《三禮圖》,《文淵閣四庫全書本‧經部》129 冊,臺北:臺灣商務印書館,1986 年 7 月。

48. 〔清〕孔繼汾,《孔氏家儀》,臺北:中央研究院傅斯年圖書館珍藏善本書。

49. 〔清〕毛奇齡,《昏禮辨正》,《續修四庫全書‧經部‧禮類》95 冊,上海:上海古籍出版社,2002 年 3 月。

50. 〔清〕毛奇齡,《家禮辨說》（十六卷）,《叢書集成續編》66 冊,臺北:新文豐出版社,1989 年 7 月臺一版。

51. 〔清〕毛奇齡纂,《辨定嘉靖大禮議》,《叢書集成新編》,臺北:新文豐出版社,1985 年元月。

52. 〔清〕牛兆濂輯,《家禮》（清光緒刊本。西安省城重刊,馬雜貨鋪藏板）。臺北:國家圖書館。

53. 〔清〕王心敬,《四禮寧儉編》（不分卷）,清華大學圖書館藏民國陝西通志館排印關中叢書本,《四庫全書存目叢書‧經部》115 冊,臺南:莊嚴文化公司,1997 年 2 月。

54. 〔清〕王先謙,《釋名疏證補》（上海涵芬樓《古今逸史》叢書本）,李學勤主編《中華漢語工具書書庫》第 51 冊,安徽:教育出版社,2002 年 1 月。

55. 〔清〕王復禮,《家禮辨定》,南京圖書館藏清康熙刻本,《四庫全書存目叢書‧經部》115 冊,臺南:莊嚴文化公司,1997 年 2 月。

56. 〔清〕王聘珍撰,《大戴禮記解詁》,楊家駱主編《中國學術名著》第三輯,十四經新疏第三期書第一冊,臺北:世界書局,1974 年 5 月 3 版。

57. 〔清〕王謨,《夏小正傳箋四卷附大戴禮公符篇考一卷》,《四庫未收書輯刊》,〔清〕乾隆刻本,北京:北京出版社,2000 年 1 月。

58. 〔清〕朱彬,饒欽農點校,《禮記訓纂》,北京:中華書局,1998 年 12 月湖北初版 2 刷。

59. 〔清〕呂子振羽仲氏輯,《家禮大成》,臺灣:竹林書局,1971 年 5 月 5 版。

60. 〔清〕李光地,《朱子禮纂》,《文淵閣四庫全書本‧經部》142 冊,臺北:臺灣商務印書館,1986 年 7 月。

61. 〔清〕李塨，《學禮》，《叢書集成三編》24 冊，臺北：新文豐出版社，1996年。

62. 〔清〕汪紱，《三讀禮志疑》，《四庫全書珍本》，臺北：臺灣商務印書館，1935 年。

63. 〔清〕汪紱，《六禮或問》，《叢書集成三編》23 冊，臺北：新文豐出版社，1996 年。

64. 〔清〕汪紱，《禮記或問》，《叢書集成三編》25 冊，臺北：新文豐出版社，1996 年。

65. 〔清〕阮元等校勘，《十三經注疏——毛詩》（重刊宋本）；〔漢〕毛公傳，鄭玄箋；〔唐〕孔穎達等正義，臺北：藝文印書館，1976 年 5 月 6 版。

66. 〔清〕阮元等校勘，《十三經注疏——孝經》，唐玄宗明皇帝御注；〔宋〕邢昺疏。臺北：藝文印書館，1976 年 5 月 6 版。

67. 〔清〕阮元等校勘，《十三經注疏——周易》（重刊宋本），〔魏〕王弼、韓康伯注；〔唐〕孔穎達等正義，臺北：藝文印書館，1976 年 5 月 6 版。

68. 〔清〕阮元等校勘，《十三經注疏——周禮》（重刊宋本），〔漢〕鄭玄注；〔唐〕賈公彥疏，臺北：藝文印書館，1976 年 5 月第 6 版。

69. 〔清〕阮元等校勘，《十三經注疏——孟子》（重刊宋本），〔漢〕趙岐注；〔宋〕孫奭疏，臺北：藝文印書館，1976 年 5 月 6 版。

70. 〔清〕阮元等校勘，《十三經注疏——尚書》（重刊宋本），〔漢〕孔安國傳；〔唐〕孔穎達等正義，臺北：藝文印書館，1976 年 5 月 6 版。

71. 〔清〕阮元等校勘，《十三經注疏——春秋公羊傳》（重刊宋本），〔漢〕何休注；〔唐〕徐彥疏，臺北：藝文印書館，1976 年 5 月 6 版。

72. 〔清〕阮元等校勘，《十三經注疏——春秋左傳》（重刊宋本），〔晉〕杜預注；〔唐〕孔穎達等正義，臺北：藝文印書館，1976 年 5 月 6 版。

73. 〔清〕阮元等校勘，《十三經注疏——春秋穀梁傳》（重刊宋本），〔晉〕范甯注；〔唐〕楊士勛疏，臺北：藝文印書館，1976 年 5 月 6 版。

74. 〔清〕阮元等校勘，《十三經注疏——爾雅》（重刊宋本），〔晉〕郭璞注；〔宋〕邢昺疏，臺北：藝文印書館，1976 年 5 月 6 版。

75. 〔清〕阮元等校勘，《十三經注疏——儀禮》（重刊宋本），〔漢〕鄭玄注；〔唐〕賈公彥疏，臺北：藝文印書館，1976 年 5 月 6 版。

76. 〔清〕阮元等校勘，《十三經注疏——論語》，〔魏〕何晏等注；〔宋〕邢昺疏，臺北：藝文印書館，1976 年 5 月 6 版。

77. 〔清〕阮元等校勘，《十三經注疏——禮記》（重刊宋本），〔漢〕鄭玄注；〔唐〕孔穎達等正義，臺北：藝文印書館，1976 年 5 月 6 版。

78. 〔清〕林伯桐，《人家冠婚喪祭考》（簡稱《冠婚喪祭考》），《叢書集成三編》25 冊，臺北：新文豐出版社，1996 年。

79. 〔清〕林伯桐,《士人家儀考》,《叢書集成三編》25 冊,臺北:新文豐出版社,1996 年。

80. 〔清〕林伯桐,《品官家儀考》,《叢書集成三編》25 冊,臺北:新文豐出版社,1996 年。

81. 〔清〕姚際恒,《儀禮通論》,《續修四庫全書・經部・禮類》第 86 冊,上海:上海古籍出版社,2002 年 3 月。

82. 〔清〕洪頤煊,《禮經宮室答問》,《叢書集成三編》25 冊,臺北:新文豐出版社,1996 年。

83. 〔清〕紀昀纂,《欽定四庫全書總目》(武英殿版),臺北:藝文印書館,1997 年 9 月初版 7 刷。

84. 〔清〕凌廷堪,《禮經釋例》,臺北:中研院中國文哲所,2002 年 12 月。

85. 〔清〕凌曙,《禮論略鈔》,《叢書集成三編》25 冊,臺北:新文豐出版社,1996 年。

86. 〔清〕夏炘,《學禮管釋》,《叢書集成三編》25 冊,臺北:新文豐出版社,1996 年。

87. 〔清〕孫希旦撰:沈嘯寰、王星賢點校,《禮記集解》,臺北:文史哲出版社,1990 年 8 月文一版。

88. 〔清〕孫詒讓撰:王文錦、陳玉霞點校,《周禮正義》(全 14 冊),北京:中華書局,2008 年 11 月初版 3 刷。

89. 〔清〕徐乾學,《讀禮通考》,《文淵閣四庫全書本・經部》114 冊,臺北:臺灣商務印書館,1986 年 7 月。

90. 〔清〕秦蕙田,《五禮通考》,味經窩初刻試印本,桃園:聖環圖書公司,1994 年 5 月。

91. 〔清〕乾隆十三年敕撰,《欽定周官義疏》,《四庫全書珍本》,臺北:臺灣商務印書館,1935 年。

92. 〔清〕張文嘉,《重定齊家寶要》(二卷),北京圖書館分館藏清康熙刻本,《四庫全書存目叢書・經部》115 冊,臺南:莊嚴文化公司,1997 年 2 月。

93. 〔清〕張汝誠輯,《家禮會通》(雍正甲寅序刊本),臺北:大立出版社,1985 年 7 月。

94. 〔清〕許三禮,《讀禮偶見》,北京圖書館藏清康熙刻本,《四庫全書存目叢書・經部》115 冊,臺南:莊嚴文化公司,1997 年 2 月。

95. 〔清〕曾釗,《周禮注疏小箋》,《叢書集成三編》25 冊,臺北:新文豐出版社,1996 年。

96. 〔清〕程川編,《朱子五經語類》,《四庫全書珍本》三集,臺北:臺灣商務印書館,1935 年。

97. 〔清〕黃以周,《禮書通故》,北京:中華書局,2007 年 4 月。

98. 〔清〕黃本驥,《三禮從今》(三卷),《四庫未收書輯刊》,清道光 24 年刻本,北京:北京出版社,2000 年 1 月。

99. 〔清〕趙執信,《禮俗權衡》(二卷),《四庫未收書輯刊》,清康熙刻本,北京:北京出版社,2000 年 1 月。

100. 〔清〕綠窗女史,《婚禮注》1 卷,集叢附加款目:《小品叢鈔》,舊鈔本,包角線裝,寫本,國圖微卷。

101. 〔清〕蔡德晉,《禮經本義》,《四庫全書珍本》初集,臺北:臺灣商務印書館,1935 年。

102. 〔清〕戴翊清,《治家格言繹義》,《叢書集成續編》60 冊,臺北:新文豐出版社,1989 年 7 月。

103. 〔清〕鍾于序,《宗規》,《叢書集成續編》60 冊,臺北:新文豐出版社,1989 年 7 月。

104. 〔清〕顧問,《夏小正集解》(四卷),《四庫未收書輯刊》,清乾隆 57 年敬業堂刻本,北京:北京出版社,2000 年 1 月。

105. 〔清〕顧鳳藻,《夏小正經傳集解》,臺北:世界書局,1974 年 5 月 3 版。

106. 王靜芝,《詩經通釋》,新莊:輔仁大學文學院,1976 年 7 月 5 版。

107. 王巍,《詩經民俗文化闡釋》,北京:商務印書館,2004 年 3 月。

108. 李學勤主編,《十三經注疏整理本‧爾雅注疏》上冊,臺北:臺灣古籍出版公司,2001 年 11 月。

109. 李學勤主編,《中華漢語工具書書庫》,合肥:安徽教育出版社,2002 年 1 月。

110. 周一良、趙和平,《唐五代書儀研究》,北京:中國社會科學出版社,1995 年 12 月。

111. 法主堂山人,《家禮大全》,臺北:世一書局,2002 年修訂 2 版。

112. 南懷瑾述著;蔡策紀錄,《論語別裁》,臺北:老古文化公司,1985 年 10 月增訂注音 15 版。

113. 姬秀珠,《儀禮飲食禮器研究》,臺北:里仁書局,2005 年 7 月初版 2 刷。

114. 徐天有,《家禮大成》(合訂本),新竹:竹林書局,2000 年 1 月 20 版。

115. 國立編譯館主編,《十三經注疏分段標點──周禮注疏》,臺北:新文豐出版社,2001 年 6 月。

116. 國立編譯館主編,《十三經注疏分段標點──儀禮注疏》,臺北:新文豐出版社,2001 年 6 月。

117. 國立編譯館主編,《十三經注疏分段標點──禮記注疏》,臺北:新文豐出版社,2001 年 6 月。

118. 國立編譯館主編,《周禮正義》,臺北:新文豐出版公司,2001 年 6 月。

119. 國立編譯館主編,《儀禮注疏》,臺北:新文豐出版公司,2001 年 6 月。

120. 國立編譯館主編,《禮記注疏》,臺北:新文豐出版公司,2001 年 6 月。

121. 張光裕,《儀禮士昏禮、士相見之禮儀節研究》,(儀禮復原研究叢刊),臺北:臺灣中華書局,1986 年 9 月 2 版。

122. 陳瑞庚,《士昏禮服飾考》,(儀禮復原研究叢刊),臺北:臺灣中華書局,1986 年 9 月 2 版。

123. 黃耀德,《家禮通書》,臺南:世一書局,2002 年修訂 2 版。

124. 葉國良,《經學側論》,新竹:國立清華大學出版社,2005 年 11 月。

125. 葉國良主持,《《儀禮·士昏禮》彩色 3D 動畫研發計畫報告》,行政院國家科學委員會補助專題研究計畫,臺北:國立臺灣大學中國文學系,2000 年 3 月。

126. 葉國良主持,《《儀禮·士昏禮》彩色 3D 動畫研發後續計畫》,行政院國家科學委員會補助專題研究計畫,臺北:國立臺灣大學中國文學系,2001 年 9 月。

127. 趙和平輯校,《敦煌表狀箋啓書儀輯校》(敦煌文獻分類錄校叢刊),江蘇:古籍出版社,1999 年 10 月初版 2 刷。

128. 趙和平輯校,《敦煌寫本書儀研究》(敦煌叢刊二集之一),臺北:新文豐出版公司,1993 年 4 月。

129. 劉松來,《禮記漫談》(十三經漫談叢書 6),臺北:頂淵文化事業公司,1997 年 8 月。

130. 廣陵書社編;何慶先等整理,《中國歷代禮儀典》,揚州:廣陵書社,2003 年 11 月。

131. 錢玄,《三禮通論》,南京:南京師範大學出版社,1996 年 10 月。

132. 錢玄、錢興奇編著,《三禮辭典》,南京:江蘇古籍出版社,1998 年 3 月第 1 版 2 刷。

133. 〔日〕室直清,《文公家禮通考》,《叢書集成續編》66 冊,臺北:新文豐出版社,1989 年 7 月臺 1 版。

（二）**史部**（包含正史、編年史、紀事本末、別史、雜史、傳記、地理、職官、政書）

（1）**史書類**

1. 〔漢〕司馬遷撰;〔宋〕裴駰集解,《史記》,臺北:藝文印書館,2005 年 2 月初版 4 刷。

2. 〔漢〕司馬遷原著;〔日〕瀧川龜太郎編著,《史記會注考證》,臺北:宏業書局,1973 年 6 月再版。

3. 〔漢〕班固，《漢書》，臺北：鼎文書局，1981 年 2 月 4 版。

4. 〔漢〕班固撰；〔清〕王先謙補注，《漢書補注》，臺北：藝文印書館，1996 年 8 月初版 4 刷。

5. 〔晉〕陳壽，《三國志》，臺北：鼎文書局，1980 年 9 月 4 版。

6. 〔後晉〕劉昫等奉敕撰，《舊唐書》，臺北：鼎文書局，1981 年元月 3 版。

7. 〔南朝宋〕范曄，《後漢書》，臺北：鼎文書局，1981 年 4 月 4 版。

8. 〔南朝宋〕范曄撰；〔唐〕李賢注，《新校後漢書注》，臺北：世界書局編，1974 年 5 月 3 版。

9. 〔北齊〕魏收奉敕撰，《魏書》，臺北：鼎文書局，1980 年 6 月 3 版。

10. 〔梁〕沈約，《宋書》，臺北：鼎文書局，1979 年 2 月 2 版。

11. 〔梁〕蕭子顯，《南齊書》，臺北：鼎文書局，1980 年 3 月 3 版。

12. 〔唐〕蕭嵩等奉敕撰，《大唐開元禮》，東京大學東洋文化研究所大木庫本，光緒 12 年（1886 年）氏公善堂校刊本，北京：民族出版社，2000 年 5 月。

13. 〔唐〕令狐德棻等奉敕撰，《周書》，臺北：鼎文書局，1980 年 3 月 3 版。

14. 〔唐〕李百藥奉敕撰，《北齊書》，臺北：鼎文書局，1980 年 3 月 3 版。

15. 〔唐〕李延壽，《北史》，臺北：鼎文書局，1980 年 12 月 3 版。

16. 〔唐〕李延壽，《南史》，臺北：鼎文書局，1981 年元月 3 版。

17. 〔唐〕杜佑，《通典》，杭州：浙江古籍出版社，2000 年 1 月第 2 版 1 刷。

18. 〔唐〕房玄齡等奉敕撰，《晉書》，臺北：鼎文書局，1980 年 8 月 3 版。

19. 〔唐〕長孫無忌，《唐律疏議》，臺北：臺灣商務印書館，2005 年 4 月臺 1 版第 9 刷。

20. 〔唐〕姚思廉奉敕撰，《梁書》，臺北：鼎文書局，1980 年 3 月 3 版。

21. 〔唐〕姚思廉奉敕撰，楊家駱主編《中國學術類編：新校本陳書附索引》，臺北：鼎文書局，1980 年 3 月 3 版。

22. 〔唐〕魏徵等奉敕撰，《隋書》，臺北：鼎文書局，1980 年 6 月 3 版。

23. 〔宋〕不著撰人，《咸淳遺事》，《文淵閣四庫全書本·史部》408 冊，臺北：臺灣商務印書館，1986 年 7 月。

24. 〔宋〕王得臣，《麈史》，載《宋元筆記小說大觀》2 冊，上海：上海古籍出版社，2007 年 10 月。

25. 〔宋〕王溥，《五代會要》，臺北：臺灣商務印書館，1968 年 3 月。

26. 〔宋〕王溥，《唐會要》，《文淵閣四庫全書本·史部》606～607 冊，臺北：臺灣商務印書館，1986 年 7 月。

27. 〔宋〕王應麟，《漢制攷》，《文淵閣四庫全書本·史部》609 冊，臺北：臺灣商務印書館，1986 年 7 月。

28. 〔宋〕司馬光,《資治通鑑》,臺北:文化圖書公司,1976 年 11 月再版。

29. 〔宋〕吳自牧,《夢梁錄》,載《東京夢華錄:外四種》,臺北:大立出版社,1980 年 10 月。

30. 〔宋〕李燾,《續資治通鑑長編》,《文淵閣四庫全書本·史部》314～322 冊,臺北:臺灣商務印書館,1986 年 7 月。

31. 〔宋〕周密,《武林舊事》,知不足齋叢書本重印,載《東京夢華錄:外四種》,臺北:大立出版社,1980 年 10 月。

32. 〔宋〕孟元老,《東京夢華錄》,日本靜嘉堂文庫影印黃丕烈舊藏元刊明印本重印,載《東京夢華錄:外四種》,臺北:大立出版社,1980 年 10 月。

33. 〔宋〕徐天麟,《西漢會要》,《文淵閣四庫全書本·史部》609 冊,臺北:臺灣商務印書館,1986 年 7 月。

34. 〔宋〕徐天麟,《東漢會要》,《文淵閣四庫全書本·史部》609 冊,臺北:臺灣商務印書館,1986 年 7 月。

35. 〔宋〕陳元靚,《歲時廣記》,《文淵閣四庫全書本·史部》467 冊,臺北:臺灣商務印書館,1986 年 7 月。

36. 〔宋〕歐陽修,《新五代史》,臺北:鼎文書局,1980 年 11 月 3 版。

37. 〔宋〕歐陽修、宋祁等,《新唐書》,臺北:鼎文書局,1979 年 2 月 2 版。

38. 〔宋〕鄭樵,《通志》,杭州:浙江古籍出版社,2000 年 1 月。

39. 〔宋〕薛居正等,《舊五代史》,臺北:鼎文書局,1981 年 2 月 3 版。

40. 〔元〕馬端臨,《文獻通考》,浙江:古籍出版社,2000 年 1 月。

41. 〔元〕脫脫等奉敕撰,《宋史》,楊家駱主編《中國學術類編·新校本宋史并附編三種》,臺北:鼎文書局,1980 年 5 月再版。

42. 〔元〕脫脫等奉敕撰,《金史》,臺北:鼎文書局,1980 年 12 月 3 版。

43. 〔元〕脫脫等奉敕撰,《遼史》,臺北:鼎文書局,1980 年 9 月 2 版。

44. 〔明〕朱國禎,《皇明史概》,(明崇禎間原刻本),臺北:文海出版社。

45. 〔明〕宋濂、王禕等奉敕撰,《元史》,臺北:鼎文書局,1981 年 3 月 3 版。

46. 〔明〕李東陽等,申明行等奉敕重修,《大明會典》,明神宗萬曆十五年(1587)司禮監刊本,1964 年 3 月再版。

47. 〔明〕胡廣等,《明太祖實錄》,臺北:中央研究院史語所據國立北平圖書館紅格鈔本之 ozaphane 微卷放大影印。

48. 〔明〕姚廣孝、解縉等奉敕編纂,《永樂大典》,臺北:世界書局,1962 年 2 月。

49. 〔明〕徐一夔等,《大明集禮》,《文淵閣四庫全書本·史部》,臺北:臺灣商務印書館,1986 年 7 月。

50. 〔明〕徐溥等、李東陽等重修，《大明會典》，《文淵閣四庫全書本·史部》，臺北：臺灣商務印書館，1986 年 7 月。

51. 〔明〕馮琦原編；陳邦瞻纂輯；張溥論正，《宋史紀事本末》，北京：中華書局，1957 年 7 月上海 1 版 2 刷。

52. 〔明〕戴銑編，《朱子實紀》一書，收入岡田武彥主編；福田殖解題，（和刻影印）《近世漢籍叢刊思想》初編第 22，臺北：中文出版社，1972 年 5 月。

53. 〔清〕三泰等，劉統勳等續纂，《大清律例》，《文淵閣四庫全書本·史部》672～673 冊，臺北：臺灣商務印書館，1986 年 7 月。

54. 〔清〕允祹等奉敕撰，《欽定大清會典》，《文淵閣四庫全書本·史部》619 冊，臺北：臺灣商務印書館，1986 年 7 月。

55. 〔清〕王梓材、馮雲濠輯，《宋元學案補遺》，《叢書集成續編》249 冊，臺北：新文豐出版社，1989 年 7 月。

56. 〔清〕托津等，《欽定大清會典事例》，《近代中國史料叢刊三編》，臺北：文海出版社，1992 年 4 月。

57. 〔清〕李清馥，《閩中理學淵源考》，《文淵閣四庫全書本·史部》460 冊，臺北：臺灣商務印書館，1986 年 7 月。

58. 〔清〕李誡奉敕撰，《營造法式》，《文淵閣四庫全書本·史部》673 冊，臺北：臺灣商務印書館，1986 年 7 月。

59. 〔清〕來保、李玉鳴等奉敕撰，《欽定大清通禮》，《文淵閣四庫全書本·史部》655 冊，臺北：臺灣商務印書館，1986 年 7 月。

60. 〔清〕紀昀，《欽定四庫全書總目》（武英殿版），臺北：藝文印書館，1997 年 9 月初版 7 刷。

61. 〔清〕徐松輯，《宋會要輯稿》，上海：中華書局，1957 年 11 月。

62. 〔清〕郝玉麟等監，謝道承等編纂，《福建通志》，《文淵閣四庫全書本·史部》527～530 冊，臺北：臺灣商務印書館，1986 年 7 月。

63. 〔清〕郝玉麟等監修，魯曾煜等編纂，《廣東通志》，《文淵閣四庫全書本·史部》562～564 冊，臺北：臺灣商務印書館，1986 年 7 月。

64. 〔清〕乾隆官修，《清朝文獻通考》，浙江：古籍出版社，2000 年 1 月。

65. 〔清〕乾隆官修，《清朝通志》，浙江：古籍出版社，2000 年 1 月。

66. 〔清〕乾隆官修，《清朝通典》，浙江：古籍出版社，2000 年 1 月。

67. 〔清〕乾隆官修，《續文獻通考》，浙江：古籍出版社，2000 年 1 月。

68. 〔清〕乾隆官修，《續通志》，浙江：古籍出版社，2000 年 1 月。

69. 〔清〕乾隆官修，《續通典》，浙江：古籍出版社，2000 年 1 月。

70. 〔清〕張廷玉等，《明史》，臺北：鼎文書局，1980 年 1 月第 3 版。

71. 〔清〕畢沅,《續資治通鑑》,臺北:文化圖書公司,1971 年 4 月。

72. 〔清〕琴川編,《皇清奏議》(都城國史館琴川居士排字本)卷 33,臺北:文海出版社,1967 年。

73. 〔清〕龍文彬纂,《明會要》,楊家駱主編《中國學術名著》第二輯,歷代會要第一期書第九冊。臺北:世界書局,1972 年 10 月第 3 版。

74. 〔清〕劉師培,《中國歷史教科書》,史部‧史鈔類,1934～1936 年寧武南氏排印本,國圖線裝善本書。

75. 二十五史刊行委員會編集,《二十五史‧晉書》,臺北:臺灣開明書店鑄版,1965 年 5 月臺二版。

76. 二十五史刊行委員會編集,《二十五史‧周書》,臺北:臺灣開明書店鑄版,1965 年 5 月臺二版。

77. 二十五史刊行委員會編集,《二十五史‧新唐書》,臺北:臺灣開明書店鑄版,1965 年 5 月臺二版。

78. 二十五史刊行委員會編集,《二十五史‧舊唐書》,臺北:臺灣開明書店鑄版,1965 年 5 月臺二版。

79. 二十五史刊行委員會編集,《二十五史‧明史》,臺北:臺灣開明書店鑄版,1965 年 5 月臺二版。

80. 舒大剛、楊世文主編,《儒藏‧史部‧歷代學案》,四川:四川大學出版社,2005 年 5 月。

81. 楊家駱主編,《十通分類總纂》,臺北:鼎文書局,1975 年 1 月。

82. 楊家駱主編,《新校本宋史并附編三種》列傳第 188,1980 年 5 月再版。

83. 臺灣銀行經濟研究室編輯,《福建省例》(臺灣文獻叢刊),臺北:臺灣銀行,1964 年 6 月。

84. 趙爾巽等,《清史稿校註》,臺北:國史館,1986 年 7 月。

85. 劉海年、楊一凡總主編,《大明令》,載《中國珍稀法律典籍集成──洪武法律典籍》乙編第一冊,北京:科學出版社,1994 年 8 月。

86. 劉海年、楊一凡總主編,《大明律直解所載明律》,載《中國珍稀法律典籍集成乙編──洪武法律典籍》,北京:科學出版社,1994 年 8 月。

87. 劉海年、楊一凡總主編,《大誥武臣》,載《中國珍稀法律典籍集成乙編──洪武法律典籍》,北京:科學出版社,1994 年 8 月。

88. 劉海年、楊一凡總主編,《御製大誥》,載《中國珍稀法律典籍集成乙編──洪武法律典籍》,北京:科學出版社,1994 年 8 月。

89. 劉海年、楊一凡總主編,《御製大誥續編》,載《中國珍稀法律典籍集成乙編──洪武法律典籍》,北京:科學出版社,1994 年 8 月。

90. 劉海年、楊一凡總主編,《教民榜文》,載《中國珍稀法律典籍集成乙編───洪武法律典籍》,北京:科學出版社,1994 年 8 月。

91. 劉錦藻，《清朝續文獻通考》，浙江：古籍出版社，2000 年 1 月。

92. 〔朝鮮〕鄭麟趾，《高麗史》，雲南大學圖書館藏明藏明景泰二年（1451年）朝鮮活字本，《四庫全書存目叢書・史部》，臺南：莊嚴文化公司，1995 年 9 月。

（2）方志類

1. 〔明〕何喬遠編撰，《閩書》，福建：人民出版社，1994 年 6 月。

2. 〔明〕洪受，《滄海紀遺》，金門：縣文獻委員會，1970 年 6 月再版。

3. 〔明〕黃仲昭，《八閩通志》，福建：人民出版社，1996 年 5 月。

4. 〔清〕方鼎等修；〔清〕朱升元等纂，《晉江縣志》，編入《中國方志叢書・華南地方・福建省》第 82 號，臺北：成文出版社，1967 年。

5. 〔清〕王澤椿纂、張闓仙修，《惠安縣志》，臺灣省立圖書館藏清雍正 8 年庚戌九月修本影印，臺北：臺北市惠安同鄉會，1973 年。

6. 〔清〕余文儀主修；〔清〕黃佾等纂輯，《續修臺灣府志》，編入《中國方志叢書・臺灣地區》第 5 號，臺北：成文出版社，1984 年 3 月臺一版。

7. 〔清〕周學曾等，《晉江縣志》，福建：人民出版社，1990 年 7 月。

8. 〔清〕周鍾瑄，《諸羅縣志》，收入《臺灣文獻叢刊》第 141 種，臺北：臺灣銀行經濟研究室，1962 年。

9. 〔清〕林焜熿，《金門志》，收入《臺灣歷史文獻叢刊》，南投：臺灣省文獻委員會，1993 年 9 月。

10. 〔清〕林焜熿，《金門志十六卷》，光緒壬午年（1882 年）10 月開雕，版藏浯江書院。

11. 〔清〕郝玉麟等監修，《福建通志》，《文淵閣四庫全書本・史部》530 冊，臺北：臺灣商務印書館，1986 年 7 月。

12. 〔清〕孫爾準等修，陳壽祺等纂，《重纂福建通志》，清同治 10 年（1871）重刊本，臺北：華文書局，1968 年 10 月。

13. 〔清〕徐景熹等修；〔清〕魯曾煜等纂，《福州府志》，據清乾隆 19 年刊本影印，編入《中國方志叢書・華南地方》第 72 號，臺北：成文出版社，1967 年 12 月。

14. 〔清〕清光緒癸巳年校補，《泉州府馬巷廳志》，臺北：福建省同安縣同鄉會，1986 年 10 月重印。

15. 〔清〕陳文達著，《臺灣縣志》，據民 53 年臺灣銀行臺灣文獻叢刊本第 103 種影印，南投：臺灣省文獻會，1993 年 6 月。

16. 〔清〕黃佐、郭賡武纂修，《泉州府志》，泉州：編纂委員會辦公室 1984 年據泉山書社民國 16 年乾隆版補刻本影印。

17. 〔清〕萬友正纂修,《馬巷廳志》,據清乾隆四十一年（1776）修,清光緒十九年（1893）補刊本影印,編入《中國方志叢書》第 98 號,臺北:成文出版社,1967 年 12 月。

18. 〔清〕鄭祖庚纂修,《閩縣鄉土志》,據清刊本影印,編入《中國方志叢書‧華南地方‧福建省》第 226 號,臺北:成文出版社,1974 年 6 月。

19. 同安縣地方志編纂委員會編,《同安縣志》,編入《中華人民共和國地方志‧福建省》,北京:中華書局,2000 年 10 月。

20. 呂允在總編纂,《增修烈嶼鄉志》,金門:烈嶼鄉公所,2010 年 1 月。

21. 周凱,《廈門志》,編入《臺灣歷史文獻叢刊‧方志類》,南投:臺灣省文獻會,1993 年 9 月。

22. 林學增等修,吳錫璜纂,《同安縣志》,據民國 18 年鉛印本影印,編入《中國方志叢書》第 83 號,臺北:成文出版社,1967 年。

23. 金門縣文獻委員會,《金門縣志》,金門:金門縣政府,1922 年 2 月。

24. 金門縣文獻委員會,《金門縣志》重修版,金門:金門縣政府,1968 年 2 月。

25. 金門縣文獻委員會,《金門縣志》重編版,金門:金門縣政府,1979 年 6 月。

26. 金門縣政府,《金門縣志》增修版,金門:金門縣政府,1999 年初版 2 刷。

27. 金門縣政府,《金門縣志:96 年續修》,金門:金門縣政府,2009 年 12 月。

28. 金門縣金門學研究會總編纂,《金城鎮志》,金門:金城鎮公所,2009 年 11 月。

29. 泉州市地方志編纂委員會編,《泉州市志》,編入《中華人民共和國地方志‧福建省》,北京:中國社會科學出版社,2000 年 5 月。

30. 晉江市地方志編纂委員會編,《晉江市志》,編入《中華人民共和國地方志‧福建省》,上海:生活、讀書、新知三聯書店上海分店,1994 年 3 月。

31. 財團法人金門縣史蹟維護基金會編,《金寧鄉志》,金門:金寧鄉公所,2005 年 10 月。

32. 許如中編;陳槃審閱,《新金門志》,金門縣:金門縣政府,1959 年 3 月。

33. 許如中編著,《金門民俗志》,編入婁子匡編著《國立北京大學中國民俗學會民俗叢書》第二輯第 29,臺北:東方文化書局,1971 年春季。

34. 許雪姬總編輯,《續修澎湖縣志》,澎湖:澎湖縣政府,2005 年 7 月。

35. 連雅堂著,《臺灣通史》,編入《認識臺灣系列》,臺北:黎明文化公司,2001 年 4 月。

36. 陳光貽著，《中國方志學史》，編入周一良主編《大學歷史叢書》，福州：福建人民出版社，1998 年 9 月。

37. 陳昆仁總編輯；李錫回主編，《金門史蹟源流》，金門：金門縣政府，1987 年 11 月修訂再版。

38. 陳嘉平等，《廈門地志》，廈門：鷺江出版社，1999 年 8 月 2 刷。

39. 惠安縣地方志編纂委員會編，《惠安縣志》，北京：方志出版社，1998 年 7 月。

40. 廈門市地方志編纂委員會編，《廈門市志》，北京：方志出版社，2004 年 1 月。

41. 楊天厚、林麗寬總編纂，《金門縣金沙鎮志》，金門：金沙鎮公所，上冊 2002 年 12 月；下冊 2005 年 2 月。

42. 楊天厚、林麗寬總編纂，《金門縣金湖鎮志》，金門：金湖鎮公所，2009 年 5 月。

43. 楊志文，《金門縣湖峰鄉土誌紀遺》，金門：金門縣湖峰社史料編纂委員會，2001 年 12 月。

44. 楊志文，《金門縣湖峰鄉土誌續輯》，金門：金門縣湖峰社史料編纂委員會，1998 年 8 月。

45. 楊青主編，《八閩三楊匯譜・弘農楊氏源流卷》，香港：國際炎黃文化出版社，2002 年 6 月。

46. 福建省晉江市地方志編纂委員會編，《晉江市志》（簡本），北京：方志出版社，2001 年 11 月。

47. 臺灣中西文化事業中心影印，《泉州府志》，1964 年。

48. 謝重光、楊彥杰、汪毅夫等，《金門史稿》，廈門：鷺江出版社，1999 年 8 月。

（3）譜牒類

1. 《梁氏族譜》手抄本，1987 年 1 月。

（三）子部（包含諸子、技藝、術數等著作）

1. 〔周〕老子原著。余培林編撰，《生命的大智慧——老子》，臺北：時報文化公司，1981 年 3 月。

2. 〔周〕荀況，《荀子》，《文淵閣四庫全書本・子部》695 冊，臺北：臺灣商務印書館，1986 年 7 月。

3. 〔周〕荀況原著；〔清〕楊倞注，王先謙集解，《荀子集解》，臺北：藝文印書館，2007 年 3 月初版 8 刷。

4. 〔周〕莊周撰；晉郭象注，《莊子》，臺北：中華書局，1973 年 4 月臺 4 版。

5. 〔周〕莊周，《莊子集釋》，臺南：唯一書業中心，1975 年 9 月。

6. 〔漢〕王充原著。蕭登福校注，《新編論衡》，臺北：臺灣古籍出版社，2000 年 8 月。

7. 〔漢〕王充《論衡》，臺北：漢學研究中心，宋刊本，影印自日本宮內廳 書陵部，1990 年。

8. 〔漢〕王符，《潛夫論》，《文淵閣四庫全書本·子部》，臺北：臺灣商務印 書館，1986 年 7 月。

9. 〔漢〕王符原著；〔清〕汪繼培箋，《潛夫論箋》，臺北：漢京文化公司， 2004 年 3 月。

10. 〔漢〕桓寬，《鹽鐵論》，《文淵閣四庫全書本·子部》，臺北：臺灣商務印 書館，1986 年 7 月。

11. 〔漢〕桓寬著；王利器校注，《鹽鐵論校注》，北京：中華書局，1992 年 7 月。

12. 〔漢〕班固原著；〔清〕陳立疏證，《白虎通疏證》，光緒元年（1875 年） 春淮南書局刊，臺北：廣文書局，2004 年 10 月再版。

13. 〔漢〕荀悅著；龔祖培校點，《申鑒》，瀋陽：遼寧教育出版社，2001 年 2 月。

14. 〔漢〕賈誼，《新書》，《文淵閣四庫全書本·子部》，臺北：臺灣商務印書 館，1986 年 7 月。

15. 〔漢〕劉安原撰；〔漢〕高誘注。何寧撰注，《淮南子集釋》，北京：中華 書局，2006 年 4 月第 1 版 2 刷。

16. 〔漢〕蔡邕，《獨斷》二卷，上海涵芬樓影印常熟瞿氏鐵琴銅劍樓藏明弘 治癸亥刊本，《四部叢刊·廣編》25 冊，臺北：臺灣商務印書館，1981 年。

17. 〔漢〕應劭撰。王利器注，《風俗通義校注》，臺北：漢京文化公司，1983 年 9 月。

18. 〔東漢〕王符撰；龔祖培校點，《潛夫論》，瀋陽：遼寧教育出版社，2001 年 2 月。

19. 〔東漢〕崔寔撰；唐鴻學校輯，《四民月令》（大關唐氏成都刊怡蘭堂叢書 本），《歲時習俗資料彙編》，臺北：藝文印書館，1970 年 12 月。

20. 〔後漢〕崔寔撰。唐鴻學輯，《四民月令》，大關唐鴻學輯刻于成都，《叢 書集成續編》80 冊，臺北：新文豐出版社，1989 年 7 月。

21. 〔魏〕王肅撰註，《孔子家語》（明覆宋刊本），載《中國子學名著集成—— 宋元明清善本叢刊》，臺北：中國子學名著集成編印基金會，1978 年 12 月。

22. 〔晉〕崔豹，《古今注》，上海涵芬樓影印宋刊本，《四部叢刊・三編》，臺北：臺灣商務印書館，1966 年。

23. 〔晉〕張華撰；范寧校證，《博物志校證》，臺北：明文書局，1981 年 9 月。

24. 〔南朝宋〕劉義慶原著。楊勇著，《世說新語校箋》，臺北：平平出版社，1974 年 9 月。

25. 〔梁〕宗懍，《荊楚歲時記》，《叢書集成新編》91 冊，臺北：新文豐出版社，1985 年元月。

26. 〔北齊〕顏之推，《顏氏家訓》，《叢書集成新編》33 冊，臺北：新文豐出版社，1985 年元月。

27. 〔隋〕王通原著；王雪玲校點，《中說》，瀋陽：遼寧教育出版社，2001 年 2 月。

28. 〔唐〕于義方，《黑心符》，《叢書集成新編》33 冊，臺北：新文豐出 1985 版社，年元月。

29. 〔唐〕段成式，《酉陽雜俎》，《文淵閣四庫全書本・子部》，臺北：臺灣商務印書館，1986 年 7 月。

30. 〔唐〕段成式，《酉陽雜俎續集》，《四庫全書薈要》，臺北：世界書局，1988 年 2 月。

31. 〔宋〕不著撰人，《新編婚禮備用月老新書》，南宋末年建刊本，臺北：國圖四樓善本室微卷影印，1225 年。

32. 〔宋〕王堯臣等，《崇文總目》，《百部叢書集成》（原刻景印），臺北：藝文印書館，1966 年。

33. 〔宋〕王欽若等編，《冊府元龜》，香港：中華書局，1960 年 6 月。

34. 〔宋〕王銍撰；朱杰人點校，《默記》，北京：中華書局，1997 年 12 月。

35. 〔宋〕王應麟著；〔清〕翁元圻等注；欒保群、田松青、呂宗力校點；《困學紀聞》，上海：上海古籍出版社，2008 年 12 月。

36. 〔宋〕王闢之撰；呂友仁點校，《澠水燕談錄》，北京：中華書局，1981 年 3 月。

37. 〔宋〕王栐撰；誠剛點校，《燕翼詒謀錄》，北京：中華書局，1997 年 12 月。

38. 〔宋〕司馬光，《家範》，《文淵閣四庫全書本・子部》696 冊，臺北：臺灣商務印書館，1986 年 7 月。

39. 〔宋〕朱熹，《白鹿書院教規》，《叢書集成新編》33 冊，臺北：新文豐出版社，1985 年元月。

40. 〔宋〕朱熹，《朱子大全》，《四部備要・子部》367～378 冊（據明胡氏刻本校刊），臺北：中華書局，1965 年～1966 年。

41. 〔宋〕朱熹，《朱子全書》，上海：上海古籍出版社，2002 年 12 月。

42. 〔宋〕朱熹，《延平答問》，《文淵閣四庫全書本・子部》，臺北：臺灣商務印書館，1986 年 7 月。

43. 〔宋〕朱熹、呂祖謙同編；葉采集解，《近思錄》（正誼堂全書），《文淵閣四庫全書本・子部》，臺北：臺灣商務印書館，1986 年 7 月。

44. 〔宋〕朱熹原著；〔清〕李光地、熊賜履等編，《御纂朱子全書》，《文淵閣四庫全書本・子部》，臺北：臺灣商務印書館，1986 年 7 月。

45. 〔宋〕朱熹編，《河南程氏遺書》，載《叢書集成三編》14 冊，臺北：新文豐出版社，1989 年 7 月臺 1 版。

46. 〔宋〕朱熹編輯，《二程語錄》，《叢書集成新編》21 冊，臺北：新文豐出版社，1985 年元月。

47. 〔宋〕朱熹輯；〔清〕茅星來撰，《近思錄集註》，《文淵閣四庫全書本・子部》699 冊，臺北：臺灣商務印書館，1986 年 7 月。

48. 〔宋〕呂大鈞，《呂氏鄉約》，載《叢書集成續編》59 冊，臺北：新文豐出版社，1989 年 7 月。

49. 〔宋〕呂大臨撰；陳俊民輯校，《藍田呂氏遺著輯校》，北京：中華書局，1993 年 11 月。

50. 〔宋〕呂祖謙編著，《呂祖謙全集・近思錄》，浙江：古籍出版社，2008 年 1 月。

51. 〔宋〕李邦獻，《省心雜言》，據四庫本重刻影印，《百部叢書集成》初編 37 冊，臺北：藝文印書館，1969 年。

52. 〔宋〕李昉等奉敕撰；王雲五主編《太平御覽》，《四部叢刊三編・子部》，上海涵芬樓影印宋刊本，臺北：臺灣商務印書館，1968 年 1 月臺一版。

53. 〔宋〕周密，《癸辛雜識》，《宋元筆記小說大觀》，上海：上海古籍出版社，2007 年 3 月。

54. 〔宋〕周密，《齊東野語》，《文淵閣四庫全書本・子部》，臺北：臺灣商務印書館，1986 年 7 月。

55. 〔宋〕邵伯溫，《邵氏聞見錄》，《宋元筆記小說大觀》，上海：上海古籍出版社，2007 年。

56. 〔宋〕范仲淹，《范文正公文集》，《叢書集成新編》73 冊，臺北：新文豐出版社，1985 年元月。

57. 〔宋〕范仲淹，《范氏義莊規矩》，《叢書集成續編》59 冊，臺北：新文豐出版社，1989 年 7 月。

58. 〔宋〕范仲淹撰；〔清〕范能濬輯，《范文正集補編》，《文淵閣四庫全書本・子部》，臺北：臺灣商務印書館，1986 年 7 月。

59. 〔宋〕真德秀,《西山讀書記》,《文淵閣四庫全書本‧子部》,臺北:臺灣商務印書館,1986 年 7 月。

60. 〔宋〕真德秀,《諭俗文》,《叢書集成新編》33 冊,臺北:新文豐出版社,1985 年元月。

61. 〔宋〕袁采,《袁氏世範》,《文淵閣四庫全書本‧子部》698 冊,臺北:臺灣商務印書館,1986 年 7 月。

62. 〔宋〕高承,《事物紀原》,《叢書集成新編》39 冊,臺北:新文豐出版社,1985 年元月。

63. 〔宋〕張載,《張子全書》,《文淵閣四庫全書本‧子部》儒家類,697 冊,臺北:臺灣商務印書館,1986 年 7 月。

64. 〔宋〕陳元靚,《歲時廣記》,《歲時習俗資料彙編》,臺北:藝文印書館,1970 年 12 月。

65. 〔宋〕陸游,《放翁家訓》,《叢書集成新編》33 冊,臺北:新文豐出版社,1985 年元月。

66. 〔宋〕程頤,《二程遺書》,上海:上海古籍出版社,2000 年 12 月。

67. 〔宋〕程顥、程頤,《二程集》,臺北:漢京文化事業公司,1983 年 9 月 16 日。

68. 〔宋〕程顥、程頤,《二程遺書》,《文淵閣四庫全書本‧子部》,臺北:臺灣商務印書館,1986 年 7 月。

69. 〔宋〕程顥、程頤撰;朱子編,《二程外書》,《文淵閣四庫全書本‧子部》,臺北:臺灣商務印書館,1986 年 7 月。

70. 〔宋〕項安世,《項氏家說》,《文淵閣四庫全書本‧子部》,臺北:臺灣商務印書館,1986 年 7 月。

71. 〔宋〕黃榦,《朱文公(熹)行狀》,一名《宋侍講朱文公行狀》,《叢書集成續編》260 冊,臺北:新文豐出版社,1989 年 7 月。

72. 〔宋〕楊時編輯,《二程粹言》,《叢書集成新編》21 冊,臺北:新文豐出版社,1985 年元月。

73. 〔宋〕葉夢得,《石林家訓》,《叢書集成續編》60 冊,臺北:新文豐出版社,1989 年 7 月。

74. 〔宋〕葉夢得,《石林燕語》,《宋元筆記小說大觀》,上海:上海古籍出版社,2007 年 3 月。

75. 〔宋〕趙鼎,《家訓筆錄》,《叢書集成新編》33 冊,臺北:新文豐出版社,1985 年元月。

76. 〔宋〕劉清之,《戒子通錄》,《文淵閣四庫全書本‧子部》703 冊,臺北:臺灣商務印書館,1986 年 7 月。

77. 〔宋〕劉敞，《公是弟子記》，《文淵閣四庫全書本‧子部》，臺北：臺灣商務印書館，1986 年 7 月。

78. 〔宋〕劉敞，《公是集》，《文淵閣四庫全書本‧子部》，臺北：臺灣商務印書館，1986 年 7 月。

79. 〔宋〕劉應李輯，《新編事文類聚翰墨全書‧文公婚禮‧議婚》卷 4，《四庫全書存目叢書‧子部》169 冊，臺南：莊嚴文化公司，1995 年 9 月。

80. 〔宋〕鄭太和，《鄭氏規範》，《叢書集成新編》第 33 冊，臺北：新文豐出版社，1985 年元月。

81. 〔宋〕鄭至道，《琴堂諭俗編》，《文淵閣四庫全書本‧子部》865 冊，臺北：臺灣商務印書館，1986 年 7 月。

82. 〔宋〕黎靖德編，《朱子語類》，《文淵閣四庫全書本‧子部》701 冊，臺北：臺灣商務印書館，1986 年 7 月。

83. 〔宋〕謝維新，《古今合璧事類備要》（〔明〕嘉靖丙辰年 1556 年摹宋刻本），臺北：新興書局，1971 年 3 月。

84. 〔宋〕羅點，《聞見錄》，民國十六年（1927）上海商務印書館排印本臺北：國家圖書館四樓善本書室微卷，1927 年。

85. 〔宋〕釋惠洪，《林間錄》（後集），《文淵閣四庫全書本‧子部》，臺北：臺灣商務印書館，1986 年 7 月。

86. 〔宋〕饒魯編，《程董二先生學則》，《叢書集成新編》33 冊，臺北：新文豐出版社，1985 年元月。

87. 〔元〕黃端節編，《朱子成書》，明景泰元年（1450 年）善敬書堂刊本，臺北：國立故宮博物院珍藏（微片）。

88. 〔元〕鄭太和，《鄭氏規範》，《叢書集成新編》33 冊，臺北：新文豐出版社，1985 年元月。

89. 〔明〕王夫之，《俟解》，臺北：世界書局，1974 年 7 月 3 版。

90. 〔明〕王夫之，《思問錄》，臺北：世界書局，1974 年 7 月 3 版。

91. 〔明〕王世懋，《閩部疏》，《叢書集成新編》95 冊，臺北：新文豐出版社，1985 年元月。

92. 〔明〕王圻，《續文獻通考》，《四庫全書存目叢書‧子部》187 冊，臺南：莊嚴文化公司，1995 年 9 月。

93. 〔明〕午榮，《魯班經》，中州：古籍出版社，2006 年 4 月。

94. 〔明〕丘濬撰，《大學衍義補》，王雲五主編《四庫全書珍本》二集，臺北：臺灣商務印書館，1935 年。

95. 〔明〕丘濬編輯，《朱子學的》，《叢書集成新編》21 冊，臺北：新文豐出版社，1985 年元月。

96. 〔明〕呂柟，《二程子抄釋》，《文淵閣四庫全書本·子部》，臺北：臺灣商務印書館，1986 年 7 月。

97. 〔明〕周祈，《名義考》，臺北：學生書局，1971 年 5 月。

98. 〔明〕胡廣等奉敕撰，《性理大全書》，《文淵閣四庫全書本·子部》710～711 冊，臺北：臺灣商務印書館，1935 年。

99. 〔明〕郎瑛，《七修類稿》，上海：世紀出版集團、上海書店出版社，2001 年 8 月。

100. 〔明〕張鼐，《孔子家語雋》（明萬曆間書林蕭世熙刊本），《中國子學名著集成——宋元明清善本叢刊》，1978 年 12 月。

101. 〔明〕許相卿，《許雲邨貽謀》，《叢書集成新編》33 冊，臺北：新文豐出版社，1985 年元月。

102. 〔明〕陳懋仁，《泉南雜志》，《叢書集成新編》95 冊，臺北：新文豐出版社，1985 年元月。

103. 〔明〕陶晉英，《楚書》，《叢書集成新編》95 冊，臺北：新文豐出版社，1985 年元月。

104. 〔明〕章潢，《圖書編》，《文淵閣四庫全書本·子部》，臺北：臺灣商務印書館，1986 年 7 月。

105. 〔明〕黃宗羲，《宋元學案》，臺北：臺灣商務印書館，1968 年 3 月。

106. 〔明〕黃宗羲，《明夷待訪錄》，臺北：世界書局，1974 年 7 月初版 3 版。

107. 〔明〕黃宗羲，《明儒學案》，臺北：世界書局，2009 年 6 月初版 7 刷。

108. 〔明〕管志道，《從先維俗議》〔影印明刊本〕，《叢書集成續編》61 冊，臺北：新文豐出版社，1989 年 7 月。

109. 〔明〕謝肇淛，《五雜組》，上海：上海書店出版社，2001 年 8 月。

110. 〔明〕龐尚鵬，《龐氏家訓》，《叢書集成新編》33 冊，臺北：新文豐出版社，1985 年元月。

111. 〔明〕顧炎武，《日知錄》，臺北：臺灣商務印書館，1968 年 3 月臺一版。

112. 〔清〕六十七纂，《番社采風圖考》，《叢書集成新編》91 冊，臺北：新文豐出版社，1985 年元月。

113. 〔清〕孔繼汾，《助儀糾謬集》，清乾隆刻本，《四庫未收書輯刊》三輯，北京：北京出版社，2000 年 1 月。

114. 〔清〕王士俊輯，《閑家編》，浙江圖書館藏清雍正十二年〔1734 年〕養拙堂刻本，《四庫全書存目叢書·子部》158 冊，臺南：莊嚴出版社，1995 年 9 月。

115. 〔清〕王述菴編，《金石萃編》，出版地不詳：國風出版社，1964 年 7 月。

116. 〔清〕王梓材、馮雲濠輯，《宋元學案補遺》，《叢書集成續編》249 冊，臺北：新文豐出版社，1985 年元月。

117. 〔清〕王懋竑,《白田雜著》,《文淵閣四庫全書本·子部》859 冊,臺北:臺灣商務印書館,1986 年 7 月。

118. 〔清〕王懋竑編,《朱子年譜》,清道光光緒間刻本,于浩輯《宋明理學家年譜》,北京:北京圖書館出版社,2005 年 4 月。

119. 〔清〕王懋竑編,《朱子年譜考異》,清道光光緒間刻本,于浩輯《宋明理學家年譜》,北京:北京圖書館出版社,2005 年 4 月。

120. 〔清〕江永,《近思錄集註》,《文淵閣四庫全書本·子部》,臺北:臺灣商務印書館,1986 年 7 月。

121. 〔清〕周亮工,《閩小紀》,《叢書集成新編》95 冊,臺北:新文豐出版社,1985 年元月。

122. 〔清〕津門佟氏輯,《士庶備覽》,清光緒十八年刻本,《四庫未收書輯刊·參輯》19 冊,北京:北京出版社,2000 年 1 月。

123. 〔清〕茅星來,《近思錄集註》,《文淵閣四庫全書本·子部》,臺北:臺灣商務印書館,1986 年 7 月。

124. 〔清〕夏炘,《述朱質疑》,咸豐壬子新鐫;景紫山房藏板,《續修四庫全書》子部儒家類,上海:上海古籍出版社,2003 年 5 月。

125. 〔清〕孫奇逢,《孝友堂家訓》,《叢書集成新編》33 冊,臺北:新文豐出版社,1985 年元月。

126. 〔清〕徐珂,《清稗類鈔》,臺北:臺灣商務印書館,1966 年 6 月。

127. 〔清〕張伯行纂,《養正類編》,《叢書集成新編》33 冊,臺北:新文豐出版社,1985 年元月。

128. 〔清〕張能鱗,《進賢說》,《叢書集成續編》67 冊,臺北:新文豐出版社,1989 年 7 月。

129. 〔清〕張習孔,《家訓》,《叢書集成續編》60 冊,臺北:新文豐出版社,1989 年 7 月。

130. 〔清〕張爾岐,《蒿庵閒話》,《筆記小說大觀續編》19 冊(《四部集要·子部》),臺北:新興書局,1962 年。

131. 〔清〕曹雪芹,《紅樓夢》,臺北:三民書局,1973 年 2 月再版。

132. 〔清〕清聖祖,《淵鑑類函》(殿版),臺北:新興書局,1960 年 9 月。

133. 〔清〕陳立疏證,《白虎通疏證》(上下冊),臺北:廣文書局,2004 年 10 月再版。

134. 〔清〕陳宏謀,《培遠堂偶存稿》,清乾隆間培遠堂刊本,臺北:國家圖書館四樓善本書室珍藏。

135. 〔清〕陳宏謀撰,華希閎補輯,《訓俗遺規·陸桴亭(世儀)思辨錄》(北京圖書館分館藏清乾隆 55 年(1790 年)含英閣刻道光增補本)卷 2,《四庫全書存目叢書·子部》158 冊,莊嚴出版社出版,1995 年 9 月初版一刷。

136. 〔清〕陳盛韶,《問俗錄》,南投:臺灣省文獻委員會,1997 年 11 月。

137. 〔清〕陸圻,《新婦譜》,《叢書集成續編》62 冊,臺北:新文豐出版社,1989 年 7 月。

138. 〔清〕傅山,《霜紅龕家訓》,《叢書集成續編》60 冊,臺北:新文豐出版社,1989 年 7 月。

139. 〔清〕焦循,《里堂家訓》,《叢書集成續編》60 冊,臺北:新文豐出版社,1989 年 7 月。

140. 〔清〕項維貞輯,《燕臺筆錄》,《叢書集成新編》91 冊,臺北:新文豐出版社,1985 年元月。

141. 〔清〕黃本驥,《三禮從今》(清道光 24 年刻本),《四庫未收書輯刊》三輯,北京:北京出版社,2000 年 1 月。

142. 〔清〕趙執信,《禮俗權衡》,清康熙刻本,《四庫未收書輯刊》三輯,北京:北京出版社,2000 年 1 月。

143. 〔清〕趙翼,《陔餘叢考》,臺北:華世出版社,1975 年 10 月。

144. 〔清〕蔣伊,《蔣氏家訓》,據《借月山房彙鈔》本影印,《百部叢書集成》,臺北:藝文印書館,1967 年。

145. 〔清〕蔣廷錫等奉敕編,《古今圖書集成》,民國上海中華書局影印本。

146. 〔清〕鄭士範編,《朱子年譜》,清光緒六年(1880 年)刻本,丁浩輯《宋明理學家年譜》,北京:北京圖書館,2005 年 4 月。

147. 〔清〕鄭端輯,《朱子學歸》,《叢書集成新編》21 冊,臺北:新文豐出版社,1985 年元月。

148. 〔清〕鍾于序,《宗規》,載《叢書集成續編》第 60 冊,臺北:新文豐出版社,1989 年 7 月。

149. 〔清〕鍾錂纂,《顏習齋先生闢異錄》,《叢書集成新編》33 冊,臺北:新文豐出版社,1985 年元月。

150. 〔清〕顧祿撰;來新夏點校,《清嘉錄》,北京:中華書局,2008 年 6 月。

151. 不著撰者,《居家必用事類乙集》,清華大學圖書館藏明刻本,《四庫全書存目叢書·子部》117 冊,1995 年 9 月。

152. 王重民原編;黃永武新編,《敦煌古籍敘錄新編》,臺北:新文豐出版公司,1986 年 6 月。

153. 朱謙之,《老子校釋》,北京:中華書局,2006 年 2 月初版第 6 刷。

(四)集部(包括詩、文、詞、曲、詩文評等各種體裁的文學著作)

1. 〔後漢〕王逸,《楚辭章句》,《文淵閣四庫全書本·集部》,臺北:臺灣商務印書館,1986 年 7 月。

2. 〔梁〕蕭統撰；〔唐〕李善等註，《增補六臣註文選》，臺北：華正書局，1974 年 10 月。

3. 〔唐〕元稹，《元稹集》，《四部刊要·集部》，臺北：漢京文化公司，2004 年 3 月。

4. 〔唐〕白居易，《白居易集》，《四部刊要·集部》，臺北：漢京文化公司，2004 年 3 月。

5. 〔唐〕李紳，《追昔遊記》，《文淵閣四庫全書本·集部》，臺北：臺灣商務印書館，1986 年 7 月。

6. 〔唐〕杜甫，《杜詩鏡銓》，臺北：華正書局，1975 年 6 月。

7. 〔唐〕杜牧，《樊川文集》，《四部刊要·集部》，臺北：漢京文化公司，2004 年 3 月。

8. 〔唐〕柳宗元，《柳河東集》，香港：中華書局（分局），1972 年 1 月。

9. 〔唐〕張籍，《張司業集》，《文淵閣四庫全書本·集部》，臺北：臺灣商務印書館，1986 年 7 月。

10. 〔唐〕黃滔，《黃御史集》，《文淵閣四庫全書本·集部》，臺北：臺灣商務印書館，1986 年 7 月。

11. 〔唐〕劉長卿，《劉隨州集》，《文淵閣四庫全書本·集部》，臺北：臺灣商務印書館，1986 年 7 月。

12. 〔唐〕顏眞卿，《顏魯公集》，《文淵閣四庫全書本·集部》，臺北：臺灣商務印書館，1986 年 7 月。

13. 〔宋〕孔延之，《會稽掇英總集》，《四庫全書珍本》四集，臺北：臺灣商務印書館，1935 年。

14. 〔宋〕方岳，《秋崖集》，《四庫全書珍本》三集，臺北：臺灣商務印書館，1935 年。

15. 〔宋〕方逢辰，《蛟峰文集》，《文淵閣四庫全書本·集部》，臺北：臺灣商務印書館，1986 年 7 月。

16. 〔宋〕王十朋，《梅溪後集》，《文淵閣四庫全書本·集部》1151 冊，臺北：臺灣商務印書館，1986 年 7 月。

17. 〔宋〕王安石，《臨川先生文集》，宋紹興辛未 21 年（1151 年）提舉兩浙西路常平茶鹽王刊宋元明初遞修本，臺北：國家圖書館四樓善本書室。

18. 〔宋〕王炎，《雙溪類稾》，《四庫全書珍本》三集，臺北：臺灣商務印書館，1935 年。

19. 〔宋〕王庭珪，《盧溪文集》，《四庫全書珍本》三集，臺北：臺灣商務印書館，1935 年。

20. 〔宋〕王質，《雪山集》，《文淵閣四庫全書本·集部》，臺北：臺灣商務印書館，1986 年 7 月。

21. 〔宋〕司馬光，《傳家集》，《文淵閣四庫全書本·集部》1094 冊，臺北：臺灣商務印書館，1986 年 7 月。

22. 〔宋〕司馬光，《溫國文正司馬公文集》，上海涵芬樓借常熟瞿氏鐵琴銅劍樓藏宋紹熙刊本景印，《四部叢刊集部》，臺北：臺灣商務印書館，1979 年 11 月。

23. 〔宋〕石介，《徂徠集》，《文淵閣四庫全書·集部》1090 冊，臺北：臺灣商務印書館，1986 年 7 月。

24. 〔宋〕朱熹撰；郭齊、尹波點校，《朱熹集》，四川：四川教育出版社，1997 年 5 月第 1 版第 2 刷。

25. 〔宋〕朱熹，《晦庵集》，《文淵閣四庫全書本·集部》，臺北：臺灣商務印書館，1986 年 7 月。

26. 〔宋〕朱熹，《晦菴先生文集》，《宋集珍本叢刊》56 冊，四川大學古籍整理研究所編，北京：線裝書局，2004 年。

27. 〔宋〕朱熹原撰。陳俊民校編，《朱子文集》，臺北：財團法人德富文教基金會，2000 年 2 月。

28. 〔宋〕余靖，余仲荀編，《武溪集》，《四庫全書薈要·集部》22 冊，臺北：世界書局，1988 年 2 月。

29. 〔宋〕吳泳，《鶴林集》，《文淵閣四庫全書本·集部》，臺北：臺灣商務印書館，1986 年 7 月。

30. 〔宋〕吳處厚，《青箱雜記》，載《歷代筆記小說大觀》，上海：上海古籍出版社，2007 年 10 月。

31. 〔宋〕呂祖謙，《呂東萊文集》，臺北：臺灣商務印書館，1968 年 9 月。

32. 〔宋〕呂祖謙，《東萊別集》，《文淵閣四庫全書本·集部》1150 冊，臺北：臺灣商務印書館，1986 年 7 月。

33. 〔宋〕呂祖謙，《東萊集》，《文淵閣四庫全書本·集部》，臺北：臺灣商務印書館，1986 年 7 月。

34. 〔宋〕呂祖謙編。齊治平點校，《宋文鑑》，北京：中華書局，1992 年 3 月。

35. 〔宋〕呂祖謙編著；黃靈庚、吳戰壘主編，《呂祖謙全集·近思錄》，浙江：古籍出版社，2008 年 1 月。

36. 〔宋〕李石，《方舟集》，《文淵閣四庫全書本·集部》，臺北：臺灣商務印書館，1986 年 7 月。

37. 〔宋〕李覯，《旴江集》，《文淵閣四庫全書本·集部》，臺北：臺灣商務印書館，1986 年 7 月。

38. 〔宋〕李覯，《直講李先生集》，上海涵芬樓借江南圖書館藏明代刊本景印，《四部叢刊·集部》41 冊，臺北：臺灣商務印書館，1979 年。

39. 〔宋〕李覯撰；〔明〕左贊編，《盱江集》，《文淵閣四庫全書本・集部》，臺北：臺灣商務印書館，1986 年 7 月。

40. 〔宋〕沈括，《長興集》，《文淵閣四庫全書本・集部》，臺北：臺灣商務印書館，1986 年 7 月。

41. 〔宋〕汪應辰，《文定集》，上海：世紀出版社，2009 年 2 月。

42. 〔宋〕周必大，《文忠集》，《文淵閣四庫全書本・集部》1147 冊，臺北：臺灣商務印書館，1986 年 7 月。

43. 〔宋〕周惇頤撰；〔清〕周沈珂編，《周元公集》，《文淵閣四庫全書本・集部》，臺北：臺灣商務印書館，1986 年 7 月。

44. 〔宋〕周紫芝，《太倉稊米集》，臺北：國家圖書館「古籍影像檢索系統」列印。

45. 〔宋〕姚勉，《雪坡集》，《文淵閣四庫全書本・集部》1184 冊，臺北：臺灣商務印書館，1986 年 7 月。

46. 〔宋〕洪邁，《夷堅志》，《文淵閣四庫全書本・集部》，臺北：臺灣商務印書館，1986 年 7 月。

47. 〔宋〕胡寅，《斐然集》，《四庫全書珍本》初集，臺北：臺灣商務印書館，1935 年。

48. 〔宋〕胡宿，《文恭集》，《文淵閣四庫全書本・集部》，臺北：臺灣商務印書館，1986 年 7 月。

49. 〔宋〕范仲淹，《范文正公文集》，《古逸叢書三編》5 冊，據北京圖書館藏北宋刻本原大影印，北京：中華書局影印，1984 年。

50. 〔宋〕范仲淹，《范文正集補編》，《文淵閣四庫全書本・集部》，臺北：臺灣商務印書館，1986 年 7 月。

51. 〔宋〕范祖禹，《范太史集》，《文淵閣四庫全書本・集部》，臺北：臺灣商務印書館，1986 年 7 月。

52. 〔宋〕家鉉翁，《則堂集》，《文淵閣四庫全書本・集部》，臺北：臺灣商務印書館，1986 年 7 月。

53. 〔宋〕徐元杰，《楳埜集》，《宋集珍本叢刊》，四川大學古籍所編，北京：線裝書局，2004 年 6 月。

54. 〔宋〕徐鉉，《徐騎省集》，臺北：臺灣商務印書館，2004 年 3 月。

55. 〔宋〕徐鉉，《騎省集》，《文淵閣四庫全書本・集部》，臺北：臺灣商務印書館，1986 年 7 月。

56. 〔宋〕晁補之，《雞肋集》，《四庫全書薈要》，臺北：世界書局，1988 年 2 月。

57. 〔宋〕真德秀，《西山先生真文忠公文集》，《宋集珍本叢刊》76 冊，四川大學古籍整理研究所編，北京：線裝書局，2004 年。

58. 〔宋〕馬永卿,《嬾眞子》,《叢書集成續編》,臺北:新文豐出版社,1989年7月。

59. 〔宋〕崔敦禮,《宮教集》,《四庫全書珍本》三集,臺北:臺灣商務印書館,1935年。

60. 〔宋〕張方平,《樂全集》,《文淵閣四庫全書本・集部》1104冊,臺北:臺灣商務印書館,1986年7月。

61. 〔宋〕張耒,《柯山集》,《四庫全書珍本》四集,臺北:臺灣商務印書館,1935年。

62. 〔宋〕張栻,《南軒集》,《文淵閣四庫全書本・集部》1167冊,臺北:臺灣商務印書館,1986年7月。

63. 〔宋〕張栻,《張南軒先生文集》,臺北:臺灣商務印書館,1937年4月。

64. 〔宋〕陳文蔚,《克齋集》,《文淵閣四庫全書本・集部》1171冊,臺北:臺灣商務印書館,1986年7月。

65. 〔宋〕陳淳,《北溪大全集》,《四庫全書珍本》四集,臺北:臺灣商務印書館,1935年。

66. 〔宋〕陳傅良,《止齋集》,《文淵閣四庫全書本・集部》,臺北:臺灣商務印書館,1986年7月。

67. 〔宋〕陳著,《本堂集》,《文淵閣四庫全書本・集部》,臺北:臺灣商務印書館,1986年7月。

68. 〔宋〕陳藻,《樂軒集》,《文淵閣四庫全書本・集部》1152冊,臺北:臺灣商務印書館,1986年7月。

69. 〔宋〕陸九淵撰,陸持之編,《象山集》,《文淵閣四庫全書本・集部》1156冊,臺北:臺灣商務印書館,1986年7月。

70. 〔宋〕陸游,《渭南文集》,《文淵閣四庫全書本・集部》1163冊,臺北:臺灣商務印書館,1986年7月。

71. 〔宋〕游九言,《默齋遺稿》,《四庫全書珍本》三集,臺北:臺灣商務印書館,1935年。

72. 〔宋〕程珌,《洺水集》,《四庫全書珍本》三集,臺北:臺灣商務印書館,1935年。

73. 〔宋〕陽枋,《字溪集》,《文淵閣四庫全書本・集部》,臺北:臺灣商務印書館,1986年7月。

74. 〔宋〕黃仲元,《四如集》,《文淵閣四庫全書本・集部》1188冊,臺北:臺灣商務印書館,1986年7月。

75. 〔宋〕黃幹,《勉齋集》,《四庫全書珍本》,臺北:臺灣商務印書館,1935年。

76. 〔宋〕楊時，《龜山集》，《四庫全書珍本》四集，臺北：臺灣商務印書館，1935 年。

77. 〔宋〕楊萬里、楊長孺編，《誠齋集》，《文淵閣四庫全書本·集部》，臺北：臺灣商務印書館，1986 年 7 月。

78. 〔宋〕熊禾，《勿軒集》，《文淵閣四庫全書本·集部》，臺北：臺灣商務印書館，1986 年 7 月。

79. 〔宋〕趙鼎，《忠正德文集》，《文淵閣四庫全書本·集部》，臺北：臺灣商務印書館，1986 年 7 月。

80. 〔宋〕劉才邵，《檆溪居士集》，《文淵閣四庫全書本·集部》1130 冊，臺北：臺灣商務印書館，1986 年 7 月。

81. 〔宋〕劉克莊撰，《後村先生大全集》，載舒大剛主編《宋集珍本叢刊》，北京：線裝書局，2004 年 6 月。

82. 〔宋〕劉辰翁，《須溪集》，《四庫全書珍本》四集，臺北：臺灣商務印書館，1935 年。

83. 〔宋〕劉攽，《彭城集》，上海：商務印書館，1937 年 4 月再版。

84. 〔宋〕劉宰撰，《漫塘文集》，載舒大剛主編《宋集珍本叢刊》，北京：線裝書局，2004 年 6 月。

85. 〔宋〕劉敞，《公是集》，《文淵閣四庫全書本·集部》，臺北：臺灣商務印書館，1986 年 7 月。

86. 〔宋〕劉學箕，《方是閒居士小稿》，《四庫全書珍本》三集，臺北：臺灣商務印書館，1935 年。

87. 〔宋〕樓鑰，《攻媿集》，《文淵閣四庫全書本·集部》1153 冊，臺北：臺灣商務印書館，1986 年 7 月。

88. 〔宋〕歐陽守道，《巽齋文集》，《文淵閣四庫全書本·集部》1183 冊，臺北：臺灣商務印書館，1986 年 7 月。

89. 〔宋〕歐陽修，《文忠集》，《文淵閣四庫全書本·集部》，臺北：臺灣商務印書館，1986 年 7 月。

90. 〔宋〕穆修，《穆參軍集》，《文淵閣四庫全書本·集部》，臺北：臺灣商務印書館，1986 年 7 月。

91. 〔宋〕戴表元，《剡源文集》，《文淵閣四庫全書本·集部》1194 冊，臺北：臺灣商務印書館，1986 年 7 月。

92. 〔宋〕韓元吉，《桐陰舊話》，清道光刻《古今說海》本，載《宋代傳記資料叢刊》31 冊，北京：北京圖書館出版社，2006 年 10 月。

93. 〔宋〕韓琦，《安陽集》，《文淵閣四庫全書本·集部》1089 冊，臺北：臺灣商務印書館，1986 年 7 月。

94. 〔宋〕韓琦，《韓魏公集》，據清康熙張伯行輯編同治左宗棠增刊正誼堂全書本影印，《百部叢書集成‧集部》，臺北：藝文印書館，1968 年。

95. 〔宋〕韓琦，李之亮、徐正英校箋，《安陽集編年箋注》，四川：巴蜀書社，2000 年 10 月。

96. 〔宋〕魏了翁，《重校鶴山先生大全文集》，《四部叢刊電子版‧初編》（原文及全文檢索版），北京：書同文數字技術有限公司。臺北：國家圖書館電子書，2010 年 4 月列印。

97. 〔宋〕蘇洵，《嘉祐新集》，載《宋集珍本叢刊》，四川大學古籍所編，北京：線裝書局，2004 年 6 月。

98. 〔宋〕蘇軾，《東坡全集》，《文淵閣四庫全書本‧集部》，臺北：臺灣商務印書館，1986 年 7 月。

99. 〔宋〕蘇頌撰，蘇攜編，《蘇魏公文集》，《文淵閣四庫全書本‧集部》1092 冊，臺北：臺灣商務印書館，1986 年 7 月。

100. 〔宋〕蘇轍，《欒城集》，《文淵閣四庫全書本‧集部》，臺北：臺灣商務印書館，1986 年 7 月。

101. 〔宋〕蘇轍，《欒城應詔集》，《文淵閣四庫全書本‧集部》，臺北：臺灣商務印書館，1986 年 7 月。

102. 〔元〕方回，《桐江續集》，《文淵閣四庫全書本‧集部》1193 冊，臺北：臺灣商務印書館，1986 年 7 月。

103. 〔元〕牟巘，《牟氏陵陽集》，《文淵閣四庫全書本‧集部》，臺北：臺灣商務印書館，1986 年 7 月。

104. 〔元〕李祁，《雲陽集》，《文淵閣四庫全書本‧集部》，臺北：臺灣商務印書館，1986 年 7 月。

105. 〔元〕柳貫，《待制集》，《文淵閣四庫全書本‧集部》1210 冊，臺北：臺灣商務印書館，1986 年 7 月。

106. 〔元〕胡祗遹，《紫山大全集》，《四庫全書珍本》四集，臺北：臺灣商務印書館，1935 年。

107. 〔元〕貢師泰，《玩齋集》，《四庫全書珍本》三集，臺北：臺灣商務印書館，1935 年。

108. 〔元〕郝經，《陵川集》，《四庫全書珍本》四集，臺北：臺灣商務印書館，1935 年。

109. 〔元〕張養浩，《歸田類稿》，《四庫全書珍本》三集，臺北：臺灣商務印書館，1935 年。

110. 〔元〕劉敏中，《中庵集》，《四庫全書珍本》三集，臺北：臺灣商務印書館，1935 年。

111. 〔元〕劉壎，《水雲村稿》，《四庫全書珍本》四集，臺北：臺灣商務印書館，1935 年。

112. 〔元〕劉鶚，《惟實集》，《四庫全書珍本》四集，臺北：臺灣商務印書館，1935年。

113. 〔元〕謝應芳，《辨惑編》，《百部叢書集成》，臺灣：藝文印書館，1967年。

114. 〔明〕尹臺，《洞麓堂記》，《文淵閣四庫全書本·集部》1277冊，臺北：臺灣商務印書館，1986年7月。

115. 〔明〕文林，《文溫州集》，北京圖書館藏明刻本，《四庫全書存目叢書·集部》40冊，臺南：莊嚴文化公司，1997年10月。

116. 〔明〕方孝儒，《遜志齋集》，上海涵芬樓景印明嘉靖辛酉王可大臺州刊本，《四部叢刊·集部》，臺北：臺灣商務印書館，1979年11月。

117. 〔明〕毛伯溫，《毛襄懋先生文集》（清華大學圖書館藏清乾隆37年毛仲愈等刻毛襄懋先生文集），《四庫全書存目叢書·集部》63冊，臺南：莊嚴文化公司，1997年10月。

118. 〔明〕王行，《半軒集》，《四庫全書珍本》三集，臺北：臺灣商務印書館，1935年。

119. 〔明〕王慎中，《遵巖集》，《文淵閣四庫全書本·集部》1274冊，臺北：臺灣商務印書館，1986年7月。

120. 〔明〕丘濬，《重編瓊臺藁》，《文淵閣四庫全書本·集部》1248冊，臺北：臺灣商務印書館，1986年7月。

121. 〔明〕危素，《說學齋稿》，《四庫全書珍本》三集，臺北：臺灣商務印書館，1935年。

122. 〔明〕朱升，《朱楓林集》，天津圖書館藏明萬曆歙邑朱氏刻本，《四庫全書存目叢書·集部》24冊，臺南：莊嚴文化公司，1997年10月。

123. 〔明〕何瑭，《柏齋集》，《文淵閣四庫全書本·集部》1266冊，臺北：臺灣商務印書館，1986年7月。

124. 〔明〕吳子玉，《大鄣山人集》，吉林省圖書館藏明萬曆16年黃正蒙刻本，《四庫全書存目叢書·集部》141冊，臺南：莊嚴文化公司，1997年10月。

125. 〔明〕呂坤；王國軒、王秀梅整理，《呂坤全集》，北京：中華書局，2008年5月。

126. 〔明〕呂柟，《涇野先生文集》，《四庫全書存目叢書·集部》61冊，湖南圖書館藏明嘉靖34年于德昌刻本，臺南：莊嚴文化公司，1997年10月。

127. 〔明〕宋訥，《西隱集》，《四庫全書珍本》三集，臺北：臺灣商務印書館，1935年。

128. 〔明〕宋濂，《文憲集》，《文淵閣四庫全書本·集部》1223～1224冊，臺北：臺灣商務印書館，1986年7月。

129. 〔明〕宋濂,《宋文憲公全集》,上海:中華書局排印本,臺北:國家圖書館四樓善本書室珍藏,1936 年。

130. 〔明〕李時勉,《古廉文集》,《文淵閣四庫全書本・集部》1242 冊,臺北:臺灣商務印書館,1986 年 7 月。

131. 〔明〕李維楨,《大泌山房集》,北京師範大學圖書館藏明萬曆三十九年刻本,《四庫全書存目叢書・集部》,臺南:莊嚴文化公司,1997 年 10 月。

132. 〔明〕汪循,《汪仁峰先生文集》,中國社會科學院文學研究所藏清康熙刻本,《四庫全書存目叢書・集部》47 冊,臺南:莊嚴文化公司,1997 年 10 月。

133. 〔明〕汪舜民,《靜軒先生文集》,據上海圖書館藏明正德 6 年張鵬刻本影印,《續修四庫全書・集部》1331 冊,上海:上海古籍出版社,2003 年 5 月。

134. 〔明〕汪道昆,《太函集》,北京大學圖書館藏明萬曆刻本,《四庫全書存目叢書・集部》,臺南:莊嚴文化公司,1997 年 10 月。

135. 〔明〕汪禔,《檗菴集》,北京大學圖書館藏清康熙十八年刻汪氏家集三種本,《四庫全書存目叢書・集部》146 冊,臺南:莊嚴文化公司,1997 年 10 月。

136. 〔明〕周敘,《石溪周先生文集》,《四庫全書總目・經部》31 冊(武英殿版),臺北:藝文印書館,1997 年 9 月初版 7 刷。

137. 〔明〕岳正,《類博稿》,《四庫全書珍本》三集,臺北:臺灣商務印書館,1935 年。

138. 〔明〕林文俊,《方齋存稿》,《四庫全書珍本》四集,臺北:臺灣商務印書館,1935 年。

139. 〔明〕林希元,《同安林次崖先生文集》,遼寧省圖書館藏清乾隆十八年陳臚聲詒燕堂刻本,《四庫全書存目叢書・集部》75 冊,臺南:莊嚴文化公司,1997 年 10 月。

140. 〔明〕林俊,《見素集》,《文淵閣四庫全書本・集部》,臺北:臺灣商務印書館,1986 年 7 月。

141. 〔明〕邱濬,《重編瓊臺藁》,《四庫全書珍本》四集,臺北:臺灣商務印書館,1935 年。

142. 〔明〕金瑤,《金栗齋先生文集》,據上海圖書館藏明萬曆 41 年(1613 年)瀛山書院刻本,國立故宮博物院微片,《續修四庫全書・集部》1342 冊,上海:上海古籍出版社,1995 年。

143. 〔明〕姜寶撰,《姜鳳阿文集》,北京大學圖書館藏明萬曆刻本,《四庫全書存目叢書・集部》127 冊,臺南:莊嚴文化公司,1997 年 10 月。

144. 〔明〕胡直,《衡廬精舍藏稿》,《四庫全書珍本》四集,臺北:臺灣商務印書館,1935 年。

145. 〔明〕唐桂芳,《白雲集》,《四庫全書珍本》四集,臺北:臺灣商務印書館,1935 年。

146. 〔明〕唐錦,《龍江集》,據明嘉靖刻崇禎補修本影印,《續修四庫全書·集部》1334 冊,上海:上海古籍出版社,2003 年 5 月。

147. 〔明〕夏言,《夏桂洲先生文集》,北京大學圖書館藏明崇禎十一年(1638 年)吳一璘刻本,《四庫全書存目叢書·集部》75 冊,臺南:莊嚴文化公司,1997 年 10 月。

148. 〔明〕徐有貞,《武功集》,《四庫全書珍本》四集,臺北:臺灣商務印書館,1935 年。

149. 〔明〕徐溥,《謙齋文錄》,《四庫全書珍本》四集,臺北:臺灣商務印書館,1935 年。

150. 〔明〕崔銑,《洹詞》,《文淵閣四庫全書本·集部》1267 冊,臺北:臺灣商務印書館,1986 年 7 月。

151. 〔明〕康海,《對山集》,《四庫全書珍本》四集,臺北:臺灣商務印書館,1935 年。

152. 〔明〕張四維輯,《名公書判清明集》,中國社會科學院歷史研究所宋遼金元史研究室點校,北京:中華書局,2002 年 6 月初版 2 刷。

153. 〔明〕張旭,《梅巖小稿》,北京大學圖書館藏明正德元年刻本,《四庫全書存目叢書·集部》41 冊,臺南:莊嚴文化公司,1997 年 10 月。

154. 〔明〕張寧,《方洲集》,《四庫全書珍本》三集,臺北:臺灣商務印書館,1935 年。

155. 〔明〕郭子章,《蠙衣生傳草》,傳草許昌市圖書館藏明萬曆刻本,《四庫全書存目叢書·集部》155 冊,臺南:莊嚴文化公司,1997 年 10 月。

156. 〔明〕郭子章,《蠙衣生蜀草》,《四庫全書總目·集部》154 冊(武英殿版),臺北:藝文印書館,1997 年 9 月初版 7 刷。

157. 〔明〕彭韶,《彭惠安集》,《四庫全書珍本》三集,臺北:臺灣商務印書館,1935 年。

158. 〔明〕程敏政,《篁墩文集》,《四庫全書珍本》三集,臺北:臺灣商務印書館,1935 年。

159. 〔明〕程敏政,《篁墩集》,《文淵閣四庫全書本·集部》1252 冊,臺北:臺灣商務印書館,1986 年 7 月。

160. 〔明〕楊士奇,《東里文集》,《文淵閣四庫全書本·集部》1238 冊,臺北:臺灣商務印書館,1986 年 7 月。

161. 〔明〕楊士奇,《東里續集》,《文淵閣四庫全書本·集部》1238 冊,臺北:臺灣商務印書館,1986 年 7 月。

162. 〔明〕楊榮,《文敏集》,《四庫全書珍本》四集,臺北:臺灣商務印書館,1935 年。

163. 〔明〕劉元卿,《劉聘君全集》,南開大學圖書館藏清咸豐二年重刊本,《四庫全書存目叢書・集部》154 冊,臺南:莊嚴文化公司,1997 年 10 月。

164. 〔明〕劉宗周,《劉蕺山集》《文淵閣四庫全書本・集部》1294 冊,臺北:臺灣商務印書館,1986 年 7 月。

165. 〔明〕潘希曾,《竹澗集》,《四庫全書珍本》四集,臺北:臺灣商務印書館,1935 年。

166. 〔明〕鄭岳,《山齋文集》,《四庫全書珍本》四集,臺北:臺灣商務印書館,1935 年。

167. 〔明〕鄭紀,《東園文集》,《四庫全書珍本》三集,臺北:臺灣商務印書館,1935 年。

168. 〔明〕蕭鎡,《尚約文鈔》,《四庫全書總目・經部》33 冊（武英殿版）,臺北:藝文印書館,1997 年 9 月初版 7 刷。

169. 〔明〕薛應旂撰,《方山先生文錄・涇野先生傳》卷 14,《四庫全書總目》集部 102 冊。

170. 〔明〕薛蕙,《考功集》,《四庫全書珍本》四集,臺北:臺灣商務印書館,1935 年。

171. 〔明〕韓邦奇,《苑洛集》,《四庫全書珍本》四集,臺北:臺灣商務印書館,1935 年。

172. 〔明〕歸有光,《震川集》,《文淵閣四庫全書本・集部》1289 冊,臺北:臺灣商務印書館,1986 年 7 月。

173. 〔明〕羅洪先,《念菴文集》,《文淵閣四庫全書本・集部》1275 冊,臺北:臺灣商務印書館,1986 年 7 月。

174. 〔明〕羅欽順,《整菴存稿》,《文淵閣四庫全書本・集部》1261 冊,臺北:臺灣商務印書館,1986 年 7 月。

175. 〔明〕羅虞臣,《羅司勳文集》,浙江圖書館藏清康熙五十年羅氏刻本,《四庫全書存目叢書・集部》第 94 冊,臺南:莊嚴文化公司,1997 年 10 月。

176. 〔明〕嚴嵩,《鈐山堂集》,北京大學圖書館藏明嘉靖二十四年刻增修本,《四庫全書存目叢書・集部》56 冊,臺南:莊嚴文化公司,1997 年 10 月。

177. 〔明〕蘇伯衡,《蘇平仲文集》,《文淵閣四庫全書本・集部》,臺北:臺灣商務印書館,1986 年 7 月。

178. 〔明〕顧亭林,《亭林文集》,《續修四庫全書・集部》1402 冊,上海:上海古籍出版社,2003 年 5 月。

179. 〔清〕于邑,《花燭閒談》,《叢書集成續編》67 冊,臺北:新文豐出版社,1989 年 7 月臺一版。

180. 〔清〕方苞,《望溪先生文集》,《叢書集成三編》第 54 冊,臺北:新文豐出版社,1996 年。

181. 〔清〕全祖望，《鮚埼亭集》，上海涵芬樓景印姚江借樹山房刊本，《四部叢刊集部》，臺北：臺灣商務印書館，1979 年 11 月。

182. 〔清〕沈彤，《果堂集》，《四庫全書珍本》四集，臺北：臺灣商務印書館，1935 年。

183. 〔清〕李光地，《榕村集》，《文淵閣四庫全書本·集部》1324 冊，臺北：臺灣商務印書館，1986 年 7 月。

184. 〔清〕胡培翬，《胡培翬集》，臺北：中研院文哲所，2005 年 11 月。

185. 〔清〕陳夢雷主纂，《古今圖書集成》，原書雍正 4 年（1726 年）告成，殿本無考證，上海：中華書局。

186. 〔清〕陳燿輯，《切問齋文鈔》，清乾隆 40 年（1775 年）吳江陸氏家刊本。

187. 〔清〕賀長齡、魏源等編，《清經世文編》，北京：中華書局，1992 年 4 月。

188. 〔清〕黃宗羲編，《明文海》，涵芬樓藏鈔本影印，北京：中華書局，1987 年 2 月。

189. 〔清〕趙翼撰；曹光甫校點，《簷曝雜記》，載《清代筆記小說大觀》，上海：上海古籍出版社，2007 年 10 月。

190. 〔清〕綠窗女史，《婚禮注》一卷，寫本，舊鈔本，包角線裝，國圖微卷。

191. 〔清〕錢大昕，《十駕齋養新錄》，臺北：臺灣商務印書館，1978 年 5 月臺一版。

192. 〔清〕錢大昕，《潛研堂文集》，收入王雲五主編《四部叢刊正編》，臺北：臺灣商務印書館，1979 年 11 月臺一版。

193. 〔清〕錢泳撰；孟斐校點，《履園叢話》，載《清代筆記小說大觀》，上海：上海古籍出版社，2007 年 10 月。

194. 〔清〕顏元撰；王星賢、張芥塵、郭征點校，《顏元集》，北京：中華書局，1987 年 6 月。

195. 〔清〕魏裔介，《兼濟堂文集》，《四庫全書珍本》四集，臺北：臺灣商務印書館，1935 年。

196. 〔清〕鏡湖逸叟，《瑟瑟錄》一卷，集叢附加款目：《小品叢鈔》，寫本，舊鈔本，包角線裝，國圖微卷。

197. 〔清〕顧炎武，《亭林文集》，《續修四庫全書·集部》1402 冊，上海：上海古籍出版社出版，2003 年 5 月。

198. 〔清〕顧祿，《清嘉錄》，北京：中華書局，2008 年 6 月。

199. 〔清〕顧祿撰；王稼句點校，《桐橋倚棹錄》，北京：中華書局，2008 年 6 月。

200. 王國維，《觀堂集林》，北京：中華書局，1991 年。

201. 廣東文徵編印委員會編,《廣東文徵》,香港:廣東文徵編印委員會,1973年。

二、現代專著（按姓氏筆劃排序）

（一）生命禮俗及婦女家庭

1. 方川,《媒妁史》,廣西:民族出版社,2000年9月一版。

2. 王國榮,《中國式婚姻問題診斷》,北京:中國言實出版社,2006年12月。

3. 王潔卿,《中國婚姻——婚俗、婚禮與婚律》,臺北:三民書局,1988年8月。

4. 王灝、梁坤明合著,《台灣人的生命之禮:婚嫁的故事》,收入《臺灣智慧叢刊》第10,臺北市:臺原出版社,1992年。

5. 王躍生,《清代中期婚姻衝突透析》,北京:社會科學文獻出版社,2003年1月。

6. 左玉河,《婚喪嫁娶》,北京:中國文史出版社,2005年1月。

7. 任寅虎,《中國古代婚姻》,臺北:臺灣商務印書館,2001年6月初版2刷。

8. 吳存浩,《中國民俗通志·婚嫁志》,山東:教育出版社,2005年3月。

9. 完顏紹元,《婚嫁趣談》,上海:上海古籍出版社,2003年8月。

10. 李中清、郭松義、定宜莊編,《婚姻家庭與人口行爲》,北京:北京大學出版社,2000年1月。

11. 李文海主編,《民國時期社會調查叢編·婚姻家庭卷》,福建:教育出版社,2006年3月初版2刷。

12. 李文海主編,《婚姻內外的古代女性》,北京:中華書局社,2006年5月。

13. 李文獻主持;徐福全協同主持,《臺灣傳統婚禮儀節之研究》,行政院國家科學委員會專題研究計畫成果報告,NSC88-2411-H-226-001,臺北:國立僑生大學先修班執行,1999年10月。

14. 李甲孚,《中國古代的婦女生活》,臺北:黎明文化事業公司,1978年2月。

15. 李仲祥、張發嶺,《中國古代漢族婚喪風俗》,收入《中國文化史知識叢書》第42,臺北:臺灣商務印書館,1995年5月初版2刷。

16. 李秀娥,《臺灣傳統生命禮儀》,臺中:星辰出版社,2005年3月初版2刷。

17. 李建興、蔡雅琪,《嘉義地區客家禮俗研究》,牛斗山文史工作室出版,或臺北:行政院客家委員會,2003年。

18. 李師豐楙,《慶典禮俗》,臺北:國立空中大學,2010 年 8 月。

19. 李樹茁、靳小怡、(美)費爾德曼、(加)李南、朱楚珠等合著,《當代中國農村的招贅婚姻》,北京:社會科學文獻出版社,2006 年 5 月。

20. 李鑒踪,《姻緣、良緣、孽緣——中國民間婚戀習俗》,四川:人民出版社,2003 年 1 月第 2 刷。

21. 阮昌銳,《中外婚姻禮俗之比較研究》,《中華文化叢書》系列之一,臺北:中央文物供應社,1982 年 6 月。

22. 阮昌銳,《中國婚姻習俗之研究》,臺北:臺灣省立博物館出版部,1989 年 5 月。

23. 阮昌銳、辛意雲合著,《中國人的生命禮俗》(嘉禮篇),臺北:行政院文建會策劃出版,1992 年白露。

24. 周銳、張琳,《中國民間婚喪禮俗通書》,湖南:三環出版社,1991 年。

25. 岳娟娟,《嫁娶》,山東:畫報出版社,2004 年 1 月。

26. 林明義編,《臺灣冠婚喪祭家禮全書》,臺北:武陵出版公司,1995 年 12 月 4 版 6 刷。

27. 林素娟,《空間、身體與禮教規訓:探討秦漢之際的婦女禮儀教育》,臺北:臺灣學生書局,2007 年 5 月。

28. 林麗寬,《生命的歷程:金門的節慶與禮俗》,金門:金門縣文化局,2009 年 11 月。

29. 邵先崇,《近代中國的新式婚喪》,北京:人民文學出版社,2006 年 5 月。

30. 金門縣立社會教育館編印,《金門婦女古妝飾文物展專輯》,金門:金門縣立社會教育館,1998 年 10 月。

31. 姚漢秋,《臺灣婚俗古今談》,收入《協和臺灣叢刊》第 21,臺北:臺原出版社,1999 年 6 月初版 5 刷。

32. 韋溪、張葟,《中國古代婦女禁忌禮俗》,陝西:人民出版社,1994 年 6 月。

33. 宮欽科,《婚禮的風采——中華嫁娶》,瀋陽市:遼海出版社,1998 年 8 月。

34. 徐吉軍、方建新、方健、呂鳳棠等,《中國風俗通史:宋代卷》,上海:上海文藝出版社,2001 年 11 月。

35. 徐揚杰,《宋明家族制度史論》,北京:中華書局,1995 年 11 月。

36. 殷偉、殷斐然編著,《中國喜文化》,雲南:人民出版社,2005 年 2 月。

37. 烏爾沁編著,《民間喜事》,北京:中國致公出版社,2002 年 1 月。

38. 馬之驌,《中國的婚俗》,臺北:經世書局,1981 年 12 月。

39. 高世瑜,《中國古代婦女生活》,李學勤、馮爾康主編《中國古代社會生活叢書》第 22,臺北:臺灣商務印書館 1998 年 12 月。

40. 高洪興、徐錦鈞、張強邊合編,《婦女風俗考》,收入《中國民俗文化研究叢書》,上海:文藝出版社,1991 年 10 月。

41. 涂順從,《南瀛生命禮俗誌》,臺南:臺南縣文化局,2001 年 5 月。

42. 常人春,《紅白喜事——舊京婚喪禮俗》,北京:燕山出版社,1993 年 11 月。

43. 常建華,《婚姻內外的古代女性》,收入《古代社會生活圖記》叢書,北京:中華書局,2006 年 5 月。

44. 張彥修著,《婚姻・家族・氏族與文明:《家庭私有制和國家的起源研究》》,北京:中國社會科學出版社,2007 年 11 月。

45. 莊英章,《家族與婚姻——臺灣北部兩個閩客村落之研究》,臺北:中央研究院民族學研究所,1994 年 12 月,頁 7。

46. 郭松義,《倫理與生活:清代的婚姻關係》,北京:商務印書館,2000 年 8 月,頁 183～184。

47. 郭松義、定宜莊,《清代民間婚書研究》,北京:人民出版社,2005 年 11 月。

48. 郭興文,《中國傳統婚姻風俗》,西安:陝西人民出版社,1994 年 7 月。

49. 陳其南,《婚姻、家庭與社會》,臺北:允晨出版社,1987 年 10 月。

50. 陳運棟編著,《臺灣的客家禮俗》,臺北:臺原出版社,1996 年 5 月 1 版 5 刷。

51. 陳筱芳,《春秋婚姻禮俗與社會倫理》,四川:巴蜀書社,2000 年 6 月。

52. 陳鵬,《中國婚姻史稿》,北京:中華書局,1994 年 4 月。

53. 陳顧遠,《中國婚姻史》,臺北:臺灣商務印書館,1992 年 9 月臺一版 8 刷。

54. 陶希聖,《婚姻與家庭》,臺北:臺灣商務印書館,1968 年,頁 36。

55. 喬繼堂,《中國人生禮俗》,天津:人民出版社,1992 年 2 月初版 2 刷。

56. 彭利芸,《宋代婚俗研究》,臺北:新文豐出版公司,1988 年 8 月臺 1 版。

57. 彭美玲、呂敦華、羅健蔚,《深情相約——婚嫁禮俗面面觀》,臺北:國家出版社,2008 年 3 月。

58. 彭衛,《漢代婚姻形態》,西安:三秦出版社,1988 年 6 月。

59. 彭懷真,《婚姻與家庭》,臺北:巨流圖書公司,2009 年 8 月修訂第 4 版。

60. 程郁,《清至民國蓄妾習俗之變遷》,上海:世紀出版公司、上海古籍出版社,2006 年 6 月。

61. 費成康,《中國家族傳統禮儀》,上海:社會科學院出版社,2003 年 7 月。

62. 黃維憲主持;李豐楙、徐福全、李文獻協同主持,《臺灣省推行國民生活禮儀研究》,臺北:國立政治大學社會學系執行,臺灣省政府民政廳委託,1992 年 6 月。

63. 楊天厚、林麗寬,《金門婚嫁禮俗》,臺北:稻田出版公司,1998 年元月。

64. 楊炯山編,《結婚禮儀》,新竹:竹林書局,2001 年 7 月再版。

65. 楊樹達,《漢代婚喪禮俗考》,收入《楊樹達文集》,上海:上海世紀出版公司、上海古籍出版社,2007 年 4 月。

66. 福建省民俗學會編,《閩臺婚俗》,廈門:廈門大學出版社,1991 年 8 月。

67. 劉達臨,《中國性史圖鑑》,長春:時代文藝出版社,2003 年 7 月。

68. 劉燕儷,《唐律中的夫妻關係》,臺北:五南圖書出版公司,2007 年 2 月。

69. 歐瑞雲,《細說義‧美人生:關於你我的生命禮俗書》,臺北,典藏藝術家庭,2008 年 1 月。

70. 澎湖縣文獻小組編,《古婚禮》,澎湖:澎湖縣文獻小組出版,1984 年。

71. 蔡利民,《掀起你的紅蓋頭》,上海:文藝出版社,2001 年 11 月。

72. 魯達編著,《中國歷代婚禮》;收入李無未、張黎明主編《中國歷代禮儀文化叢書》套書,北京:北京圖書館出版社,1998 年 9 月。

73. 盧玲,《屈辱與風流:圖說中國女性》,北京:團結出版社,2000 年(出版月日未標明)。

74. 鮑家麟編,趙鳳喈《中國婦女在法律上之地位‧附補篇》臺北:稻鄉出版社,1993 年 5 月。

75. 鍾福山主編,《禮儀民俗論述專輯‧婚禮禮儀篇》,臺北:內政部,1995 年 5 月。

76. 鴻宇編著,《服飾》(中國民俗文化彩圖版),北京:宗教文化出版社,2004 年 5 月。

77. 蘇冰、魏林合著,《中國婚姻史》,臺北:文津出版社,1994 年 4 月。

78. 顧鑒塘、顧鳴塘合編,《中國歷代婚姻與家庭》,臺北:臺灣商務印書館,2003 年 5 月初版 3 刷。

79. 〔日〕片岡巖著;陳金田、馮作民合譯,《臺灣風俗誌》,臺北:大立出版社,1981 年。

80. 〔日〕鈴木清一郎原著;馮作民譯,《增訂臺灣舊慣習俗信仰》,臺北:眾文圖書公司,2004 年 10 月 1 版 4 刷。

(二)朱熹及《家禮》、家訓、家範

1. 乙力編,《中國古代聖賢家訓》,甘肅:蘭州大學出版社,2004 年 6 月。

2. 束景南編著,《朱熹佚文輯考》,江蘇:古籍出版社,1991 年 12 月。

3. 束景南,《朱熹年譜長編》,上海:華東師範大學出版社,2001 年 9 月。

4. 李曉東,《中國封建家禮》,收入《中國風俗叢書》第 4,臺北:文津出版社,1989 年 8 月臺灣初版。

5. 東方望編，《家禮集成》，臺北：滿庭芳出版社，1992 年 8 月。

6. 林振禮，《朱熹與泉州文化》，福建：人民出版社，1999 年 12 月。

7. 高令印、陳其芳合著，《福建朱子學》，福州：福建人民出版社，1999 年 7 月 1 版第 2 刷。

8. 陳榮捷，《朱子新探索》，上海：華東師範大學出版社，2007 年 7 月。

9. 婁子匡主編，《國立北京大學中國民俗學會民俗叢書・家範篇》，臺北：東方文化書局，1979 年春季。

10. 郭堯齡，《朱子與金門》，金門：金門縣政府，2003 年 9 月。

11. 陸益龍編著，《中國歷代家禮》，收入李無未、張黎明主編《中國歷代禮儀文化叢書》套書，北京：北京圖書出版社，1998 年 9 月。

12. 彭美玲主持；黃才容、林碧珠研究助理，《家禮源流群書述略考異》（簡易版），行政院國家科學委員會專題研究計畫成果報告，NSC89-2411-H-002-053，臺北：國立臺灣大學中國文學系執行，2001 年 10 月。

13. 傅小凡，《朱子與閩學》，湖南：岳麓書社，2010 年 1 月。

14. 解光宇，《朱子學與徽學》，湖南：岳麓書社，2010 年 1 月。

15. 程燕青譯注，《顏氏家訓・朱子家訓》，山西：古籍出版社，2004 年 3 月。

16. 費成康，《中國家族傳統禮儀》（圖文本），上海：社會科學院出版社，2003 年 7 月。

17. 董師金裕，《朱熹學術考論》，臺北：里仁書局，2008 年 12 月。

18. 劉守松編著，《家禮常識》，先登出版社，1994 年元月 6 版。

19. 盧正言主編，《中國歷代家訓觀止》，上海：上海世紀出版集團，2004 年 8 月初版 2 刷。

20. 錢穆，《朱子新學案》，臺北：三民書局，1980 年 9 月。

21. 〔韓〕盧仁淑，《朱子家禮與韓國之禮學》，北京：人民文學出版社，2008 年 8 月。

（三）其 他

1. 中華文化復興運動推行委員會編，《傳統文化與現代生活研討會論文集》，中華文化復興運動推行委員會，1982 年 12 月。

2. 方川、王懷義，《民俗思維》，黑龍江：人民出版社，2004 年 1 月。

3. 方寶璋，《源與緣：閩臺民間風俗比較》，福州：海風出版社，2008 年 7 月。

4. 方寶璋，《閩臺民間習俗》，福州：福建人民出版社，2003 年 7 月。

5. 王玉波，《中國古代的家》，臺北：臺灣商務印書館，1998 年 9 月。

6. 王師秋桂主編，葉明生編著《中國傳統科儀本彙編》，臺北：新文豐出版公司，1996 年 11 月臺 1 版。

7. 王貴民，《中國禮俗史》，臺北：文津出版社，1993 年 7 月。

8. 王貴民，《禮俗史話》，臺北：國家出版公司，2003 年 4 月。

9. 王爾敏，《明清時代庶民文化生活》，長沙：岳麓書社，2002 年 10 月。

10. 王維梅主編，《「二十一世紀敦煌文獻研究回顧與展望」研討會論文集》，臺北：中華自然文化學會，2005 年 4 月。

11. 申士堯、傅美琳主編，《中國風俗大辭典》，臺北：國家出版社，1999 年 10 月。

12. 仲富蘭，《中國民俗流變》，香港：中華書局，1989 年 2 月。

13. 向柏松，《吉祥民俗》，武漢：湖北教育出版社，2001 年 3 月。

14. 任騁著，《中國民間禁忌》，臺北：漢欣文化，1996 年 11 月初版 2 刷。

15. 朱筱新，《中國古代禮儀制度》，臺北：臺灣商務印書館，2002 年 3 月初版 3 刷。

16. 朱鷹主編，《禮儀》，北京：中國社會出版社，2005 年 6 月。

17. 何綿山，《閩文化述論》，吉林：延邊大學出版社，2001 年 9 月。

18. 何綿山，《閩文化概論》，北京：北京大學出版社，2000 年 12 月第 4 刷。

19. 何聯奎，《中國禮俗研究》，臺北：臺灣中華書局，1973 年 1 月。

20. 余光弘等編，《閩西庵壩人的社會與文化》，廈門：廈門大學出版社，2008 年 9 月。

21. 余敦康，《中國宗教與中國文化》（卷二），北京：中國社會科學出版社，2005 年 3 月。

22. 吳玉貴，《中國風俗通史》（隋唐五代卷），上海：文藝出版社，2001 年 11 月。

23. 吳萬居，《宋代三禮學研究》，臺北：國立編譯館，1999 年 5 月。

24. 吳瀛濤，《臺灣民俗》，臺北：眾文圖書公司，1975 年 8 月 4 版。

25. 完顏紹元、郭永生，《中國風俗圖像解說》，上海：世紀出版集團、上海書店出版社，2000 年 6 月第 2 刷。

26. 完顏紹元編著，《中國風俗之謎》，上海：辭書出版社，2002 年 10 月第 2 刷。

27. 宋兆麟，《中國風俗通史》（原始社會卷），上海：文藝出版社，2001 年 11 月。

28. 宋鎮豪，《中國風俗通史》（夏商卷），上海：文藝出版社，2001 年 11 月。

29. 李文治、江太新，《中國宗法宗族制和族田義莊》，北京：社會科學文獻出版社，2000 年 4 月。

30. 李曰剛,《三禮論文集》,臺北:黎明文化事業公司,1982 年 10 月再版。

31. 李師豐楙、朱榮貴主編,《儀式、廟會與社區——道教、民間信仰與民間文化》,臺北:中央研究院中國文哲研究所,2007 年 9 月第 2 刷。

32. 李斌成等編,《隋唐五代社會生活史》,北京:中國社會科學出版社,2004 年 12 月重印。

33. 李露露,《中國節——圖說民間傳統節日》,福建:人民出版社,2005 年 2 月第 2 刷。

34. 沈英藝,《閩南話掌故》,福州:海風出版社,2005 年 6 月。

35. 沈從文編著,《中國古代服飾研究》,上海:世紀出版集團、上海書店出版社,2005 年 4 月。

36. 佛洛依德原著;楊庸一譯,《圖騰與禁忌》,收入《新潮文庫》第 114,臺北市:志文出版社,2007 年元月重排版。

37. 阮昌銳,《中國民間宗教之研究》,臺北:臺灣省立博物館出版部,1990 年 6 月。

38. 阮昌銳,《植物動物與民俗》,臺北:臺灣省立博物館出版部,1999 年 9 月。

39. 阮昌銳,《歲時與神誕》,臺北:榮民印刷廠,1991 年 6 月。

40. 周一良、趙和平著,《唐五代書儀研究》,北京市:中國社會科學出版社,1995 年 12 月。

41. 周何,《禮學概論》,臺北:三民書局,1998 年 1 月。

42. 周耀明,《明代、清代前期漢族風俗》,徐杰舜主編,《漢族風俗史》第四卷,上海:學林出版社,2004 年 12 月。

43. 周耀明、萬建中、陳華文等,《秦漢、魏晉南北朝漢族風俗》,徐杰舜主編,《漢族風俗史》第二卷,上海:學林出版社,2004 年 12 月。

44. 李鴻崑,《歲時佳節古今談》,濟南:山東畫報出版社,2007 年 5 月,頁 5。

45. 尚秉和,《歷代社會風俗事物考》,臺北:臺灣商務印書館,1985 年 12 月臺 6 版。

46. 林仁川、黃福才,《閩臺文化交融史》,福建:教育出版社,1997 年 11 月。

47. 林存陽,《清初三禮學》,北京:社會科學文獻出版社,2002 年 12 月。

48. 林金水主編,《福建對外文化交流史》,福建:教育出版社,1997 年 12 月。

49. 林素英,《禮學思想與應用》,臺北:文津出版社,2003 年 9 月。

50. 牧雨、齊放編著,《消逝的風俗》,天津:百花文藝版社,2000 年 1 月。

51. 邵燕、郭林濤編著，《中國民間吉祥俗》，北京：中國旅遊出版社，1999年11月第3刷。

52. 徐吉軍、方建新、方健、呂風棠，《中國風俗通史》（宋代卷），上海：文藝出版社，2001年11月。

53. 徐杰舜，《導論、先秦漢族風俗》，徐杰舜主編，《漢族風俗史》第一卷，上海：學林出版社，2004年12月。

54. 國立歷史博物館編輯委員會編，《中華民俗文物特展》，臺北：中華民俗文物特展籌備委員會出版，1980年2月。

55. 婁子匡、許長樂合著，《臺灣民俗源流》，《民族文化叢書》9，臺中市：臺灣省政府新聞處，1971年。

56. 常金倉，《周代禮俗研究》，黑龍江：人民出版社，2005年1月。

57. 張君，《神秘的節俗──傳統節日禮俗、禁忌研究》，南寧：廣西人民出版社，2004年1月。

58. 張承宗、魏向東，《中國風俗通史》（魏晉南北朝卷），上海：文藝出版社，2001年11月。

59. 張亮采，《中國風俗史》，北京：團結出版社，2005年1月。

60. 張春生主編，《中國傳統禮俗》，天津：百花文藝出版社，2002年9月。

61. 張炳楠監修；李汝和主修，《臺灣省通志》卷二《人民志》，臺中：臺灣省文獻會，1971年6月。

62. 張壽安，《十八世紀禮學考證的思想活力──禮教論爭與禮秩重省》，臺北：中央研究院近代史研究所，2001年12月。

63. 梁滿倉，《中國魏晉南北朝習俗史》，收入史仲文、胡曉林主編《百卷本中國全史》第8卷，北京：人民出版社，1994年4月。

64. 許在金、吳幼雄、蔡湘江主編，《泉州掌故》，福州：福建人民出版社，2001年6月。

65. 郭成偉點校，《大元通制條格》，北京：法律出版社，2000年1月。

66. 陳正之，《民俗思想起：消失中的常民生活文化》，南投：臺灣省政府，2003年7月3版。

67. 陳正之，《臺灣歲時記：二十四節氣與常民文化》，臺北：行政院新聞局，2001年12月2版。

68. 陳茂同，《中國歷代衣冠服飾制》，天津：百花文藝出版社，2005年8月。

69. 陳高華、史衛民，《中國風俗通史》（元代卷），上海：文藝出版社，2001年11月。

70. 陳桂炳，《泉州民間風俗》，北京：中國文聯出版社，2001年1月。

71. 陳耕、楊浩存、黃振良合著，《閩南民系與文化》，金門：金門縣文化局，2006年9月。

72. 陳紹棣，《中國風俗通史》（兩周卷），上海：文藝出版社，2003 年 6 月。

73. 陳寶良、王熹，《中國風俗通史》（明代卷），上海：文藝出版社，2005 年 2 月。

74. 彭衛、楊振紅，《中國風俗通史》（秦漢卷），上海：文藝出版社，2002 年 3 月。

75. 游彪、尚衍斌、吳曉亮等，《中國民俗史》（宋遼金元卷），北京：人民出版社，2008 年 2 月。

76. 雲中天編，《永遠的風景：中國民俗文化──禁忌》，南昌：百花洲文藝出版社，2006 年 10 月。

77. 項楚、鄭阿財主編，《新世紀敦煌學論集》，四川：巴蜀書社，2003 年 3 月。

78. 黃少萍主編，《閩南文化研究》，北京：中央文獻出版社，2003 年 9 月。

79. 楊志剛，《中國禮儀制度研究》，上海：華東師範大學出版社，2001 年 5 月。

80. 楊秀宮，《孔孟荀禮法思想的演變與發展》，臺北：文史哲出版社，2000 年 8 月。

81. 萬建中，《中國民間禁忌風俗》，北京：中國電影出版社，2005 年 6 月。

82. 萬建中、周耀明，《清代後期、民國漢族風俗》，載徐杰舜主編《漢族風俗史》第五卷，上海：學林出版社，2004 年 12 月。

83. 萬建中、周耀明、陳順宣等，《隋唐、五代宋元漢族風俗》，載徐杰舜主編《漢族風俗史》第三卷，上海：學林出版社，2004 年 12 月。

84. 葛承雍，《中國傳統風俗與現代化》，西安：陝西人民出版社，2002 年 9 月。

85. 葛晨虹，《中國古代的風俗禮儀》，臺北：文津出版社，2001 年 4 月。

86. 鄒昌林，《中國古禮文化》，臺北：文津出版社，2000 年 12 月初版 2 刷。

87. 福建省人大常委會教科文衛委員會編著，《福建民族民間傳統文化：歷史‧現狀與思考》，福建：人民出版社，2006 年 9 月。

88. 福建省同安文史資料精選本編委會編，《同安文史資料精選本》下冊，廈門：同安彩印廠，1996 年 11 月。

89. 福建省炎黃文化研究會、中國人民政治協商會議泉州市委員會合編，《閩南文化研究》上冊，福州：海峽文藝出版社，2004 年 11 月。

90. 劉浩然，《泉州民俗集成》，香港：閩南人出版公司，1998 年。

91. 劉浩然，《晉江民俗掌故》，廈門：廈門大學出版社，2002 年 5 月。

92. 廣陵書社編，《中國歷代禮儀典》，揚州：廣陵書社，2003 年 11 月。

93. 鄭振滿，《明清福建家族組織與社會變遷》，河南：教育出版社，1992 年 6 月。

94. 蕭乾主編，《民俗風情》，臺灣：商務印書館，1992 年 9 月第 2 刷。

95. 蕭達雄，《臺澎地區：禮俗禁忌論說——臺語説禁忌》，高雄：復文圖書出版社，2005 年 3 月初版 2 刷。

96. 鍾敬文主編，《中國禮儀全書》，安徽：科學技術出版社，2004 年 7 月第 8 刷。

97. 韓振武、郭林濤編著，《中國民間吉祥物》，北京：中國旅遊出版社，1999 年 11 月第 3 刷。

98. 韓養民、張來斌，《秦漢風俗》，陝西：人民出版社，1987 年 10 月。

99. 韓養民、郭興文，《中國古代節日風俗》，陝西：人民出版社，2002 年 9 月。

100. 顏立水，《金同集》，北京：中國文聯出版社，2005 年 2 月。

101. 譚蟬雪，《敦煌民俗——絲路明珠傳風情》，甘肅：教育出版社，2006 年 6 月。

102. 蘇黎明，《泉州家族文化》，北京：中國言實出版社，2000 年 6 月。

103. 顧希佳，《禮儀與中國文化》，北京：人民出版社，2001 年 8 月。

104. 著者不詳，《沈刻元典章·附陳氏校補校例》，北京：中國書店，2011 年 1 月。

105. 〔日〕中川忠英編著；方克、孫玄齡譯，《清俗紀聞》，北京：中華書局，2007 年 7 月第 2 刷。

106. 〔日〕宇野精一主編；洪順隆譯，《中國思想之研究·禮論》，臺北：幼獅文化事業公司，1983 年 3 月 3 版。

三、單篇期刊論文（按姓氏筆劃排序）

（一）與婚俗相關

1. 不著撰人，〈中國各地婚俗〉，《中國地名》，2008 年 10 期，頁 13〜25。

2. 不著撰人，〈中國婚俗文化〉，《中國地名》，2008 年 10 期，頁 6〜12。

3. 不著撰人，〈納采禮〉，《紫禁城》，2006 年 8 期，頁 13〜23。

4. 不著撰人，〈廟見禮、朝見禮〉，《紫禁城》，2006 年 8 期，頁 107〜109。

5. 勾承益，〈先秦婚儀婚俗探微〉，《四川師範大學學報》，2006 年 6 期，頁 74〜78。

6. 勾承益，〈論春秋時代親迎之禮的「正時」〉，《中華文化論壇》，2007 年 3 期，頁 36〜41。

7. 王三慶，〈敦煌寫卷記載的婚禮節目與程序〉，《潘石禪先生九秩華誕敦煌學特刊》，1996 年 9 月，頁 533〜564。

8. 王兆梅、周莉英,〈芻議中國嫁衣〉,《藝術與設計》(理論),2007 年 10 期,頁 173～175。

9. 王同策,〈閒話新婚鬧房習俗〉,《文史知識》,1996 年 11 期,頁 49～53+62。

10. 王宏付,〈民國時期上海婚禮服中的「西化」元素〉,《裝飾》,2006 年 5 期,頁 20～21。

11. 王志芳,〈六禮之制——《詩經》興象的民俗文化內涵〉,《貴州文史叢刊》,2000 年 5 期,頁 45～47。

12. 王金霞,〈從中韓婚俗看兩國人文共性〉,《通化師範學院學報》,2008 年 5 期,頁 73～75。

13. 王盛婷,〈試說漢碑婚喪詞〉,《黔東南民族師範高等專科學校學報》,2003 年 4 期,頁 83～85。

14. 王凱旋,〈漢代婚俗瀏覽〉,《歷史月刊》第 258 期,2009 年 7 月,頁 65～70。

15. 王傳滿,〈明清時期徽州地區宗族勢力對節烈婦女的控制〉,《中華女子學院山東分院學報》總第 88 期,2009 年 6 期,頁 28～36。

16. 王爾敏,〈馬之驌著《中國的婚俗》評介〉,《中華文化復興月刊》第 17 卷 12 期 (總號 201),1984 年,頁 64～66。

17. 付以瓊撰,〈從《詩經》看周人的婚戀觀〉,《史料研究》,2008 年 2 期,頁 55～56。

18. 付淑芳,〈婚慶服飾,亂花漸欲迷人眼〉,《文化月刊》,1996 年 7 期。

19. 左洪濤,〈論《詩經》時代婚俗〉,《西北工業大學學報》,2002 年 3 期,頁 20～24。

20. 田率,〈《詩經》中的「束薪」看古代婚俗〉,《寧夏社會科學》,2008 年 6 期,頁 158～160。

21. 田毅鵬,〈西洋婚俗入華始末〉,《中外文化交流》,1997 年 4 期,頁 43～44。

22. 白顯鵬,〈《詩經》束薪與上古婚俗〉,《文史知識》,1995 年 5 期,頁 117～120。

23. 朱岑樓,〈締造美滿的婚姻〉,《中央月刊》,第 3 卷 8 期,1971 年 6 月,頁 180～185。

24. 朱明安,〈婚姻中的女人〉,《心理世界》,1996 年 5 期,頁 12～13。

25. 朱青,〈宣化節俗、婚俗、喪俗簡述〉,《察哈爾省文獻》第 31 期,1993 年 2 月,頁 35～45。

26. 朱建軍,〈從中國傳統的婚禮談起〉,《讀書文摘》,2008 年 6 期,頁 59～60。

27. 朱鋒，〈臺灣的古昔婚禮〉，《臺北文物》第 8 卷第 1 期，1959 年。

28. 江林，〈《太平廣記》中所見唐代婚禮、婚俗略考〉，《湖南大學學報》，2002年 4 期，頁 20～22。

29. 江重文，〈中國人生活觀念系列：古婚禮探尋〉，《民俗曲藝》第 45 期，1987 年，頁 50～56。

30. 余致堯，〈故鄉「監利縣」婚俗回憶〉，《湖北文獻》第 68 期，1983 年，頁 49～53。

31. 吳成國，〈論東晉南朝婚姻禮制的地域差異〉，《湖北大學學報》，1996 年3 期。

32. 吳成國、喻學忠，〈「茶禮」與「聘禮」〉，《湖北大學學報》，1998 年 2 期。

33. 吳韋璉，〈客家婚俗沿革「儀禮·士昏禮」初探〉，《塈商學報》第 5 期，1997 年，頁 169～156。

34. 吳偉偉，〈淺談兩漢婚禮的變異及原因〉，《山東省農業管理干部學院學報》，2007 年 1 期，頁 143+146。

35. 吳國華、蒲軍，〈中西方婚禮服飾文化研究〉，《美與時代》，2006 年 12期，頁 59～61。

36. 吳曉峰，〈《詩經》「二南」所反映的先秦求婚禮俗〉，《長春師範學院學報》，2008 年 5 期，頁 34～39。

37. 吳曉峰，〈先秦嫁娶季節新論〉，《常熟理工學院學報》，2009 年 9 期，頁65～69。

38. 呂友仁，〈說「共牢而食」〉，《孔孟月刊》第 35 卷 8 期（總號 416），1997年，頁 25～27。

39. 宋立永，〈清代蘇北運河沿岸婚俗變遷〉，《華北水利水電學院學報》，2007年 3 期，頁 116～118。

40. 宋鼎宗學，〈春秋左氏傳賓禮嘉禮考〉，《國立臺灣師範大學國文研究所集刊》第 16 號上冊，1972 年 6 月，頁 1～178。

41. 李小米，〈婚禮上的那塊繡花手帕〉，《健康生活》（下半月），2009 年 6期，頁 50～51。

42. 李小華，〈客家傳統婚育文化的女性主義觀照〉，《華南農業大學學報》第8 卷，2009 年第 1 期。

43. 李文娟，〈中國傳統婚禮及其蘊涵的倫理思想〉，《忻州師範學院學報》，2008 年 6 期，頁 66～69。

44. 李文獻，〈婚俗的傳統、現況與檢討〉，《國立僑生大學先修班學報》第 1期，1993 年，頁 37～86。

45. 李文獻，〈從閩客俗諺看民間的婚配與婚禮儀式〉，《國立僑生大學先修班學報》第 8 期，2000 年，頁 51～168。

46. 李文獻，〈試探臺灣閩客婚俗中的議婚儀式〉，《國立僑生大學先修班學報》第 11 期，2003 年 12 月，頁 59～105。

47. 李文獻，〈臺灣傳統婚禮中祀神祭祖儀式之研究〉，《國立僑生大學先修班學報》第 7 期，1999 年 7 月，頁 33～74。

48. 李文獻，〈臺灣傳統婚禮儀式覘辭初探〉，《國立僑生大學先修班學報》第 2 期，1994 年，頁 25～84。

49. 李志紅、宋穎惠，〈先秦傳統婚姻禮俗研究〉，《文博》總 129 期，2005 年 6 期，頁 90～93。

50. 李辛儒、焦海清、波•少布，〈民間婚俗系列〉，《漢聲》第 50 期，1993 年，頁 1～25。

51. 李金玉，〈略論中國古代的婚禮〉，《新鄉師范高等專科學校學報》第 19 卷第 1 期，2005 年 1 月。

52. 李建國，〈古代的婚月和婚會〉，《文史知識》，1995 年 8 期，頁 26～29。

53. 李桂芳，〈中華婚俗舞蹈和喜慶文化〉，《文化雜誌》第 18 期，年，頁 69～74。

54. 李晨，〈紙材料在女性婚禮服上的應用研究〉，《裝飾》，2008 年 3 期，頁 96～97。

55. 李盛仙，〈悄然嬗變的婚俗觀念〉，《現代交際》，1997 年 9 月。

56. 李凱鴻，〈「集團結婚」的由來〉，《民國春秋》，1994 年 3 期，頁 28～30。

57. 李貴生、李天保，〈從《詩經》看先秦的婚禮制度〉，《社科縱橫》，2004 年 5 期，頁 136～137。

58. 李誠，〈十吉祥研究〉，項楚、鄭阿財主編，《新世紀敦煌學論集》，四川：巴蜀書社，2003 年 3 月，頁 126～155。

59. 李寧、龔世俊，〈媒妁起源考論〉，《學術交流》，2001 年 3 月。

60. 杜明德，〈「毛奇齡婚禮學研究」摘要〉，《高雄師大學報》第 10 期，1999 年，頁 187～228。

61. 汪化雲、陳金仙，〈「拜堂」釋義商補〉，《成都大學學報》，2004 年 1 期，頁 28～30。

62. 谷雲華，〈婚姻是什麼〉，《健康大視野》，1995 年 4 月。

63. 辛菊、潘家懿、翟維琦，〈晉南婚俗及其用語〉，《民俗曲藝》第 99 期，1996 年，頁 27～45。

64. 阮昌銳，〈從中外婚禮的比較談婚禮的意義〉，臺北：中華文化復興運動推行委員會編印《生命禮俗研討會論文集》，1986 年 9 月再版，頁 55～70。

65. 阮昌銳，〈從婚俗看中國的倫理傳統〉，《中華文化復興月刊》第 16 卷 1 期，1983 年，頁 74～84。

66. 阮昌銳，〈從婚俗看中國的倫理傳統〉，《社會建設》第 81 期，1992 年，頁 86～92。

67. 阮昌銳，〈族譜凡例中的夫婦倫理〉，《今日中國》第 167 期，1985 年 4 月，頁 81～88。

68. 阮昌銳，〈臺灣民間的婚制〉傳薪集（23），《海外學人》第 143 期，1984 年 6 月，頁 66～71。

69. 阮昌銳，〈臺灣民間的婚禮〉，《今日中國》第 164 期，1985 年 1 月，頁 96～103。

70. 阮昌銳，〈臺灣民間的婚禮〉傳薪集（19），《海外學人》第 140 期，1984 年 3 月，頁 52～58。

71. 宛風慶，〈四個婚禮和一種文化〉，《電影評介》，2006 年 19 期，頁 9～11。

72. 林川夫主編（譯），《民俗臺灣》1～7 輯，取材自日文版民俗臺灣雜誌 1943 ～1945 年，臺北：武陵出版，1990～1991 年，（v.4，c.2 民 88 年初版 3 刷；v.5，c.2 民 84 年初版 2 刷。

73. 林正芳、邱彥貴，〈蘭陽婚姻禮俗的演變——以光復前的宜蘭城為例〉，《宜蘭文獻雜誌》第 77、78 期，2006 年 12 月，頁 63～93。

74. 林昭吟，〈臺灣現代小說中童養媳形象析論〉，《南師語教學報》第 3 卷，2005 年 4 月，頁 159～178。

75. 林茂賢，〈臺灣生命禮俗禁忌揭密〉，《傳藝》第 71 期，2007 年 8 月，頁 30～33。

76. 林素娟，〈古代婚禮「廟見成婦」說問題探究〉，《漢學研究》第 21 卷第 1 期（總號 42），2003 年 6 月，頁 47～76。

77. 林曉蓉，〈從女兒到媳婦：臺灣童養媳的自我認同〉，《史繹》第 34 卷，2004 年 7 月，頁 39～79。

78. 林衡道，〈臺灣的生命禮俗〉，臺北：中華文化復興運動推行委員會編印《生命禮俗研討會論文集》，1986 年 9 月再版，頁 177～208。

79. 林麗真，〈魏晉人對傳統禮制與道德之反省——從喪服論、同姓婚論與忠孝論談起〉，《臺大中文學報》第 4 期，1991 年 6 月，頁 109～141。

80. 林繼富、張科，〈棗的禮俗精神與文學傳承〉，《商丘師範學院學報》第 17 卷第 1 期，2001 年 1 期，頁 24～26。

81. 武倩，〈《禮記‧昏義》所體現的先秦婚姻觀〉，《安徽文學》，2008 年 2 期，頁 290。

82. 卓怡君，〈臺灣結婚消費發展趨向〉，《臺灣經濟研究月刊》第 31 卷 12 期（總號 372），2008 年 12 月，頁 37～44。

83. 易卉，〈中國古代婚俗文化論略〉，《湖北大學成人教育學院學報》第 23 卷第 5 期，2005 年 10 月。

84. 易圖強，〈論兩晉南朝門第婚姻的影響〉，《湖南教育學院學報》第 16 卷第 6 期，1998 年 12 月，頁 36～40。

85. 周一良，〈敦煌寫本書儀中所見的唐代婚喪禮俗〉，《文物》，1985 年 7 期，頁 17～25。

86. 周何，〈春秋昏禮餘論〉，《國文學報》第 2 期，1973 年 4 月，頁 63～68。

87. 周清源，〈人生禮儀系列（2）──婚俗禮儀〉，《烘焙工業》第 118 期（總號 189），2004 年 11 月，頁 34～39。

88. 周清源〈人生儀禮（1）──婚嫁禮儀〉，《烘焙工業》第 108 期（總號 179），2003 年 3 月，頁 64～68

89. 孟繁舉，〈中國古代的婚禮制度〉，《中華文化復興月刊》第 18 卷第 1 期（總號 202），1985 年 1 月，頁 5～10。

90. 岳純之，〈唐代法定適婚年齡考〉，《歷史教學》，2006 年 5 期（總 510 期），頁 18～21。

91. 岳慶平，〈近代婚姻家庭的變遷〉，《文史知識》，1994 年 5 期，頁 18～24。

92. 秀娟，〈「六瑞」與「六禮」的由來〉，《文物雜誌》第 3 期，1992 年 10 月，頁 82～87。

93. 金榮權，〈論《詩經》時代婚俗〉，《信陽師範學院學報》第 25 卷第 1 期，2005 年 1 期，頁 83～87。

94. 阿依古麗，〈中國古代婚姻制度與中國少數民族婚禮之比較──以哈薩克族為例〉，《湖北民族學院學報》第 26 卷第 6 期，2008 年 6 月。

95. 姜川子，〈從《酉陽雜俎》看唐朝婚俗〉，《消費導刊》，2009 年 8 期，頁 217。

96. 姜惠發，〈西周婚姻六禮對于現代風俗的惡劣影響〉，《東疆學刊》，1989 年 Z1 期，頁 10～16。

97. 姜瀅，〈漢代婚姻特點略談〉，遼寧經濟職業技術學院《遼寧經濟管理幹部學院學報》，2008 年第 3 期，頁 121～122。

98. 姚周輝，〈論傳統婚禮習俗中的性別歧視〉，《雲南師範大學學報》，1998 年 3 期。

99. 姚漢秋，〈閩臺婚姻禮俗變遷〉，《臺灣文獻》第 28 卷 4 期，1977 年 12 月，頁 147～153。

100. 姚儀敏，〈周代「主婚」與「媒妁」禮俗考〉，《復興崗學報》第 82 期，2004 年 12 月，頁 415～437。

101. 姚儀敏，〈周代「休妻」與「再醮」婚姻問題探討〉，《復興崗學報》第 83 期，2005 年 6 月，頁 327～353。

102. 柳立言，〈淺談宋代婦女的守節與再嫁〉，《新史學》第 2 卷 4 期，中國婦女史專號，1991 年 12 月，頁 37～76。

103. 段塔麗，〈唐代婚俗「繞車三匝」漫議〉，《中國典籍與文化》，2001 年第 3 期，頁 114～117。

104. 段塔麗，〈唐代婚姻習俗與婦女地位探析〉，《陝西師範大學學報》31 卷 2 期，2002 年 3 月，頁 82～88。

105. 洪定國、楊靜，〈現今臺灣傳統婚嫁儀式及嫁妝用品之探討〉，《工業設計》第 32 卷 2 期（總號 111），2004 年 11 月，頁 208～215。

106. 胡必華，〈婚禮中的器物象徵〉，《民俗曲藝》第 45 期，1987 年，頁 113～117。

107. 胡雲龍，〈有趣的婚俗由來〉，《現代交際》，1994 年 8 月。

108. 胡新生，〈《儀禮·士昏禮》用雁問題新證〉，《文史哲》，2007 年 1 期，頁 23～36。

109. 胡漸達，〈薪在古婚禮中的實際作用〉，《文史知識》，2003 年 9 期，頁 126～127。

110. 范珍輝，〈婚俗之演變及其問題〉，臺北：中華文化復興運動推行委員會編印《生命禮俗研討會論文集》，1986 年 9 月再版，頁 71～98。

111. 宮山智淵，〈臺灣的戒指〉，《民俗臺灣》第 6 輯，1990 年 12 月，頁 133。

112. 倪怡中，〈敦煌壁畫中的古代婚俗〉，《歷史月刊》第 109 期，1997 年，頁 92～93。

113. 唐瓊，〈婚禮服〉，《藝海》，2009 年 3 期，頁 7～9。

114. 孫迎慶，〈蘇州水鄉又見傳統婚禮習俗〉，《文化交流》，2008 年 11 月。

115. 孫致文，〈「婚娶遭喪」問題的討論及其意義初探〉，《國立中央大學中國文學研究所論文集刊》第 8 期，2002 年 6 月，頁 1～12。

116. 孫運鵬，〈唐代婚姻禮俗考〉，《牡丹江教育學院學報》，2006 年 5 月。

117. 孫德華，〈從《詩經》的愛情詩看周代的聘婚禮及婚制特點〉，《長春大學學報》，2007 年 7 月。

118. 席曉，〈淺談中西方婚禮文化異同〉，《科教文匯》（中旬刊），2008 年 8 月。同年同月又刊登於《讀與寫》（教育教學刊）。

119. 徐強，〈淺析中西審美差異對中國婚紗流行的影響〉，《飾》，2005 年 3 月。

120. 徐福全，《當前婚禮儀節規範之研究》，內政部民政司研究專題報告，民 83 年 4 月。

121. 殷登國，〈典型的中國婚禮〉，《海華雜誌》第 4 卷第 6 期（總號 42），1988 年 7 月，頁 54～58。

122. 秦永洲，〈古代婚姻風俗的特點與中國人的婚姻觀念〉，《山東師大學報》，2000 年 4 月。

123. 袁秋蕓，〈民國時期婚禮服的城鄉比較〉，《江蘇紡織》，2008 年 12 月。

124. 馬憶南，〈中國婦女在古代婚姻家庭法上之地位〉，《中國典籍與文化》，1994 年 3 月。

125. 高以璇，〈從傳統婚禮儀式中的覘辭看臺灣社會的文化意涵〉，《國立歷史博物館學報》第 33 期，2006 年 5 月，頁 55～105。

126. 寇改美，〈婚禮的變遷〉，《對外大傳播》，1998 年 6 月。

127. 張天周，〈客家婚姻與中原古風〉，《尋根》，2004 年第 1 期，頁 25～29。

128. 張文智，〈中國婚禮中顏色的象徵與變遷〉，《人類與文化》第 22 期，1986 年 6 月，頁 15～19。

129. 張良蕙，〈從父權制分析中國婚禮中的女性角色〉，《景女學報》第 2 期，2002 年 1 月，頁 107～117。

130. 張邦建，〈中國古代婚俗文化特點述論〉，《學術界》，1999 年 6 月。

131. 張承宗、孫立，〈魏晉南北朝婚俗初探〉，《浙江學刊》，1995 年 6 月。

132. 張武、梅珍生，〈《周易》與人類婚俗〉，《江漢論壇》，1994 年 12 月。

133. 張勃，〈紅蓋頭〉《中華文化畫報》，2007 年 5 月。

134. 張春艷，〈中國當代婚姻儀式及消費習俗的變遷〉，《文化學刊》，2009 年 6 月。

135. 張軍，〈中國古代婚嫁「六禮」說〉，《天水師範學院學報》，1993 年 Z1 月。

136. 張媛，〈現代中日民間典型婚禮禮儀比較研究〉，《哈爾濱學院學報》，2008 年 10 月。

137. 張濤，〈中國古代的婚姻形式〉，《歷史教學》，1994 年 4 月。

138. 張藝芬，〈中英婚俗中的吉祥文化對比〉，《湖北第二師範學院學報》，2008 年 7 月。

139. 張鏡影撰，〈論現行婚姻法〉，載《淡江學報》第 4 期，1965 年 11 月，頁 219～231。

140. 張豔雲，〈唐代婚俗中的障車與障車文〉，《歷史月刊》第 133 期，1999 年 2 月，頁 118～122。

141. 曹甲乙，〈臺灣婚俗一瞥〉，《臺灣文獻》第 6 卷第 3 期，1955 年 9 月，頁 43～56。

142. 曹汛，〈古代婚俗──打女婿〉，《民俗研究》，1987 年 4 月。

143. 梁景和，〈論中國傳統婚姻陋俗的特徵〉，《遼寧師範大學學報》第 5 期，1994 年 5 月。

144. 梁景時，〈清末民初婚俗的演變述論〉，《山西師大學報》第 26 卷第 1 期，1999 年 1 月。

145. 梁滿倉，〈中國魏晉南北朝習俗史〉，收入史仲文、胡曉林主編《百卷本中國全史》第八卷，北京：人民出版社，1994 年 4 月。

146. 莊金德,〈清代臺灣的婚姻禮俗〉,《臺灣文獻》第 14 卷第 2 期,1963 年 9 月。

147. 莊麗霞,〈「胡化」色彩的北朝婚禮習俗〉,《昭通師範高等專科學校學報》,2006 年 4 月

148. 莊麗霞,〈從北朝的婚禮習俗看民族融合〉,《河南科技大學學報》,2006 年 2 月。

149. 許星,〈蘇州地區民間傳統婚禮儀俗及衣著飾物探析〉,《裝飾》,2006 年 3 月。

150. 許英國,〈青海婚姻儀式歌與民俗事象談藪〉,《青海民族學院學報》,1997 年第 4 期。

151. 許嘉明,〈中國的婚俗改變了嗎?〉,《今日中國》第 97 期,1979 年 5 月,頁 120～122。

152. 許鶴齡,〈從佛化婚禮看人間佛教的婚姻倫理〉,《哲學與文化》第 33 卷 12 期(總號 391),2006 年 12 月,頁 117～138。

153. 郭松義,〈清代的童養媳婚姻〉,收入李中清、郭松義、定宜莊編《婚姻家庭與人口行為》,北京:北京大學出版社,2000 年 1 月,頁 33～60。

154. 郭善兵,〈二十世紀八十年代以來魏晉南北朝時期婚喪禮俗研究概述〉,《貴州文史叢刊》,2001 年第 4 期,頁 21～27。

155. 陳壬癸,〈臺灣省文獻委員會客家婚俗座談會紀錄〉,《臺灣文獻》第 34 卷第 1 期,1983 年 3 月,頁 115～130。

156. 陳壬癸,〈臺灣現行婚俗改進之探討〉,《臺灣文獻》第 35 卷 2 期,1984 年 6 月,頁 153～169。

157. 陳戌國,〈《周易》之婚俗婚禮考論〉,《北方論叢》,2007 年 1 月。

158. 陳其南,〈中國人的『房』事情結〉,《文化的軌跡》下冊:《婚姻家族與社會》,臺北:允晨出版社,1986 年□月,頁 91。

159. 陳怡君,〈魏晉嫂叔禮制之辯探析〉,《國文天地》第 19 卷第 5 期(總號 221),2003 年 10 月,頁 42～47。

160. 陳郁翔、蔡淳伊,〈喜宴——臺灣餐飲業婚禮宴會飲食文化〉,《中華飲食文化基金會會訊》第 12 卷第 1 期,2006 年 2 月,頁 18～26。

161. 陳家秀,〈宋代眉州士大夫的婚姻關係〉,《第二屆宋史學術研討會論文集》,臺北:中國文化大學出版,1996 年 3 月,頁 95～126。

162. 陳華陽,〈花甲老人重拾舊業:「抬花轎」抬出婚嫁新時尚〉,《時代人物》,2007,Z1 月。

163. 陳運造,〈客家生育與結婚禮俗植物初探〉,《苗栗文獻》第 1 期(總號 15),2001 年 3 月,頁 47～57。

164. 陳運棟,〈客家婚姻禮俗〉,《苗栗文獻》第 10 期,1995 年 6 月,頁 134～147。

165. 陳曉,〈先秦時期婦女的離婚問題〉,《文史雜誌》,1999 年第 4 期。

166. 陳燕梅,〈魏晉時期「爲人後」禮議初探〉,《中國文學研究》第 19 卷,2004 年 12 月,頁 1+3～24。

167. 陳賽,〈從中西婚姻比較看社會差異〉,《金卡工程》(經濟與法,2009 年 2 月)。

168. 陳韻撰,〈魏晉婚禮研究〉,《國立臺灣師範大學國文研究所集刊》第 25 期,1981 年 6 月,頁 1～191。

169. 陸越,〈女部漢字與婚俗文化〉,《浙江工商大學學報》(總第 93 期),2008 年第 6 期。

170. 傅仰止、陳志柔、林南等,〈喜宴:華人社會中的社會資本運作場域〉,《調查研究》,第 13 期,2003 年 4 月,頁 147～154。

171. 喬健,〈惠東的長住娘家婚俗、解釋與再解釋〉,《國立臺灣大學考古人類學刊》,第 47 期,1991 年 12 月,頁 78～83。

172. 彭文宇,〈福建婚俗禮儀中的觀念與禁忌〉,收入福建省民俗學會編,《閩臺婚俗》,廈門:廈門大學出版社,1991 年 8 月,頁 33。

173. 彭林,〈《士昏禮》的禮法與禮義〉,《文史知識》,1999 年 9 月。

174. 彭林,〈合二姓之好:婚禮〉,《文史知識》,2002 年 8 月。

175. 彭牧,〈進入「圍城」:婚禮「「六禮」的文化闡釋〉,《尋根》,1998 年 5 月。

176. 彭美玲,〈近代民間婚禮或不親迎問題之研究〉,《國立臺灣大學文史哲學報》第 52 期,2000 年 6 月,頁 205～207+209～242。

177. 彭美玲,〈傳統婚嫁活動中的婦女待遇——以近代方志風俗門述論爲主〉,《臺大中文學報》第 26 期,2007 年 6 月,頁 191～240。

178. 彭學堯,〈客家嫁娶禮俗〉,《新竹文獻》第 10 期,2002 年 8 月,頁 90～99。

179. 曾昭旭,〈儒家義理與生命禮俗〉,《鵝湖月刊》第 221 期,1993 年 11 月,頁 1～10。

180. 湯志成,〈古代婚禮用秤釋疑〉,《民俗研究》,1993 年 4 月。

181. 程方、馬曉雪,〈清代山東婦女的婚姻與生育狀況〉,《東岳論叢》第 30 卷第 11 期,2009 年 11 月,頁 87～92。

182. 程民生,〈宋代婚喪費用考察〉,《文史哲》,2008 年 5 月。

183. 稀客,〈臺州的婚俗〉,《民俗曲藝》第 44 期,1986 年 11 月,頁 53～64。

184. 賀喜焱,〈土族婚禮的文化價值探析〉,《青海師範大學學報》(哲學社會科學版),2008 年 5 月。

185. 雅士,〈中國古代的婚俗〉,《中國文選》第 150 期,1979 年 10 月,頁 41～52。

186. 馮友蘭,〈儒家對于婚喪祭禮之理論〉,《燕京學報》第 3 期,北京大學出版社,1997 年 8 月。

187. 馮浩菲,〈試論夜婚習俗的由來〉,《民俗研究》,1994 年 2 月。

188. 黃小蓁,〈臺灣婚俗「回門」儀式淵源探微〉,《東吳中文線上學術論文》第 7 期,2009 年 9 月,頁 45～66。

189. 黃沁珠,〈婚禮:你的良藥是改革〉,《婦女雜誌》第 188 期,1984 年 5 月,頁 34～45。

190. 黃美幸,〈中國婚姻制度之演變〉,《臺灣風物》17 卷 4 期,1967 年 8 月,頁 70～73。

191. 黃維華,〈從周代婚姻禮俗看《關雎》〉,《社會科學戰線》,1998 年 6 月。

192. 楊兆貴,〈岱嵩村八、九十年代同姓婚俗探討〉,《民俗曲藝》第 109 期,1997 年 9 月,頁 173～190。

193. 楊亞其,〈談閩人婚俗〉,《臺灣源流》第 34 期,2006 年 3 月,頁 125～130。

194. 楊波、照靜,〈中英傳統婚前習俗比較〉,《湖北廣播電視大學學報》第 27 卷第 5 期,2007 年第 5 月。

195. 楊牧文,〈民間婚嫁禮俗初探〉,《大眾文藝》(理論),2009 年 2 月。

196. 楊美維,〈傳統吉祥圖案於婚禮商品裝飾之設計應用研究〉,《商業設計學報》第 7 期,2003 年 7 月,頁 365～385。

197. 楊軍,〈周代婚制中的周人舊俗〉,《史學集刊》第 1 期,2000 年 2 月。

198. 楊晉生,〈當代婚俗現象透視〉,《中國民政》,1995 年 4 月。

199. 楊婉甄,〈從《儀禮‧士昏禮》論先民婚禮習俗〉,《明道通識論叢》第 5 期,2008 年 11 月,頁 27～33。

200. 楊梓彬,〈論潮州婚俗的文化特色〉,《社科縱橫》(總第 23 卷),2008 年 12 月。

201. 葉志興,〈行舅禮〉,《華夏星火》,1995 年 1 月。

202. 葉淑珍,〈敦煌寫本書儀中的「用雁」婚俗商榷〉,《中華學苑》第 47 期,1996 年 3 月,頁 35～48。

203. 董芳苑,〈面對臺灣婚俗——談基督徒對傳統婚姻禮俗應有的態度〉,《臺灣神學論刊》第 15 期,1993 年 3 月,頁 29～46。

204. 董復蓮、陳春秀、陳羅古、李國俊、林茂賢、張安等,〈臺灣各地婚俗〉,《民俗曲藝》第 45 期,1987 年 1 月,頁 57～112。

205. 詹慧蓮,〈魏晉南北朝夫婦關係之研究〉,《國立臺灣師範大學國文研究所集刊》第 46 號,2002 年 6 月,頁 1～161。

206. 廖素菊，〈現代美濃客家的婚俗〉上，《中原》第 30 期，1966 年 8 月，頁 12〜13。

207. 廖素菊，〈現代美濃客家的婚俗〉下，《中原》第 31 期，1966 年 9 月，頁 12+8。

208. 廖素菊，〈臺灣客家婚姻禮俗之研究〉，《臺灣文獻》民國 56 年。

209. 廖素菊，〈臺灣客家變相婚姻的禮俗〉，《家政教育通訊》第 4 卷 11 期，1970 年 4 月，頁 5〜7+10。

210. 暢引婷，〈男女平權新世紀——從《婚姻法》看中國婦女地位的歷史變遷〉，《滄桑》，2001 年 2 月。

211. 榮新，〈婚禮在古代〉，《中華文化畫報》，2007 年 5 月。

212. 翟振業，〈詩騷婚俗文化比較（下）〉，《常熟高專學報》，1996 年 4 月。

213. 翟婉華，〈試論中國古代的婚姻六禮及其實質〉，《蘭州學刊》，1991 年 2 月。

214. 臧藝兵，〈透視真實民間生活儀式——漢族婚禮中的活態音樂、口頭文學與民俗考察〉，《交響——西安音樂學院學報》，2007 年 4 月。

215. 趙莉，〈《孔雀東南飛》與漢代婚姻家庭〉，《桂林師範高等專科學校學報》，第 20 卷第 3 期，2006 年 9 月。

216. 鄢維新，〈掀起你的蓋頭來——荊楚婚俗之傳統與演變〉，《湖北畫報》，2007 年 6 月。

217. 劉立承，〈從「越鄉婚俗館」看中國傳統婚禮家具〉，《裝飾》，2006 年 8 月。

218. 劉昌安、溫勤能，〈婚姻「六禮」的文化內涵〉，《漢中師範學院學報》第 2 期，1994 年 2 月。

219. 劉明佩，〈新人生階段——從健康、美滿婚姻開始〉，《健康世界》第 228 期（總號 348），2004 年 12 月，頁 21〜50。

220. 劉洋，〈從賀婚和侈婚看漢代婚禮的演變〉，《科教文匯》（上旬刊），2008 年 1 月。

221. 劉書鶴，〈這裡時興女娶男〉，《婦女與兩性研究通訊》第 45 期，1998 年，頁 8〜14。

222. 劉桂秋，〈古代婚俗——「撒帳」和「撒豆穀」〉，《民俗研究》，1988 年 2 月。

223. 劉惠萍，〈唐代冥婚習俗初探——從敦煌書儀談起〉，《敦煌學》第 26 卷，2005 年 12 月，頁 155〜175。

224. 劉惠萍，〈閩臺傳統婚俗的民俗意象——死亡、危機與再生〉，《東方工商學報》第 19 期，1996 年 3 月，頁 34〜61。

225. 劉象勝，〈江南婚俗禮儀多〉，《民俗曲藝》第 45 期，1987 年 1 月，頁 40
　　～49。

226. 劉瑞明，〈婚禮中的「避煞」民俗探析——兼論處女紅禁忌始源〉，《四川
　　大學學報》，2005 年 6 月。

227. 劉寧波，〈生死轉換與角色認證：中國傳統婚禮的民俗意象〉，《民間文學
　　論壇》，1994 年 1 月。

228. 劉續兵、管杰，〈曲阜古典婚禮〉，《河北畫報》，2006 年 12 月。

229. 樂斗彈，〈婚事六步曲——舊時廣東化州縣民間婚俗〉，《嶺南文史》，1994
　　年 2 月。

230. 潘文晉，〈從中西婚禮文化看中西方文化差異〉，《今日南國》（理論創新
　　版），2008 年 3 月。

231. 潘慧生、劉瑞芝，〈關于五臺山地區婚喪禮俗的思考——以永豐莊爲例〉，
　　《太原師範學院學報》，2005 年 3 月。

232. 蔡靜波、苟小紅，〈唐五代筆記小說中的婚俗現象〉，《蘭臺世界》，2007
　　年 13 月。

233. 鄭垣玲，〈臺灣傳統婚姻——「昏四禮」之禮物研究〉，《臺灣人文（師大）》
　　第 1 期，1997 年 6 月，頁 73～98。

234. 鄭炳林、徐曉莉，〈晚唐五代敦煌歸義軍政權的婚姻關係研究〉，《敦煌學》
　　第 25 卷，2004 年 9 月，頁 559～587。

235. 鄧玉娜，〈新舊婚禮儀式在民國時期的碰撞〉，《尋根》，2005 年第 6 期，
　　頁 82～85。

236. 鄧蘭英，〈土族婚嫁中的文化遺風〉，《藝術與設計》（理論），2007 年 6
　　月。

237. 魯瑞菁，〈説「結髮」——從「過渡禮儀」與「頭髮巫術」視角的研究〉，
　　《民間文學年刊》增刊卷第 2 期，2009 年 2 月，頁 53～72。

238. 憶玫，〈婚禮的習俗與傳統〉，《英語沙龍》，1996 年 4 月。

239. 戰學成，〈婚冠之禮與《詩經》婚俗詩〉，《北方論叢》，2007 年 4 月。

240. 燕集，〈中國的愛神與婚俗〉，《旅游》，1995 年 2 月。

241. 盧嘉興，〈臺灣的婚禮〉，《臺灣文獻》第 15 卷第 3 期，1964 年。

242. 盧嘉興，〈臺灣的婚禮〉，《臺灣研究彙集》第 24 期，1984 年 4 月，頁 105
　　～114。

243. 盧鳴東，〈「詩經‧綢繆」「三星」毛鄭異解探究：婚禮「仲春爲期」的「易」
　　學根據〉，《中國文化研究所學報》第 11 期（總號 42），2002 年，頁 327
　　～342。

244. 蕭倩，〈清代江西民間溺女與童養〉，《古今藝文》第 29 第 2 期，2003 年
　　2 月，頁 65～72

245. 蕭淑貞，〈從《詩經‧桃夭》淺談婚禮的習俗〉，《新埔學報》第 16 期，1998 年 9 月，頁 1～14。

246. 鮑宗豪，〈中國婚俗的文化意蘊〉，《社會科學研究》，1992 年第 5 期，頁 66～70。

247. 戴人杰，〈甪直婚俗〉，《蘇州雜志》，2002 年 1 月。

248. 戴麗桑，〈《儀禮》之外——關於女子〉，《雄中學報》第 8 卷，2005 年 12 月，頁 271～283。

249. 聯奎，〈婚姻禮俗〉上，《國魂》第 337 期，1973 年 12 月，頁 41～43。

250. 聯奎，〈婚姻禮俗〉下，《國魂》第 338 期，1974 年 1 月，頁 41～46。

251. 謝世誠、伍野春、華國梁，〈民國時期的集團結婚〉，《民國檔案》，1996 年 2 月。

252. 韓江雪，〈婚姻何日不再呻吟〉，《心理與健康》，1998 年 2 月。

253. 韓碧琴，〈抄本客家吉凶。書儀「饋女」禮俗研究〉，《興大中文學報》第 21 期，2007 年 6 月，頁 155～190。

254. 韓碧琴，〈客家「鋪房」禮俗研究〉，《興大中文學報》第 25 期，2009 年 6 月，頁 315～355。

255. 簡榮聰，〈臺灣舊時富家「奩單」與嫁粧——鹿港士紳所遺「奩單」淺探〉，《臺灣文獻》第 43：3 期，1992 年 9 月，頁 153～164。

256. 顏鸝慧，〈「文公家禮‧昏禮」與「臺俗閩南婚禮」的比較〉，《中國文化月刊》，第 269 期，2002 年 8 月，頁 75～92。

257. 魏靖峰，〈從「儀禮‧士昏禮」管窺古今婚禮〉，《中國語文》第 62 卷第 6 期（總號 372），1988 年 6 月，頁 64～66。

258. 羅志慧，〈試論明清女性的妝奩問題〉，《國文天地》第 22 卷第 8 期（總號 260），2007 年 1 月，頁 12～20。

259. 羅婕，〈從《詩經》看先秦時期的婚時之禮〉，《荊門職業技術學院學報》，2008 年 8 月。

260. 羅煥光，〈清末民初臺灣客家婚姻禮俗〉，《國立歷史博物館學報》第 2 期，1996 年 6 月，頁 69～83。

261. 羅檢秋，〈民國初年的婚俗革變〉，《婦女研究論叢》，1996 年 1 月。

262. 嚴恩萱，〈「六禮」古今談——客家婚俗考略〉，《贛南師範學院學報》，1997 年 1 月。

263. 鐘彝，〈戲女婿與鬧新房〉，《嶺南文史》，1991 年 2 月。

264. 蘇維熊〈俚諺中的臺灣男女〉，《民俗臺灣》第 6 輯，1990 年 12 月，頁 166。

265. 鶴僧，〈漫談襄陽的婚姻禮俗〉，《湖北文獻》第 54 期，1980 年 1 月，頁 75～79。

266. 咏君,〈鳳鳥雙聯杯——反映古代婚姻禮俗的一件楚文物〉,《故宮文物月刊》第 15 卷 10 期 (總號 178),1998 年 1 月,頁 132~133。

267. (韓) 辛銀美,〈《金瓶梅》中婚嫁禮俗的考察〉,《明清小說研究》(總第 75 期),2005 年 1 期,頁 92~103。

(二) 與文公及《家禮》相關

1. 方彥壽,〈朱熹在武夷山著述考〉,載石建華主編《朱熹與武夷山學術研討會專輯論文集》,2004 年。

2. 文豪〈朱熹與龍泉文化發展論壇綜述〉,四川成都巴金文學院舉行「中國朱熹與龍泉文化發展論壇」,2004 年 3 月 19 日,頁 158~159。

3. 木田知生,〈略論宋代禮俗思想——以司馬光《書儀》和《家範》為主〉,載《宋史研究論文集——國際宋史研討會暨中國宋史研究會第九屆年會編刊》,2000 年。

4. 牛志平,〈中國傳統家庭教育:「家訓」與家內秩序〉,《東亞傳統家禮、教育與國法 (一):家族、家禮與教育》論文集,2005 年 9 月初版,頁 197~217。

5. 王立軍,〈宋代的民間家禮建設〉,《河南社會科學》第 10 卷第 2 期,2002 年 3 月,頁 76~79。

6. 王有為,〈從文化角度重估朱熹及朱子學〉,載《朱熹與中國文化——武夷山朱熹研究中心成立大會論文集》,1988 年。

7. 王玲莉,〈《顏氏家訓》的人生智慧及其現代價值〉《廣西社會科學》(總第 124 期),2005 年 10 期。

8. 王雲傳、陳文敬,〈朱子學說對晉江歷史文化的影響初探〉,載《朱熹理學與晉江文化學術研討會論文集》,2007 年。

9. 王斌,〈學界泰斗與朱熹宗祠〉,《中華文化論壇》,2004 年 1 月。

10. 王維先、宮雲維,〈朱子《家禮》對日本近世喪葬禮俗的影響〉,《浙江大學學報》,第 33 卷第 6 期,2003 年 11 月,頁 148~150。

11. 安國樓,〈朱熹的禮儀觀與《朱子家禮》〉,《鄭州大學學報》第 38 卷第 1 期,2005 年 1 月,頁 143~146。

12. 朱立文、劉淑瑋,〈閩臺朱子研究及其交流述略〉,載呂良弼主編《海峽兩岸五緣論——海峽兩岸五緣關系學術研討會論文集》,2003 年。

13. 朱茹辛,〈從文化觀點探索朱子學術思想的影響〉,載《海峽兩岸論朱熹——紀念朱熹誕辰 865 周年暨朱熹對中國文化貢獻學術會議論文集》,1995 年。

14. 朱榮貴,〈從李方子《文公年譜》遺文和《朱子事實》看朱門學術之歧異〉,載《海峽兩岸論朱熹——紀念朱熹誕辰 865 周年暨朱熹對中國文化貢獻學術會議論文集》,1995 年。

15. 何丙仲,〈明末清初閩南文化研究〉,載《閩南文化研究——第二屆閩南文化研討會論文集(上)》,2003 年。

16. 呂妙芬,〈顏元生命思想中的家禮實踐與「家庭」的意涵〉,《東亞傳統家禮、教育與國法(一):家族、家禮與教育》論文集,2005 年 9 月初版,頁 143～196。

17. 宋光宇,〈試論明清家訓所蘊含的成就評價與經濟倫理〉,《漢學研究》第 7 卷第 1 期,1989 年 6 月出版,頁 195～213。

18. 束景南,〈朱熹《家禮》真偽考辨:從《祭儀》到《家禮》〉,載束景南編著《朱熹佚文輯考》,江蘇:古籍出版社,1991 年 12 月。

19. 李竹園,〈紀念朱文公〉,載閔正國主編《中國書院論壇》3,2002 年。

20. 李禹階,〈朱熹的家族禮儀論與鄉村控制思想〉,《重慶師範大學學報》第 4 期,2004 年,頁 71～76。

21. 李師豐楙,〈朱子家禮與閩臺家禮〉,「朱子學與東亞文明研討會——紀念朱子逝世八百週年朱子學會議」論文抽印本(漢學研究中心、中央研究院中國文哲所、國立清華大學中國文學系共同主辦),2000 年 11 月 16～18 日,頁 1～22。之後由臺北:漢學研究中心編印成《朱子學的開展:東亞篇》,2002 年 6 月,頁 25～53。

22. 杜朝由,〈朱熹《謹守勤謹》家訓淺析〉,載杜朝由主編《02 中國北海《朱熹思想與以德治國》學術研討會論文集》,2002 年。

23. 林振禮,〈朱熹泉州事蹟考〉,《鵝湖月刊》第 257 期,1996 年 11 月,頁 15～21。

24. 林振禮,〈朱熹風水觀與閩南民俗〉,載《閩南文化研究——第二屆閩南文化研討會論文集(下)》,2003 年。

25. 柯添治,〈論《朱子家訓》對晉江現代文化的影響〉,載《朱熹理學與晉江文化學術研討會論文集》,2007 年。

26. 柯遠揚,〈朱熹閩學學術思想的淵源〉,載《海峽兩岸論朱熹——紀念朱熹誕辰 865 周年暨朱熹對中國文化貢獻學術會議論文集》,1995 年。

27. 孫明章,〈朱子學的歷史命運〉,載楊青主編《朱熹與閩學淵源——「延平四賢」學術討論會論文集》,1989 年。

28. 高令印,〈朱熹與福建文化〉,《國際朱子學會議論文集》,1993 年 5 月,頁 23～41。

29. 高令印,〈略論廈門金門的朱子文化〉,第三屆閩臺文化學術研討會論文,載《閩臺文化研究》,2006 年。

30. 高令印,〈閩學在中國文化史上的作用〉,載《朱熹與中國文化——武夷山朱熹研究中心成立大會論文集》,1988 年。

31. 高明,〈朱子的禮學〉,《輔仁學誌》(文學院之部),1982 年 6 月,頁 1～15。

32. 高橋進，〈朱子思想的歷史性格與現代意義〉，載《朱子學新論──紀念朱熹誕辰 860 周年國際學術會議論文集》，1990 年。

33. 崔根德，金聖基譯，〈《朱子家禮》在韓國之受容與展開〉，《國際朱子學會議論文集》，1993 年 5 月，頁 235～248。

34. 張品端，〈《朱子家禮》對朝鮮禮學發展的影響〉，載《朱子學與 21 世紀國際學術研討會論文集》，2000 年。

35. 張品端，〈朱熹與閩南文化〉，載福建省炎黃文化研究會、中國人民政治協商會議泉州市委員會合編，《閩南文化研究》上冊，福州：海峽文藝出版社，2004 年 11 月。

36. 鈕茞灼，〈中古家訓的社會價值分析〉，《古籍整理研究學刊》第 1 期，2006 年 1 月。

37. 陳利華，〈朱熹在武夷文化建構中的作用與影響〉，載《閩學與武夷山文化遺產學術研討會論文集》，2006 年。

38. 陳來，〈朱子《家禮》真偽考議〉，原載《北京大學學報》1989 年第 3 期，收入林慶彰主編《中國經學史論文選集》下冊，臺北：文史哲出版社，1993 年 3 月，頁 258～275。

39. 陳祖武，〈論清初的朱子學〉，載《朱子學新論──紀念朱熹誕辰 860 周年國際學術會議論文集》，1990 年。

40. 陳彩雲撰，〈朱子《家禮》中的禁奢思想及對後世的影想〉，載《孔子研究》第 4 期，2008 年，頁 103～109。

41. 陳遵沂，〈朱熹與閩學閩東學者群〉，載《海峽兩岸論朱熹──紀念朱熹誕辰 865 周年暨朱熹對中國文化貢獻學術會議論文集》，1995 年。

42. 陸華珍，〈朱子學東漸及其朝鮮化的過程〉，載《武夷文化研究──武夷文化學術研討會論文集》，2002 年。

43. 彭林，〈金沙溪《喪禮備要》與《朱子家禮》的朝鮮化〉，《中國文化研究》（總第 20 期），1998 年夏之卷。

44. 彭林，〈詩禮傳家：家禮〉，《文史認識》，2003 年第 11 期，頁 102～108。

45. 粟品孝，〈文本與行為：朱熹《家禮》與其家禮活動〉，《安徽師範大學學報》第 32 卷第 1 期，2004 年 1 月，頁 99～105。

46. 馮友蘭，〈朱熹在中國歷史上的地位〉，載《朱熹與中國文化──武夷山朱熹研究中心成立大會論文集》，1988 年。

47. 黃娜，〈朱熹禮學的經世傾向〉，《四川教育學院學報》第 24 卷第 12 期，2008 年 12 月，頁 46～48。

48. 楊志剛，〈《司馬氏書儀》和《朱子家禮》研究〉，《浙江學刊》第 1 輯（總第 78 期），1993 年 1 期，頁 108～113。

49. 楊志剛，〈《朱子家禮》：民間通用禮〉，《傳統文化與現代化》，1994 年 12 月第 4 期，頁 40～46。

50. 楊志剛，〈《朱子家禮》與中國禮學的若干問題〉，載《與孔子對話——論儒學的現代生命力》——上海文廟第三屆儒學研討會論文集，2006 年。

51. 楊志剛，〈論《朱子家禮》及其影響〉，《朱子學刊》（總第 6 輯），黃山書社出版，1994 年 12 月第 1 刷，頁 1～16。

52. 楊俊，〈弘揚朱子理學，發展地方文化——「中國朱熹與龍泉文化發展論壇」綜述〉，《成都大學學報》，2004 年第 3 期。

53. 董師金裕，〈朱子與金門的教化〉，《孔孟月刊》第 29 卷第 6 期，1991 年 2 月，頁 27～31。

54. 解光宇、解立，〈論朱熹與田愚的宗法思想〉，《合肥學院學報》第 25 卷第 4 期，2008 年 7 月，頁 32～36。

55. 劉欣，〈宋代「家禮」——文化整合的一個範式〉，《河南理工大學學報》第 7 卷第 4 期，2006 年 11 月。

56. 劉雅萍，〈以朱熹的構想爲基礎的宋代祠堂〉，《黑龍江史志》總第 199 期，2009 年 6 月，頁 106。

57. 劉樹勛，〈朱熹學說的價值和研究方法〉，載《紀念朱子誕辰 870 周年會議文集》，2000 年。

58. 歐陽覺吾，〈緬懷儒學正宗——朱文公〉，載閔正國主編《中國書院論壇》3，2002 年。

59. 蔣義斌，〈朱熹對宗教禮俗的探討——以塑像、畫像爲例〉，《第二屆宋史學術研討會論文集》，臺北：中國文化大學出版，1996 年 3 月，頁 147～163。

60. 蔡方鹿，〈朱熹之禮學〉，《朱子學刊》（總第 8 輯），黃山書社出版發行，1996 年第 1 輯，頁 72～80。

61. 賴功歐、黎康，〈論錢穆的朱子學〉，載閔正國主編《中國書院論壇》3，2002 年。

62. 顏立水，〈朱熹在同安〉，載《朱熹與中國文化——武夷山朱熹研究中心成立大會論文集》，1988 年。

63. 顏鸝慧，〈「文公家禮·昏禮」與「臺俗閩南婚禮」的比較〉，《中國文化月刊》，第 269 期，2002 年 8 月，頁 75～92。

64. 羅秉祥，〈儒禮之宗教意涵——以朱子《家禮》爲中心〉，《蘭州大學學報》第 36 卷第 2 期，2008 年 3 月，頁 20～27。

65. 〔日〕池田溫，〈《文公家禮》管見〉，《東亞傳統家禮、教育與國法（一）：家族、家禮與教育》論文集，2005 年 9 月初版，頁 129～141。

66. 〔日〕谷川道雄，〈六朝士族與家禮〉，《東亞傳統家禮、教育與國法（一）：家族、家禮與教育》論文集，2005 年 9 月初版，頁 3～21。

67. 〔韓〕高英津，〈朝鮮時代的國法與家禮〉，《東亞傳統家禮、教育與國法（一）：家族、家禮與教育》論文集，2005 年 9 月初版，頁 401～422。

68. 〔韓〕韓基宗，〈從法制的觀點淺談韓國傳統社會的家禮〉，《東亞傳統家禮、教育與國法（一）：家族、家禮與教育》論文集，2005 年 9 月初版，頁 321～330。

（三）其　他

1. Karl・K・Popper 原著，黃柏棋譯，〈有關「傳統」的合理理論之探討〉，《鵝湖月刊》第 48 期，1979 年 6 月，頁 42～49。

2. 于述勝，〈孔子的「博文約禮」說釋義〉，《孔孟月刊》第 33 卷第 9 期，1995 年 5 月，頁 6～7。

3. 尹建中，〈民間傳統在變遷社會中的角色〉，《中央研究院第二屆國際漢學會議論文集》（民俗與文化組），1989 年 6 月，頁 425～444。

4. 尹德民，〈從世風日下談「禮」〉，《孔孟月刊》第 44 卷第 3、4 期，2005 年 12 月，頁 1～4。

5. 孔德成，〈三禮解題〉，《孔孟月刊》第 22 卷第 12 期，1984 年 8 月，頁 21～27。

6. 孔德成，〈孔子的禮學：七十七年國學研究會講詞〉，《孔孟月刊》第 26 卷第 12 期，1988 年 8 月，頁 13～16。

7. 孔德成，〈荀子的禮學〉，《孔孟月刊》第 24 卷第 12 期，1986 年 8 月，頁 25～27。

8. 孔德成，〈儀禮十七篇之淵源及傳授〉，《東海大學文學院學報》第 8 卷第 1 期，1967 年 1 月，頁 127～134。

9. 孔德成，〈論儒家之「禮」〉，《中央研究院國際漢學會議論文集》（思想哲學組），1981 年 10 月，頁 363～370。

10. 孔德成，〈禮記成書時代及其在經典中之性質〉，《孔孟月刊》第 18 卷第 11 期，1980 年 7 月，頁 22～26。

11. 孔德成，〈禮與現代〉，《孔孟月刊》第 23 卷第 12 期，1985 年 8 月，頁 15～18。

12. 方向東，〈《大戴禮記》的形成與流傳〉，中央研究院主題研究計畫「儒家經典之形成」第 21 次專題演講，中央研究院中國文哲所二樓會議室，2008 年 8 月 21 日，頁 1～22。

13. 王人英，〈宗族發展與社會變遷──台灣小新營李姓宗族的個案研究〉，《中央研究院民族學研究所集刊》第 35 期，頁 93。

14. 王立軍，〈試論司馬光禮學思想的基本特徵〉，《唐都學刊》第 17 卷第 3 期，2001 年 3 月，頁 47～50。

15. 王光榮，〈人生禮儀文化透視〉，《廣西右江民族師專學報》第 17 卷第 5 期，2004 年 10 月，頁 7～13。

16. 王美華，〈官方禮制的庶民化傾向與唐宋禮制下移〉，《濟南大學學報》，第 16 卷第 1 期，2006 年 1 期，頁 57～62+92。

17. 王崧興，〈漢人的家族制——試論「有關係、無組織」的社會〉，《中央研究院第二屆國際漢學會議論文集》，1989 年 6 月，頁 271～279。

18. 王崧興，〈漢學與中國人類學——以家族與聚落型態之研究爲例〉，《中央研究院國際漢學會議論文集》，1981 年 10 月，頁 399～411。

19. 王崧興，〈論漢人社會的家戶與家族〉，《中央研究院民族所集刊》第 59 期，1985 年春季，頁 123～129。

20. 王甦，〈孔子的禮教〉，《淡江學報》第 10 期，1971 年 11 月，頁 123～137。

21. 王夢鷗，〈小戴禮記考源〉，《國立政治大學學報》第 3 期，1961 年 5 月，頁 87～148。

22. 王夢鷗，〈中國古代家族之形成及其流變〉，《國立政治大學學報》第 5 期，1962 年 5 月，頁 5～39。

23. 王夢鷗，〈禮記思想體系試探〉，《國立政治大學學報》第 4 期，1961 年 12 月，頁 21～64。

24. 王鍔，〈《禮記》的形成及其流傳〉，中央研究院主題研究計畫「儒家經典之形成」第 21 次專題演講，中央研究院中國文哲所二樓會議室，2008 年 8 月 21 日，頁 1～57。

25. 田井輝雄，〈雞肋集續〉，《民俗臺灣》第 6 輯，1990 年 12 月，頁 31。

26. 左雲鵬，〈族產、祠堂的出現和祠堂族長的族權的形成〉，《歷史研究》第 5～6 期，1964 年，頁 100～120。

27. 甘懷真，〈中國中古時期制禮觀念初探〉，《史學：傳承與變遷學術研討會論文集》，1998 年 6 月，頁 1～36。

28. 石磊，〈從爾雅到禮記〉，《中央研究院第二屆國際漢學會議論文集》，1989 年 6 月，頁 127～140。

29. 朱鳳玉，〈太公家教研究〉，《漢學研究》第 4 卷第 2 期，1986 年 12 月，頁 389～408。

30. 何聯奎，〈中國禮俗研究導言〉，《中央研究院民族學研究所集刊》第 29 期，1970 年春季，頁 209～218。

31. 吳世旭，〈諧音與民俗〉，《國文天地》第 19 卷 9 期，2004 年 2 月，頁 39～42。

32. 吳羽，〈論中晚唐國家禮書編撰的新動向對宋代的影響——以《元和曲臺新禮》、《中興禮書》爲中心〉，《學術研究》第 6 期，2008 年，頁 102～107。

33. 吳秀英，〈荀子「禮」之研究〉，《孔孟月刊》第 18 卷第 7 期，1980 年 3 月，頁 36～41。

34. 吳車，〈左傳論禮之重要性〉，《靜宜人文學報》第 3 期，1991 年 6 月，頁 109～145。

35. 吳清淋，〈荀子禮分思想之研究〉，《國立臺灣師範大學國文研究所集刊》第 21 號，1977 年 6 月，頁 1～103。

36. 呂友仁，〈說「共牢而食」〉，《孔孟月刊》第 35 卷第 8 期，1997 年 4 月，頁 25～27。

37. 呂光華，〈張載之禮學〉，《孔孟月刊》第 22 卷第 2 期，1983 年 10 月，頁 27～37。

38. 李少兵，〈民國民間傳統禮俗文化研究〉，《歷史檔案》，2003 年 2 期，頁 119～125。

39. 李仕德，〈金門與早期臺灣開發的關係〉，《臺北文獻》直字第 102 期，1992 年 12 月，頁 97～106。

40. 李亦園，〈中國家族與其儀式：若干觀念的探討〉，《中央研究院民族學研究所集刊》第 59 期，1985 年春季，頁 47～61。

41. 李亦園，〈臺灣傳統的社會結構〉，《臺灣史蹟源流》，1981 年 11 月，頁 209～226。

42. 李貞德，〈漢唐之間家庭中的健康照顧與性別〉，《中央研究院第三屆國際漢學會議論文集》，2002 年 11 月，頁 1～49。

43. 李哲賢，〈荀子「禮義之統」思想之理論依據〉（上），《鵝湖月刊》第 235 期，1995 年 1 月，頁 42～49。

44. 李哲賢，〈荀子「禮義之統」思想之理論依據〉（下），《鵝湖月刊》第 236 期，1995 年 2 月，頁 47～53。

45. 李師豐楙，〈由常入非常：中國節日慶典中的狂文化〉，《中外文學》第 22 卷第 3 期，1993 年 8 月，頁 116～150。

46. 李師豐楙，〈道教與中國人的生命禮俗〉。第四屆宗教與文化研討會（臺北市：內政部主辦，1993 年 10 月），頁 182～242。

47. 李師豐楙，〈臺灣民間禮俗中的生死關懷——一個中國式結構意義的考察〉，《哲學雜誌》第 8 期，1994 年 4 月，頁 32～53。

48. 杜正勝，〈周禮身分的象徵〉，《中央研究院第二屆國際漢學會議論文集》，臺北：中央研究院，1989 年 6 月，頁 295～306。

49. 杜松柏，〈從禮記看禮的精神和作用〉，《孔孟月刊》第 21 卷第 5 期，1983 年元月，頁 9～14。

50. 汪中文，〈周朝的政事法——禮記〉，《國文天地》2 第 4 卷 8 期，1999 年 1 月，頁 23～26。

51. 汪毅夫，〈鄉約、習慣法與閩南鄉土社會〉，陳益源主編《2009 閩南文化國際學術研討會論文集》，2009 年 12 月，頁 31～39。

52. 卓秀巖，〈禮記學禮義述〉，《國立成功大學學報》第 30 卷，1977 年 5 月，頁 13～49。

53. 周休根，〈孔子與禮教〉，《孔孟學報》第 4 期，1962 年 9 月。

54. 周何，〈如何讓舊有的禮教發揮現代的社會功能〉，《國文天地》第 13 卷 12 期（總號 156），1998 年 5 月，頁 18～21。

55. 周何，〈何以「不學禮無以立」〉，《孔孟月刊》第 9 卷第 7 期，1971 年 3 月，頁 24～28。

56. 周何，〈制禮的原則〉，《國文天地》第 12 卷 9 期，1997 年 2 月，頁 28～33。

57. 周何，〈經典的智慧（10）：禮之行始於孝〉，《國文天地》第 12 卷 5 期，1996 年 10 月，頁 28～31。

58. 周何，〈經典的智慧（11）：禮不下庶人，刑不上大夫論〉，《國文天地》第 12 卷 6 期（總號 138），1996 年 11 月，頁 16～18。

59. 周何，〈禮之內涵〉（上），《國文天地》第 13 卷 6 期，1997 年 11 月，頁 14～19。

60. 周何，〈禮之內涵〉（中），《國文天地》第 13 卷 7 期，1997 年 12 月，頁 22～24。

61. 周何，〈禮之內涵〉（下），《國文天地》第 13 卷 8 期，1998 年 1 月，頁 21～26。

62. 周何，〈禮法之別〉，《國文天地》第 12 卷 11 期（總號 143），1997 年 4 月，頁 24～27。

63. 周何，〈禮的起源〉，《國文天地》第 12 卷 12 期，1997 年 5 月，頁 28～32。

64. 周紹賢，〈荀子之禮論〉，《輔仁學誌》，1979 年 6 月，頁 1～13。

65. 周群振，〈荀子隆禮思想之分疏〉（1），《鵝湖月刊》第 113 期，1984 年 11 月，頁 11～18。

66. 周群振，〈荀子隆禮思想之分疏〉（2），《鵝湖月刊》第 114 期，1984 年 12 月，頁 35～42。

67. 周群振，〈荀子隆禮思想之分疏〉（3），《鵝湖月刊》第 115 期，1985 年 1 月，頁 35～44。

68. 周鳳五，〈太公家教重探〉，《漢學研究》第 4 卷第 2 期，1986 年 12 月，頁 355～377。

69. 林素英，〈從古代的生命禮儀透視其生死觀──以《禮記》為主的現代詮釋〉，《國立臺灣師範大學國文研究所集刊》第 38 號，1994 年 6 月，頁 1～199。

70. 林翠玫，〈《儀禮・鄭注》的護衛——《儀禮管見》〉，《孔孟月刊》第 34 卷第 10 期，1996 年 6 月，頁 30～40。

71. 林衡道，〈臺灣與大陸的血緣關係〉，《臺灣文獻》第 29 卷第 2 期，1978 年 6 月，頁 1～3。

72. 林麗眞，〈魏晉人對傳統禮制與道德之反省〉，《臺大中文學報》第 4 期，1991 年 6 月，頁 108～141。

73. 金師榮華，〈中國的民間信仰與孝道文化〉，《民間信仰與中國文化國際研討會論文集》，臺北：漢學研究中心，1994 年 4 月，頁 25～32。

74. 侯瑞琪，〈從宗法制度看臺灣漢人宗族社會〉，《國立臺灣師範大學國文研究所集刊》第 42 號，1998 年 6 月，頁 1～81。

75. 俞志慧，〈說禮〉，《孔孟月刊》第 34 卷第 5 期，1996 年 1 月，頁 33～35。

76. 俞秀玲，〈儒家禮治思想的合理內涵及其現代義蘊〉，《孔孟月刊》第 40 卷第 11 期，2002 年 7 月，頁 22～29。

77. 姚漢秋，〈摭談臺灣民俗〉，《臺灣文獻》第 27 卷第 3 期，1976 年 9 月，頁 225～229。

78. 柳熙星，〈試論荀子「禮」的價值根源問題〉，《鵝湖月刊》第 261 期，1997 年 3 月，頁 9～19。

79. 馬健鷹，〈「禮之初始諸飲食」質疑——兼論禮制的起源問題〉，《江漢大學學報》第 15 卷第 1 期，1998 年 2 月，頁 95～98。

80. 馬漢寶，〈儒家思想法律化與中國家庭關係的發展〉，《中央研究院國際漢學會議論文集》，臺北：中央研究院，1981 年 10 月，頁 171～182。

81. 高明，〈孔子的禮論〉，《孔孟月刊》第 3 卷第 1 期，1964 年 9 月，頁 1～6。

82. 高葆光，〈從詩經觀察周代社會的主要情形〉，《東海學報》第 4 卷 1 期，1962 年 6 月，頁 1～17。

83. 宮山智淵，〈臺灣的戒指〉，《民俗臺灣》第 6 輯，1990 年 12 月，頁 133。

84. 袁紅麗，〈清代宗族組織調處的社會效力〉，《歷史教學》總第 571 期，2009 年第 6 期，頁 64。

85. 張才興，〈荀子的禮義之治與法治〉，《逢甲中文學報》第 2 期，1994 年 4 月，頁 21～91。

86. 張中秋，〈家禮與國法的關係和原理及其意義〉，《東亞傳統家禮、教育與國法（二）：家內秩序與國法》論文集，臺北：國立臺灣大學出版中心，2005 年 9 月，頁 3～24。

87. 張玉法，〈地方文獻的歷史價值〉，《察哈爾文獻》第 8 期，1981 年 2 月，頁 34～37。

88. 張光裕,〈儀禮與周代禮制研究的關係舉隅〉,《臺大中文學報》第 10 期,1998 年 5 月,頁 341〜346。

89. 張亨,〈荀子的禮法思想試論〉,《臺大中文學報》第 2 期,1988 年 11 月,頁 69〜102。

90. 張昀,〈人生儀禮與習俗探源〉,《新疆大學學報》第 29 卷第 3 期,2001 年 9 月,頁 23〜27。

91. 莊英章,〈漢人社會研究的若干省思〉,《中央研究院民族學研究所集刊》第 80 期,1995 年秋季特約演講,頁 27〜35。

92. 莊雅州,〈荀子禮學初探〉,《孔孟月刊》第 9 卷第 1 期,1970 年 9 月,頁 3〜6。

93. 許司東,〈從仁禮起源論孔子的仁禮關係〉,《渭南師專學報》總第 34 期,1996 年第 4 期,頁 9〜12。

94. 許哲娜,〈南宋時期理學家在閩南地區的勸俗活動〉,《南昌大學學報》第 35 卷第 3 期,2004 年 5 月。

95. 許清雲,〈儀禮概述〉(上),《孔孟月刊》第 14 卷第 8 期,1976 年 4 月,頁 17〜22。

96. 許清雲,〈儀禮概述〉(下),《孔孟月刊》第 14 卷第 9 期,1976 年 5 月,頁 11〜16。

97. 郭長華,〈傳統家訓的治家之道及其現實價值〉,《北方交通大學學報》第 2 卷第 3 期,2003 年 9 月,頁 77〜80。

98. 缸苣灼,〈中古家訓的社會價值分析〉,《古籍整理研究學刊》第 1 期,2006 年 1 月,頁 60〜65。

99. 陳壬癸,〈民間祭祖、拜神儀式之探討〉,李亦園、莊英章主編,中國民族學會編印,《民間宗教儀式之檢討研討會論文集》,1985 年 6 月,頁 31〜52。

100. 陳壬癸,〈民間祭祖、拜神儀式之檢討〉,《臺灣文獻》第 41 卷第 1 期,1990 年 3 月,頁 177〜196。

101. 陳玉臺,〈白虎通義引禮考述〉,《國立臺灣師範大學國文研究所集刊》第 19 號,1975 年 6 月,頁 1〜90。

102. 陳其南,〈房與傳統中國家族制度——兼論西方人類學的中國家族研究〉,《漢學研究》第 3 卷第 1 期,1985 年 6 月,頁 127〜184。

103. 陳忠華,〈閩人移殖臺灣史略〉,《臺北文獻》直字第 5 期,1968 年 7 月,頁 69〜81。

104. 陳怡如,〈從《儀禮》、《禮記》推論古人方位尊卑〉,《國文天地》第 17 卷 9 期(總 201 號),2002 年 2 月,頁 49〜53。

105. 陳怡君,〈魏晉嫂叔禮制之辯探析〉,《國文天地》第 19 卷 5 期,2003 年 10 月,頁 42〜47。

106. 陳昭容，〈周代婦女在祭祀中的地位——青銅器銘文中的性別、身份與角色研究（之一）〉，《清華學報》第 31 卷第 4 期，2001 年 12 月，頁 395～440。

107. 陳飛龍，〈孔子之禮論〉，《孔孟學報》第 45 期，1983 年 4 月，頁 225～248。

108. 陳飛龍，〈淺談孔子禮教〉，《孔孟月刊》第 15 卷第 11 期，1977 年 7 月，頁 25～30。

109. 陳飛龍，〈釋禮〉，《國立政治大學學報》第 45 期，1982 年 5 月，頁 11～34。

110. 陳剩勇，〈「夏禮」初探〉，《孔孟月刊》第 33 卷第 4 期，1994 年 12 月，頁 12～28。

111. 陳剩勇，〈禮的起源——兼論良渚文化與文明起源〉，《漢學研究》第 17 卷第 1 期，1999 年 6 月，頁 49～77。

112. 陳惠馨，〈《唐律》中家庭與個人的關係——透過教育與法制建構「家內秩序」〉，《東亞傳統家禮、教育與國法（一）：家族、家禮與教育》論文集，臺北：國立臺灣大學出版中心，2005 年 9 月，頁 87～128。

113. 陳鼓應，〈先秦道家之禮觀〉，《漢學研究》第 18 卷第 1 期，2000 年 6 月，頁 1～22。

114. 陳滿銘，〈論《論語》中的「禮」〉，《孔孟月刊》第 40 卷第 12 期，2002 年 8 月，頁 7～10。

115. 陶晉生，〈北宋士人的起家〉，《第二屆宋史學術研討會論文集》，臺北：中國文化大學史學研究所，1996 年 3 月，頁 61～76。

116. 彭美玲，〈君子與容禮——儒家容禮述義〉，《臺大中文學報》第 16 期，2002 年 6 月，頁 1～48。

117. 彭華，〈和諧的社會離不開禮與法——以儒家爲考察中心〉，《宜賓學院學報》第 2 期，2008 年 2 月，頁 32～36。

118. 曾春海，〈宋元明理學家的家訓〉，《輔仁學誌》第 28 期，2001 年 7 月，頁 51～78。

119. 曾春海，〈荀學禮文化的知識理論〉，《輔仁學誌》第 28 期，2000 年 12 月，頁 27～50。

120. 曾錦坤，〈禮樂與禮樂教化〉，《孔孟月刊》第 28 卷第 2 期，1984 年 10 月，頁 16～20。

121. 華師仲麐，〈孔子的樂教：七十七年國學研究會講詞〉，《孔孟月刊》第 26 卷第 12 期，1988 年 8 月，頁 17～18。

122. 馮浩菲，〈鄭玄三《禮》注解句要例舉證〉，《漢學研究》第 15 卷第 1 期，1997 年 6 月，頁 33～44。

123. 黃永川，〈臺閩與中原文化〉，《史博館學報》第 10 期，1998 年 9 月，頁 1～17。

124. 黃俊郎，〈古代的國民生活需知──禮記〉，《國文天地》第 14 卷 8 期，1999 年 1 月，頁 20～23。

125. 黃俊傑，〈中國古代的釁及其文化史意義〉，《清華學報》第 21 卷第 1 期，1991 年，頁 65～89。

126. 黃清榮，〈儒家禮學的時代意義〉，《孔孟月刊》第 27 卷第 5 期，1989 年 1 月，頁 4～9。

127. 黃紹祖，〈重建中國家庭制度的重要〉（一），《孔孟月刊》第 19 卷第 6 期，1981 年 2 月，頁 40～46。

128. 黃紹祖，〈重建中國家庭制度的重要〉（二），《孔孟月刊》第 19 卷第 7 期，1981 年 3 月，頁 20～25。

129. 黃智信，〈研讀《禮記》的現代意義〉，《國文天地》第 19 卷 12 期，2004 年 5 月，頁 24～30。

130. 黃樹民，〈閩南的風俗與文化〉，陳益源主編《2009 閩南文化國際學術研討會論文集》，金門：金門縣政府，2009 年 12 月，頁 19～30。

131. 黃麗香，〈張載之禮學〉，《孔孟月刊》第 25 卷第 7 期，1987 年 3 月，頁 24～31。

132. 楊天宇，〈周人祭天以祖配天考〉，《史學月刊》第 5 期，2005 年，頁 24～26。

133. 楊天宇，〈論鄭玄《三禮注》〉，林慶彰編《中國經學史論文選集》（上冊），臺北：文史哲出版社，1992 年 10 月，頁 395～434。

134. 楊文勝，〈春秋時代「禮崩樂壞」了嗎？〉，《史學月刊》第 9 期，2003 年，頁 25～31。

135. 楊明鍔，〈民間節令祭祀與演戲〉，《民俗曲藝》第 39 期，1986 年 1 月，頁 129～139。

136. 楊亮功，〈中國家族制度與儒家倫理思想〉，《中央研究院國際漢學會議論文集》，臺北：中央研究院，1981 年 10 月，頁 937～950。

137. 楊亮功，〈周代封建制度與文化發展〉，《孔孟月刊》第 18 卷第 12 期，1980 年 8 月，頁 3～6。

138. 楊健吾，〈清代色彩民俗的流變及特點〉，《鹽城師範學院學報》第 26 卷第 5 期，2006 年 10 月，頁 63～67。

139. 楊健吾，〈漢代中國民間的色彩民俗〉，《鹽城師範學院學報》第 26 卷第 1 期，2006 年 2 月，頁 82～85。

140. 楊連生，〈荀子禮論之研究〉，《國立臺灣師範大學國文研究所集刊》第 17 號，1973 年 6 月，頁 1～72。

141. 董建輝，〈「禮治」與傳統農村社會秩序〉，《廈門大學學報》總第 170 期，2005 年第 4 期，頁 93～100。

142. 詹子慶，〈對禮學的歷史考察〉，《東北師大學報》，1996 年 5 月。

143. 詹火生，〈占卜對臺灣農村社會的影響力量〉，《臺灣文獻》第 25 卷第 1 期，1974 年 3 月，頁 12～22。

144. 賈宜璩，〈古禮中的「介者」初探〉，《中國文學研究》第 12 期，1998 年 5 月，頁 35～54。

145. 熊鐵基，〈以敦煌資料證傳統家庭〉，《敦皇研究》，1993 年第 3 期，頁 73～78。

146. 甄盡忠，〈從《禮記・王制》看先秦時期的社會救助制度〉，《河南教育學院學報》第 25 卷第 1 期，2006 年 1 月，頁 69～72。

147. 劉冠生，〈荀子的禮治思想〉，《管子學刊》，2002 年 2 期，頁 29～34。

148. 劉德漢，〈三禮概述——先秦學術淺談之十〉，《孔孟月刊》第 12 卷第 2 期，1970 年 9 月，頁 26～32。

149. 劉靜敏，〈金門縣志初探〉，《史博館學報》第 8 期，1998 年 3 月，頁 121～132。

150. 鄭振滿，〈國際化與地方化：近代閩南僑鄉的社會文化變遷〉，陳益源主編，《2009 閩南文化國際學術研討會論文集》，金門：金門縣政府，2009 年 12 月，頁 41～54。

151. 魯士春，〈中國禮的起源〉，《新亞論叢》第 5 卷，2003 年 5 月，頁 18～24。

152. 蕭玉煌，〈禮俗與禮儀規範淺釋〉，《臺灣文獻》第 40 卷第 2 期，1989 年 6 月，頁 23～35。

153. 錢國旗，〈在禮與情之間——《顏氏家訓》對禮俗風尚的論述和辨正〉，《孔子研究》第 5 期，2004 年，頁 43～51。

154. 錢穆，〈略論魏晉南北朝學術文化與當時門第之關係〉，《新亞學報》，第 5 卷第 2 期，頁 23～77。

155. 戴東雄，〈論中國家制的現代化〉，《中央研究院國際漢學會議論文集》，臺北：中央研究院，1981 年 10 月，頁 147～170。

156. 戴炎輝，〈清代臺灣之家制及家產〉，《臺灣文獻》第 14 卷第 3 期，1963 年 9 月，頁 1～19。

157. 鍾禮強，〈福建原始宗教的文化內涵〉，《廈門大學學報》總第 162 期，2004 年第 2 期，頁 87～92。

158. 鍾競生，〈儒家禮、法思想對社會建設之功能〉，《孔孟月刊》第 27 卷第 5 期，1989 年 1 月，頁 10～15。

159. 韓碧琴，〈張爾岐對「儀禮」之獨特見解〉，《國立中興大學臺中夜間部學報》第 1 期，1995 年 11 月，頁 27～49。

160. 韓碧琴，〈焦循手批《儀禮註疏》研究〉，《國立中興大學中文學報》第 14 期，2002 年 2 月，頁 66～85。

161. 韓碧琴，〈焦循手批《禮記註疏》之探賾〉（上），《國立中興大學人文學報》第 32 期，2002 年 6 月，頁 127～146。

162. 韓碧琴，〈儀禮張氏學〉（上），《國立中興大學中文學報》第 8 期，1995 年元月，頁 209～248。

163. 韓碧琴，〈儀禮張氏學〉（下），《國立中興大學中文學報》第 9 期，1996 年元月，頁 195～230。

164. 瞿海源，〈宗教信仰與家庭觀念〉，《中央研究院民族學研究所集刊》第 59 期，1985 年春季，頁 111～122。

165. 羅彤華，〈漢代分家原因初探〉，《漢學研究》第 11 卷第 1 期，1993 年 6 月，頁 135～157。

166. 羅宗濤，〈談禮〉，《孔孟月刊》第 13 卷第 2 期，1974 年 10 月，頁 15～17。

167. 羅聯絡，〈孔門之禮樂精神〉，《孔孟月刊》第 2 卷第 1 期，1963 年 9 月，頁 17～18。

168. 饒彬，〈荀子對於禮學的重要建設〉，《國立臺灣師範大學學報》第 19 期第 1 冊，1974 年 6 月，頁 1～10。

169. 饒彬，〈荀子禮學之淵源〉，《國立臺灣師範大學學報》創刊號，1972 年 6 月，頁 121～133。

170. 龔建平，〈從儒家的宇宙觀看禮的內在根據〉，《鵝湖月刊》第 284 期，1999 年 2 月，頁 31～38。

（四）外文期刊

1. 〔日〕上山春平，〈朱子の『家禮』と『儀禮經傳通解』〉，《東方學報》第□期，頁 173～256。

2. 〔日〕山根三芳，〈司馬光の「居家雜儀」について〉，《中國哲學史研究論集》，昭和 56 年 12 月，頁 349～366。

3. *A Social History of Writing about Rites*. Princeton： Princeton University Press.

4. *Ancestral Rites.* Princeton： Princeton University Press.

5. Patricia Buckley Ebrey. *Confucianism and Family Rituals in Imperial China. Princeton University Press*（1991）.

6. Patricia Buckley Ebrey. *Chu Hsi's. Family Rituals. Princeton University Press* （1991）.

四、學位論文（按姓氏筆劃排序）

1. 孔志明，《朱子【家禮】對臺灣婚禮、喪禮之影響》，國立高雄師範大學國文學系國文教學碩士論文，2009 年 1 月。

2. 尤淑君，《名分禮秩與皇權重塑——大禮議與明嘉靖朝政治文化》，國立政治大學歷史學系研究所碩士論文，2001 年 12 月。

3. 方慈珮，《北朝皇室婚禮研究》，國立臺南大學國語文學系碩士班，2010 年 6 月。

4. 王一樵，《從「吾閩有學」到「吾學在閩」：十五至十八世紀福建朱子學思想系譜的形成及實踐》，國立臺灣師範大學歷史學系碩士論文，2006 年 6 月。

5. 王慧蓮，《台灣民間歌謠婦女婚姻與角色研究》，東海大學中國文學系碩士論文，2003 學年度。

6. 石天煜，《試論春秋時期的婚姻形態》，遼寧師範大學專門史碩士論文，2004 年。

7. 江達智，《春秋、戰國時代生育及婚喪禁忌之研究》，國立成功大學歷史語言研究所碩士論文，1993 年。

8. 吉國秀，《婚姻儀禮變遷與社會網路重建——以遼寧省東郭山區清原鎮為個案》，北京師範大學博士論文，2004 年 4 月。

9. 向元玲，《苗栗地區客家婚俗研究——以苗栗市、公館鄉、銅鑼鄉為例》，國立中興大學中國文學研究所碩士論文，2000 年 7 月。

10. 向淑雲，《唐代婚姻法與婚姻實態》，國立台灣大學歷史研究所碩士論文，1986 學年度。

11. 朱麗辰，《1912～1936 年華北地區的婚俗研究》，河南大學中國近現代史碩士論文，2007 年。

12. 余懷瑾，《元雜劇「桃花女」之婚俗儀式研究》，南華大學文學研究所碩士論文，2000 年 6 月。

13. 吳文龍，《儀禮婚禮與臺俗婚禮比較研究》，私立中國文化學院中國文學研究所碩士論文，1976 年 6 月。

14. 呂敦華，《唐代婚禮研究》，國立臺灣大學中國文學研究所碩士論文，1995 年 5 月。

15. 呂學興，《臺灣閩南社會婚喪儀式吉祥話研究》，輔仁大學宗教學系碩士論文，2009 學年度。

16. 李文娟，《《儀禮》倫理思想研究》，中央民族大學碩士論文，2006 年 5 月。

17. 李文獻，《臺灣閩客傳統婚禮之研究》，中國文化大學中國文學研究所博士論文，2002 年。

18. 李永興，《儒家「禮」、法家「法」與唐律之關係研究》，臺北市立師範學院應用語言文學研究所語文教學碩士論文，2005 年 4 月。

19. 李宜芳，《清代民間文學與社會慣俗之研究——以童養媳故事爲中心》，國立花蓮師範學院民間文學研究所碩士論文，90 學年度。

20. 李春秀，《《左傳》中的婚俗與兩性關係研究》，高雄師範大學中文碩士論文，2006 學年度。

21. 李飛龍，《社會變遷中的中國農村婚姻與家庭研究（1950～1985）》，中共中央黨校中共黨史博士論文，2010 年。

22. 李勝基，《中國漢民族傳統鬧房習俗論析》，遼寧大學民俗學碩士論文，2003 年 5 月。

23. 李雯，《《詩經》婚制婚俗探究》，福建師範大學中國古代文學碩士論文，2007 年。

24. 杜明德，《毛西河及其昏禮、喪禮學研究》，國立高雄師範大學國文研究所博士論文，1999 年 6 月。

25. 沈靜萍，《百餘年來台灣聘金制度之法律分析——兼談台灣女性法律地位之變遷》，國立臺灣大學法律學研究所碩士論文，2000 學年度。

26. 阮玉如，《清代台灣婚姻禮俗研究》，國立臺南大學國語文學系碩士論文，2009 學年度。網際網路公開日期：20130702

27. 周惠菁，《由《說文》女部見古代女性的社會地位》，玄奘大學中國語文研究所碩士論文，2005 年 7 月。

28. 林文萍，《台日宗教信仰與民間禁忌之比較——以日本神道與台灣道教、與民間禁忌衣、食、住爲中心》，義守大學應用日語學系碩士論文，2009 年。

29. 林春梅，《宋代家禮、家訓的研究》，輔仁大學中國文學研究所碩士論文，1990 學年度。

30. 林昭陽，《《詩經》國風貴族婚禮詩研究——以〈葛覃〉、〈桃夭〉、〈匏有苦葉〉、〈碩人〉爲主要考據對象》，國立臺灣師範大學國文系在職進修碩士論文，2003 學年度。

31. 林素娟，《先秦至兩漢婚姻禮俗與制度研究》，國立清華大學中國文學系博士論文，2002 年。

32. 林智偉，《武夷書院文化之研究——以朱熹教育思想爲中心的考察》，國立花蓮師範學院民間文學研究所碩士論文，2001 學年度。

33. 邱曉玲，《臺灣高屏六堆客家傳統婚禮之研究》，銘傳大學應用中國文學研究所碩士論文，2004 年 5 月。

34. 邱馨慧，《家、物與階序：以一個排灣社會爲例》，國立臺灣大學人類學研究所碩士論文，2002 年 1 月。

35. 侯小寧，《鞋在中國傳統婚俗中的符號意義》，遼寧大學碩士學位論文，2004 年 5 月。（原文缺 44 頁）

36. 侯瑞琪，《從宗法制度看臺灣漢人宗族社會》，國立臺灣師範大學國文研究所碩士論文，1997 年 1 月。

37. 姚宣仔，《〈禮記・昏義〉所呈現的婚禮習俗與社會意義研究》，國立臺北教育大學語文與創作學系語文教學碩士班碩士論文，2008 年 7 月。

38. 洪銀娥，《朱熹在金門之意象及其影響研究》，銘傳大學應用中國文學研究所碩士論文，2006 年 5 月。

39. 孫華，《朱熹《家禮》研究》，浙江大學中國古典文獻學碩士論文，2009 年 5 月。

40. 孫緒靜，《面花巧手飾婚嫁》，山西大學美術學碩士論文，2008 年。

41. 師瓊珮，《朱子《家禮》對家的理解——以祠堂爲探討中心》，中國文化大學史學研究所碩士論文，2002 年 6 月。

42. 徐美雲，《臺灣文學作品中養女形象研究》，中國文化大學中國文學研究所碩士在職專班論文，2005 學年度。

43. 翁素杏，《關廟地區的婚俗研究》，臺南師範學院鄉土文化所碩士論文，2002 年 6 月。

44. 高兵，《周代婚姻制度研究》，吉林大學中國古代史博士論文，2004 年。

45. 高金豪，《起源敘事、婚禮政治與階序實踐：一個排灣族村落的例子》，國立清華大學人類學研究所碩士論文，2004 年 7 月。

46. 涂素珠，《雲林縣林內鄉閩南婚姻禮俗探討》，國立臺東大學華語文學系碩士論文，2008 年 9 月。

47. 張文昌，《唐宋禮書研究——從公禮到家禮》，國立臺灣大學歷史研究所博士論文，2006 年 7 月。

48. 張石川，《春秋經傳所見婚姻及其制度》，南京師範大學中國古代文學碩士論文，2003 年 5 月。

49. 張伯晉，《唐代婚姻法制與婚俗矛盾關系研究》，吉林大學法律史學碩士論文，2007 年。

50. 張志永，《建國初期河北省婚姻制度改革研究（1950～1956 年）》，復旦大學中國近現代史博士論文，2003 年。

51. 張皓政，《明代常州士人的婚姻圈》，國立臺灣大學歷史研究所碩士論文，2006 年 7 月。

52. 張經科，《儀禮經傳通解之家禮研究》，國立政治大學中國文學研究所碩士論文，1988 學年度。

53. 張翠蘭，《臺灣閩南語歌仔冊中所反映的臺灣婚姻現象研究——以竹林書局版本爲例》，國立臺南大學國語文學系教學碩士論文，2008 學年度。

54. 張曉蓓，《清代婚姻制度研究》，中國政法大學中國法律史博士論文，2003年。

55. 莊麗卿，《先秦摯見禮探論》，國立中興大學中國文學研究所碩士論文，2007年1月30日。

56. 許明堂，《《朱子家禮》研究——以近世家族禮俗生活為中心的考察》，北京師範大學民俗學研究所碩士論文，2007年6月。

57. 許蓓苓，《臺灣諺語反映的婚姻文化》，東吳大學中國文學研究所碩士論文，2000年5月。

58. 郭文箏，《閩南族群傳統婚俗研究——以汐止地區為例》，淡江大學中國文學系碩士在職專班論文，2006學年度。作者不公開

59. 郭豔娜，《周代婚禮研究》，陝西師範大學碩士論文，2006年4月。

60. 陳代湘，《現代新儒學與朱子學》，南開大學中國哲學博士論文，2002年。

61. 陳昌文，《臺灣閩南諺語之社會教化功能研究》，南華大學文學研究所碩士論文，2001年6月。

62. 陳明妙，《手工紙之台灣婚俗物件設計應用》，朝陽科技大學設計研究所碩士論文，2008學年度。網際網路公開日期：20140101。

63. 陳玟錦，《台灣傳統婚俗與禁忌之研究》，長榮大學台灣研究所碩士論文，2009年7月。

64. 陳庭芳，《日治時期臺灣漢人婚俗研究》，國立台北大學民俗藝術研究所碩士論文，2010學年度。

65. 陳嘉琪，《南朝婚姻研究》，國立臺南大學國語文學系碩士論文，2008年6月。

66. 陳曉鷗，《以「婚紗產業」為例探討文化創意事業產業化關鍵成功因素》，國立中山大學企業管理學系碩士論文，2006年7月。

67. 陳霖，《關西地區客家婚俗變遷之研究（1935～2010）》，國立新竹教育大學人資處社會學習領域碩士論文，2010學年度。

68. 陳韻，《魏晉婚禮研究》，國立臺灣師範大學中國文學研究所碩士論文，1980學年度。

69. 陳麗萍，《理想、女性、習俗——唐宋時期敦煌地區婚姻家庭生活研究》，首都師範大學歷史文獻學博士論文，2007年。

70. 閆寶明，《毛奇齡與朱子學》，南開大學中國古代史博士論文，2009年。

71. 游千慧，《一九五〇年代台灣的「保護養女運動」：養女、婦女工作與國/家》，國立清華大學歷史研究所碩士論文，1999學年度。

72. 游蕙菁，《大陸新婚姻法之研究——兼論兩岸婚姻法上關於『結婚』與『離婚』規定之比較》（摘錄），東吳大學法學院法律學系碩士論文，2002年7月。

73. 湯程雯，《後現代婚禮的異質空間之文本分析》，中原大學室內設計研究所碩士論文，2007 年 7 月。

74. 貴小麗，《清末民初江浙地區女性婚姻價值觀研究》，陝西師範大學碩士學位論文，2006 年 4 月。

75. 黃佳蓉，《從閩南歌謠探討台灣早期的婦女婚姻生活》，國立花蓮師範學院民間文學研究所碩士論文，2003 學年度。

76. 黃美華，《司馬光《書儀》研究》，國立中興大學中國文學研究所碩士論文，2000 年 7 月。

77. 黃倫峰，《周代婚俗下的《詩經》婚戀詩研究》，廣西師範大學中國古代文學碩士論文，2007 年。

78. 黃素卿，《屏東縣琉球鄉婚姻與生育禮俗之探究》，國立台東大學華語文學系台灣語文教師碩士班碩士論文，2008 年 9 月。

79. 黃耀能，《左氏春秋婚俗考》，國立臺灣大學中國文學研究所碩士論文，1967 年 1 月。

80. 黃觀鴻，《新中國婚姻法制對農村婚姻行爲的影響：十中個村的實證分析》，中國農業大學社會學碩士論文，2000 年 5 月。

81. 黃璨君，《民間習俗諧音現象之研究——以漢族婚俗、年俗爲主》，國立高雄師範大學國文學系教學碩士論文，2005 年 1 月。

82. 楊天厚，《金門宗祠祭禮研究——以陳、蔡、許三姓家族爲例》，東吳大學中文研究所博士論文，2011 年 1 月。

83. 楊聿升，《發現台灣空間文化——從婚禮脈絡探掘》，華梵大學建築學系碩士論文，2010 學年度。

84. 楊建宏，《宋代禮制與基層社會控制研究》，四川大學中國古代史博士論文，2006 年。

85. 楊星，《朱子閩學思想淵源與傳播研究》，南華東師範大學中國古典文獻學博士論文，2007。

86. 楊索瑞，《漢族傳統婚禮服研究》，北京服裝學院碩士學位論文，2006 年 3 月。

87. 楊雅慧，《日據末期戰時體制下的台灣婦女（1937～1945）——以殖民政府的教化與動員爲分析中心》，國立清華大學歷史學系碩士論文，1993 學年度。

88. 葉依儂，《台灣閩南諺語中之女性形象研究》，國立屏東教育大學中國語文學系碩士論文，2007 學年度。

89. 葉雅宜，《婚禮「四句聯吉祥話」研究》，國立臺南師範學院鄉土文化研究所碩士論文，2001 學年度。

90. 翟瑞芳，《宋代家禮的立制與實踐》，上海師範大學專門史研究所碩士論文，2007 年 4 月。

91. 趙鋒，《《國風》所反映的婚俗與婚制》，首都師範大學中國古代文學碩士論文，2007 年。

92. 鳳鳳，《唐代婚服與婚俗關係初探》，山東大學考古學與博物館學碩士論文，2008 年 4 月。

93. 劉文，《中國古代服飾閨訓探析》，天津師範大學美術學研究所碩士論文，2007 年 3 月。

94. 劉秀櫻，《東港的開拓與童養媳婚之研究》，國立中正大學歷史學系碩士論文，1993 學年度。

95. 劉雪飛，《內地與澳門婚禮制度比較研究》，湖南師範大學碩士論文，2002 年 4 月。（原書缺第 7 頁）

96. 劉箏箏，《宋夏金時期的婚制婚俗研究》，西北師範大學中國古代史碩士論文，2009 年。

97. 劉增貴，《漢代婚姻制度》，國立臺灣大學歷史研究所碩士論文，1976 學年度。

98. 劉薇玲，《屏東客家婚俗變遷之研究——以六堆中區為例》，國立臺南大學鄉土文化研究所碩士論文，2003 年 6 月。

99. 德田幸惠，《日本統治下臺灣的「內臺共婚」——日本與臺灣的「家」制度的衝突和交流》（摘錄），淡江大學歷史學系碩士論文，2007 年 6 月。

100. 潘澤黃，《中國古代生命禮儀中婚禮之文化意義研究——以《儀禮·士昏禮》為探討中心》，南華大學生死學研究所碩士論文，2003 年 6 月。

101. 蔡宛真，《《朱子家禮》對金門喪葬文化之影響》，銘傳大學應用中國文學研究所碩士論文，2005 年 12 月。

102. 鄭秀貞，《現代苗栗客家聚落婚禮研究——以苗市、公館、銅鑼為主軸》，靜宜大學中國文學研究所碩士論文，2009 年 7 月。

103. 鄭群，《《詩經》與周代婚姻禮俗研究》，揚州大學中國古代文學博士論文，2007 年。

104. 鄭麗萍，《宋代婦女婚姻生活研究》，華東師範大學中國古典文獻學博士論文，2010 年。

105. 盧仁淑，《文公家禮及其對韓國禮學之影響》，國立臺灣師範大學國文研究所博士論文，1982 學年度。

106. 韓冬，《論婚禮禮品包裝的情感定位》，南京藝術學院碩士論文，2003 年。

107. 羅小紅，《唐代家禮研究》，廣西師範大學中國古代史研究所博士論文，2006 年 4 月。

108. 羅婕，《「詩經」中反映的先秦婚禮》，華中師範大學古代文學碩士論文，2007 年。

109. 羅曉蓉，《婚姻禮制和社會生活中的春秋婦女——對「春秋經傳」與「儀禮·士昏禮」的初步比較研究》，四川大學碩士論文，2005 年 1 月。

附錄一 朱熹《家禮》卷三：昏禮內容

議昏

男子年十六至三十，女子年十四至二十，

> 朱熹自註：「司馬公曰：古者男三十而娶，女二十而嫁。今令文男年十五、女年十三以上，並聽昏嫁，今爲此說，所以參古今之道，酌禮令之，中順天地之理，合人情之宜也。」〔註1〕

身及主昏者無朞以上喪，乃可成昏。

> 朱熹自註：「大功未葬，亦不可主昏。凡主昏如冠禮主人之法，但宗子自昏，則以族人之長爲主。」〔註2〕

必先使媒氏往來通言，俟女氏許之，然後納采。

> 朱熹自註：「司馬公曰：凡議昏姻，當先察其壻與婦之性行，及家法何如？勿苟慕其富貴。壻苟賢矣，今雖貧賤，安知異時不富貴乎？苟爲不肖，今雖富盛，安知異時不貧賤乎？婦者，家之所由盛衰也，苟慕其一時之富貴，而娶之，彼挾其富貴，鮮有不輕其夫，而傲其舅姑，養成驕妒之性，異日爲患，庸有極乎？借使因婦財以致富，依婦勢以取貴，苟有丈夫之志氣者，能無愧乎？又世俗好於襁褓童幼之時，輕許爲昏，亦有指腹爲昏者，及其

〔註 1〕 〔宋〕朱熹撰，《家禮·昏禮·議昏》卷 3，南宋淳祐 5 年（1245 年）五卷本加附錄 1 卷，載《孔子文化大全》，山東：友誼書社，1992 年 11 月，頁 653。

〔註 2〕 〔宋〕朱熹撰，《家禮·昏禮·議昏》卷 3，南宋淳祐 5 年（1245 年）五卷本加附錄 1 卷，載《孔子文化大全》，山東：友誼書社，1992 年 11 月，頁 653～654。

既長，或不肖無賴；或身有惡疾；或家貧凍餒；或喪服相仍；或從宦遠方，遂至棄信，負約，速獄，致訟者多矣。是以先祖太尉嘗曰：吾家男女必俟既長，然後議昏，既通書，不數月，必成昏，故終身無此悔，乃子孫所當法也。」〔註3〕

納采 朱熹自註：「納其采，擇之禮，即今世俗所謂言定也。」〔註4〕

主人具書

朱熹自註：「主人及主昏者，書用牋紙，如世俗之禮，若族人之子，則其父具書告于宗子。」〔註5〕

夙興奉以告于祠堂。

朱熹自註：「如告冠儀，其祝版前同。但云某之子，某若某之某親之子，某年已長成，未有伉儷，已議娶某官某郡姓名之女，今日納采，不勝感愴，謹以後同。若宗子自昏則自告。」〔註6〕

乃使子弟為使者，如女氏，女氏主人出見使者。」

朱熹自註：「使者盛服如女氏。女氏亦宗子爲主人，盛服出見使者。非宗子之女，則其父位於主人之右，尊則少進，卑則少退。啜茶畢，使者起致辭曰，吾子有惠，貺室某也，某之某親某官，有先人之禮，使某請納采。從者以書進，使者以書授主人。主人對曰，某之子若妹姪孫憃愚，又弗能教。吾子命之，某不敢辭。北向再拜，使者避不答拜。使者請退，俟命出就次。若許嫁者，於主人爲姑姊，則不云憃愚，又弗能教。餘辭並同。」〔註7〕

〔註3〕 〔宋〕朱熹撰，《家禮・昏禮・議昏》卷3，南宋淳祐5年（1245年）五卷本加附錄1卷，載《孔子文化大全》，山東：友誼書社，1992年11月，頁654～655。

〔註4〕 〔宋〕朱熹撰，《家禮・昏禮・納采》卷3，南宋淳祐5年（1245年）五卷本加附錄1卷，載《孔子文化大全》，山東：友誼書社，1992年11月，頁655。

〔註5〕 〔宋〕朱熹撰，《家禮・昏禮・納采》卷3，南宋淳祐5年（1245年）五卷本加附錄1卷，載《孔子文化大全》，山東：友誼書社，1992年11月，頁656。

〔註6〕 〔宋〕朱熹撰，《家禮・昏禮・納采》卷3，南宋淳祐5年（1245年）五卷本加附錄一卷，載《孔子文化大全》，山東：友誼書社，1992年11月，頁656。

〔註7〕 〔宋〕朱熹撰，《家禮・昏禮・納采》卷3，南宋淳祐5年（1245年）五卷本加附錄一卷，載《孔子文化大全》，山東：友誼書社，1992年11月，頁656～657。

遂奉書以告于祠堂。

朱熹自註：「如壻家之儀，祝版前同。但云，某之第幾女，若某親某之第幾女，年漸長成，已許嫁某官某郡姓名之子，若某親某。今日納采，不勝感愴。謹以後同。」〔註8〕

出以復書授使者，遂禮之。

朱熹自註：「主人出，延使者升堂，授以復書，使者受之，請退。主人請禮賓，乃以酒饌禮使者。使者至是始與主人交拜，揖如常日賓客之禮，其從者亦禮之別室，皆酬以幣。」〔註9〕

使者復命壻氏，主人復以告于祠堂

朱熹自註：「不用祝。」〔註10〕

納幣

朱熹自註：「古禮有問名、納吉，今不能盡用，止用納采、納幣以從簡便。」

朱熹又註：「幣用色繒，貧富隨宜。少不過兩，多不踰十。今人更用釵釧、羊酒、果實之屬亦可。」〔註11〕

具書，遣使如女氏。女氏受書，復書禮賓，使者復命，並同納采之儀。

朱熹自註：「禮如納采，但不告廟。使者致辭，改采為幣。從者以書幣進，使者以書授主人。主人對曰，吾子順先典，貺某重禮，某不敢辭，敢不承命，乃受書。執事者受幣，主人再拜，使者避之，復進請命，主人授以復書。餘並同。」〔註12〕

〔註8〕　〔宋〕朱熹撰，《家禮・昏禮・納采》卷3，南宋淳祐5年（1245年）五卷本加附錄一卷，載《孔子文化大全》，山東：友誼書社，1992年11月，頁658。

〔註9〕　〔宋〕朱熹撰，《家禮・昏禮・納采》卷3，南宋淳祐5年（1245年）五卷本加附錄一卷，載《孔子文化大全》，山東：友誼書社，1992年11月，頁658。

〔註10〕　〔宋〕朱熹撰，《家禮・昏禮・納采》卷3，南宋淳祐5年（1245年）五卷本加附錄一卷，載《孔子文化大全》，山東：友誼書社，1992年11月，頁658～659。

〔註11〕　〔宋〕朱熹撰，《家禮・昏禮・納幣》卷3，南宋淳祐5年（1245年）五卷本加附錄一卷，載《孔子文化大全》，山東：友誼書社，1992年11月，頁659。

〔註12〕　〔宋〕朱熹撰，《家禮・昏禮・納幣》卷3，南宋淳祐5年（1245年）五卷本加附錄一卷，載《孔子文化大全》，山東：友誼書社，1992年11月，頁659～660。

親迎

前期一日，女氏使人張陳其壻之室。

朱熹自註：「世俗謂之鋪房。然所張陳者，但氈褥帳幔帷幞應用之物，其衣服鑲之篋笥不必陳也，司馬公曰，文中曰，昏娶而論財，夷虜之道也。夫昏姻者，所以合二姓之好，上以事宗廟，下以繼後世也。今世俗之貪鄙者，將娶婦，先問資裝之厚薄。將嫁女，先問聘財之多少。至於立契約，云某物若干，某物若干，以求售其女者亦有。既嫁而復欺紿負約者，是乃駔儈賣婢鬻奴之法，豈得謂之士大夫昏姻哉？其舅姑既被欺紿，則殘虐其婦，以攄其忿。由是愛其女者，務厚其資裝，以悅其舅姑者，殊不知彼貪鄙之人，不可盈厭。資裝既竭，則安用汝女哉？於是質其女，以責貨於女氏。貨有盡而責無窮。故昏姻之家，往往終爲仇讎矣。是以世俗生男則喜，生女則戚，至有不舉其女者，用此故也。然則議昏姻有及於財者，皆勿與爲昏姻可也。」〔註13〕

厥明，壻家設位于室中。

朱熹自註：「設椅卓子兩位，東西相向。蔬果、盤盞、匕筯如賓客之禮。酒壺在東位之後，又以卓子置合卺一於其南，又南北設二盥盆勺於室東隅，又設酒壺盞注於室外或別室，以飲從者。卺音謹，以小匏一判而之。」〔註14〕

女家設次于外。初昏，壻盛服。

朱熹自註：「世俗新壻帶花勝以擁蔽其面，殊失丈夫之容體，勿用可也。」〔註15〕

主人告于祠堂。

朱熹自註：「如納采之儀。祝版前同。但云某之子某，若某親之子某，將以今日親迎于某官某郡某氏，不勝感愴，謹以後同。若宗子自昏則自告。」〔註16〕

〔註13〕 〔宋〕朱熹撰，《家禮‧昏禮‧納采》卷3，南宋淳祐5年（1245年）五卷本加附錄一卷，載《孔子文化大全》，山東：友誼書社，1992年11月，頁660～661。

〔註14〕 〔宋〕朱熹撰，《家禮‧昏禮‧納采》卷3，南宋淳祐5年（1245年）五卷本加附錄一卷，載《孔子文化大全》，山東：友誼書社，1992年11月，頁662。

〔註15〕 〔宋〕朱熹撰，《家禮‧昏禮‧納采》卷3，南宋淳祐5年（1245年）五卷本加附錄一卷，載《孔子文化大全》，山東：友誼書社，1992年11月，頁662。

〔註16〕 〔宋〕朱熹撰，《家禮‧昏禮‧納采》卷3，南宋淳祐5年（1245年）五卷本加附錄一卷，載《孔子文化大全》，山東：友誼書社，1992年11月，頁662～663。

遂醮其子而命之迎。

朱熹自註：「先以卓子設酒注盤盞於堂上，主人盛服坐於堂之東序，西向。設壻席於其西北，南向。壻升自西階，立於席西，南向。贊者取盞斟酒執之，詣壻席前，壻再拜，升席，南向受盞，跪祭酒興，就席末跪啐酒興，降西授贊者盞，又再拜，進詣父坐前東向跪。父命之曰，往迎爾相，承我宗事，勉率以敬，若則有常。壻曰諾，惟恐不堪，不敢忘命。俛伏興，出。非宗子之子，則宗子告于祠堂，而其父醮于私室如儀，但改宗事爲家事。若宗子已孤而自昏，則不用此禮。」〔註17〕

壻出乘馬。

朱熹自註：「以二燭前導。」〔註18〕

至女家，俟于次。

朱熹自註：「壻下馬于大門外入俟于次。」〔註19〕

女家主人告于祠堂。

朱熹自註：「如納采儀。祝版前同，但云某之第幾女，若某親某之第幾女，將以今日歸于某官某郡姓名，不勝感愴。謹以後同。」〔註20〕

遂醮其女而命之。

朱熹自註：「女盛飾，姆相之，立於室外南向。父坐東序西向，母坐西序東向。設女席於母之東北南向。贊者醮以酒，如壻禮。姆導女出於母左，父起命之曰，敬之戒之，夙夜無違爾舅姑之命。母送至西階上，爲之整冠斂帔，命之曰，勉之敬之，夙夜無違爾閨門之禮。諸母姑嫂姊送至于中門之內，爲之整裙衫，申以父母之命，謹聽爾父母之言，夙夜無愆。非宗子之

〔註17〕〔宋〕朱熹撰，《家禮‧昏禮‧納采》卷3，南宋淳祐5年（1245年）五卷本加附錄一卷，載《孔子文化大全》，山東：友誼書社，1992年11月，頁663～664。

〔註18〕〔宋〕朱熹撰，《家禮‧昏禮‧納采》卷3，南宋淳祐5年（1245年）五卷本加附錄一卷，載《孔子文化大全》，山東：友誼書社，1992年11月，頁664。

〔註19〕〔宋〕朱熹撰，《家禮‧昏禮‧納采》卷3，南宋淳祐5年（1245年）五卷本加附錄一卷，載《孔子文化大全》，山東：友誼書社，1992年11月，頁664。

〔註20〕〔宋〕朱熹撰，《家禮‧昏禮‧納采》卷3，南宋淳祐5年（1245年）五卷本加附錄一卷，載《孔子文化大全》，山東：友誼書社，1992年11月，頁664～665。

女，則宗子告于祠堂，而其父醮於私室如儀。」〔註21〕

主人出迎，壻入奠鴈。

朱熹自註：「主人迎壻于門外，揖讓以入，壻執鴈以從，至于廳事。主人升
自阼階立，西向。壻升自西階，北向，跪，置鴈於地，主人侍者受之，壻
俛伏興，再拜，主人不答拜。若族人之女，則其父從主人出迎，立於其右，
尊則少進，卑則少退。凡執生鴈，左首以生色繒交絡之，無則刻木為之，
取其順陰陽往來之義。程子曰，取其不再偶也。」〔註22〕

姆奉女出登車。

朱熹自註：「姆奉女出中門，壻揖之，降自西階。主人不降。壻遂出，女從之。
壻舉轎簾以俟。姆辭曰，未教，不足與為禮也。女乃登車。」〔註23〕

壻乘馬，先婦車。

朱熹自註：「婦車亦以二燭前導。」〔註24〕

至其家，導婦以入。

朱熹自註：「壻至家，立于廳事，俟婦下車，揖之，導以入。」〔註25〕

壻婦交拜。

朱熹自註：「婦從者布壻席於東方，壻從者布婦席於西方。壻盥于南，婦從
者沃之，進帨。壻揖婦就席。婦拜，壻答拜。」〔註26〕

就坐，飲食畢，壻出。

朱熹自註：「壻揖婦就坐，壻東婦西，從者斟酒設饌，壻婦祭酒舉殽。又斟

〔註21〕〔宋〕朱熹撰，《家禮·昏禮·納采》卷3，南宋淳祐5年（1245年）五卷本加
　　　　附錄一卷，載《孔子文化大全》，山東：友誼書社，1992年11月，頁665～666。
〔註22〕〔宋〕朱熹撰，《家禮·昏禮·納采》卷3，南宋淳祐5年（1245年）五卷本
　　　　加附錄一卷，載《孔子文化大全》，山東：友誼書社，1992年11月，頁666。
〔註23〕〔宋〕朱熹撰，《家禮·昏禮·納采》卷3，南宋淳祐5年（1245年）五卷本
　　　　加附錄一卷，載《孔子文化大全》，山東：友誼書社，1992年11月，頁667。
〔註24〕〔宋〕朱熹撰，《家禮·昏禮·納采》卷3，南宋淳祐5年（1245年）五卷本
　　　　加附錄一卷，載《孔子文化大全》，山東：友誼書社，1992年11月，頁667。
〔註25〕〔宋〕朱熹撰，《家禮·昏禮·納采》卷3，南宋淳祐5年（1245年）五卷本
　　　　加附錄一卷，載《孔子文化大全》，山東：友誼書社，1992年11月，頁667。
〔註26〕〔宋〕朱熹撰，《家禮·昏禮·納采》卷3，南宋淳祐5年（1245年）五卷本
　　　　加附錄一卷，載《孔子文化大全》，山東：友誼書社，1992年11月，頁668。

酒，壻揖，婦舉飲，不祭無殽。又取卺，分置壻婦之前，斟酒，壻揖，婦舉飲，不祭無殽。壻出就他室，姆與婦留室中。徹饌置室外。設席，壻從者餕婦之餘，婦從者餕壻之餘。」〔註27〕

復入脫服，燭出。

朱熹自註：「注：壻脫服，婦從者受之。婦脫服，壻從者受之。司馬溫公曰，古詩云，結髮爲夫婦，言自小年束髮即爲夫婦，猶李廣言結髮與匈奴戰也。今世俗昏姻乃有結髮之禮，謬誤可笑，勿用可也。」〔註28〕

主人禮賓。

朱熹自註：「男賓於外廳，女賓於中堂。」〔註29〕

婦見舅姑

明日夙興，婦見于舅姑。

朱熹自註：「婦夙興盛服俟見，舅姑坐於堂上，東西相向，各置卓子於前。家人男女少舅姑者立於兩序，如饡禮之敘。婦進立于阼階下北面拜舅，升奠贄幣于卓上，舅授之侍者以入。婦降，又拜畢，詣西階下北面拜姑，升奠贄幣，姑舉以授侍者，婦降又拜。若非宗子之子，而與宗子同居，則先行此禮於舅姑之私室。與宗子不同居，則如上儀。」〔註30〕

舅姑禮之。

朱熹自註：「如父母醮女之儀。」〔註31〕

婦見于諸尊長。

朱熹自註：「婦既受禮，降自西階。同居有尊於舅姑者，則舅姑以婦見於其

〔註27〕〔宋〕朱熹撰，《家禮・昏禮・納采》卷3，南宋淳祐5年（1245年）五卷本加附錄一卷，載《孔子文化大全》，山東：友誼書社，1992年11月，頁668。
〔註28〕〔宋〕朱熹撰，《家禮・昏禮・納采》卷3，南宋淳祐5年（1245年）五卷本加附錄一卷，載《孔子文化大全》，山東：友誼書社，1992年11月，頁669。
〔註29〕〔宋〕朱熹撰，《家禮・昏禮・納采》卷3，南宋淳祐5年（1245年）五卷本加附錄一卷，載《孔子文化大全》，山東：友誼書社，1992年11月，頁669。
〔註30〕〔宋〕朱熹撰，《家禮・昏禮・納采》卷3，南宋淳祐5年（1245年）五卷本加附錄一卷，載《孔子文化大全》，山東：友誼書社，1992年11月，頁670。
〔註31〕〔宋〕朱熹撰，《家禮・昏禮・納采》卷3，南宋淳祐5年（1245年）五卷本加附錄一卷，載《孔子文化大全》，山東：友誼書社，1992年11月，頁670～671。

室，如見舅姑之禮。還拜諸尊長于兩序，如冠禮無贊。小郎、小姑皆相拜。非宗子之子而與宗子同居，則既受禮，詣其堂上拜之如舅姑禮，還見于兩序。其宗子及尊長不同居，則廟見而后往。」〔註32〕

若冢婦則饋于舅姑。

朱熹自註：「是日食時，婦家具盛饌酒壺，婦從者設蔬果卓子於堂上。舅姑之前，設盥盤於阼階東南，帨架在東。舅姑就坐，婦盥升自西階，洗盞斟酒置舅卓子上，降俟舅飲畢又拜。遂獻姑進酒，姑受飲畢，婦降拜。遂執饌升薦於舅姑之前，侍立姑後以俟。卒食徹飯，侍者徹餘饌，分置別室，婦就餕姑之餘，婦從者餕舅之餘，婿從者又餕婦之餘。非宗子之子，則於私室如儀。」〔註33〕

舅姑饗之。

朱熹自註：「如禮婦之儀。禮畢，舅姑先降自西階，婦降自阼階。」〔註34〕

廟見

三日，主人以婦見於祠堂。

朱熹自註：「古者三月而廟見，今以其太遠改用三日。如子冠而見之儀。但告辭曰，子某之婦某氏敢見，餘並同。」〔註35〕

婿見婦之父母

明日，婿往見婦之父母。

〔註32〕 〔宋〕朱熹撰，《家禮‧昏禮‧納采》卷3，南宋淳祐5年（1245年）五卷本加附錄一卷，載《孔子文化大全》，山東：友誼書社，1992年11月，頁671。

〔註33〕 〔宋〕朱熹撰，《家禮‧昏禮‧納采》卷3，南宋淳祐5年（1245年）五卷本加附錄一卷，載《孔子文化大全》，山東：友誼書社，1992年11月，頁671～672。另見〔宋〕朱熹，《家禮‧親迎》卷3，《文淵閣四庫全書本‧經部》142冊，臺北：臺灣商務印書館，1986年7月，頁546。

〔註34〕 〔宋〕朱熹撰，《家禮‧昏禮‧納采》卷3，南宋淳祐5年（1245年）五卷本加附錄一卷，載《孔子文化大全》，山東：友誼書社，1992年11月，頁672。另見〔宋〕朱熹，《家禮‧親迎》卷3，《文淵閣四庫全書本‧經部》142冊，臺北：臺灣商務印書館，1986年7月，頁546。

〔註35〕 〔宋〕朱熹撰，《家禮‧昏禮‧納采》卷3，南宋淳祐5年（1245年）五卷本加附錄一卷，載《孔子文化大全》，山東：友誼書社，1992年11月，頁673。另見〔宋〕朱熹，《家禮‧親迎》卷3，《文淵閣四庫全書本‧經部》142冊，臺北：臺灣商務印書館，1986年7月，頁546。

朱熹自註：「婦父迎送揖讓如客禮，拜即跪而扶之。入見婦母，婦母闔門左扉，立於門內，婿拜於門外，皆有幣。婦父非宗子，即先見宗子夫婦，不用幣，如上儀。然後見婦之父母。）〔註36〕

次見婦黨諸親。

朱熹自註：「不用幣。婦女相見如上儀。」〔註37〕

婦家禮婿如常儀。

朱熹自註：「親迎之夕不當見婦母，及諸親，及設酒饌，以婦未見舅姑故也。」

〔註38〕

〔註36〕　〔宋〕朱熹撰，《家禮・昏禮・納采》卷3，南宋淳祐5年（1245年）五卷本加附錄一卷，載《孔子文化大全》，山東：友誼書社，1992年11月，頁673～674。另見〔宋〕朱熹，《家禮・親迎》卷3，《文淵閣四庫全書本・經部》142冊，臺北：臺灣商務印書館，1986年7月，頁546。

〔註37〕　〔宋〕朱熹撰，《家禮・昏禮・納采》卷3，南宋淳祐5年（1245年）五卷本加附錄一卷，載《孔子文化大全》，山東：友誼書社，1992年11月，頁674。另見〔宋〕朱熹，《家禮・親迎》卷3，《文淵閣四庫全書本・經部》142冊，臺北：臺灣商務印書館，1986年7月，頁546。

〔註38〕　〔宋〕朱熹撰，《家禮・昏禮・納采》卷3，南宋淳祐5年（1245年）五卷本加附錄一卷，載《孔子文化大全》，山東：友誼書社，1992年11月，頁674。另見〔宋〕朱熹，《家禮・親迎》卷3，《文淵閣四庫全書本・經部》142冊，臺北：臺灣商務印書館，1986年7月，頁546。

附錄二　攸關朱子《家禮》現存圖書館情形

編序	題　名	編　撰　者	版　本	現藏圖書館
1	《文公家禮》	〔明〕丘濬輯；〔清〕楊延筠訂	石印本	中國國家圖書館
2	《文公家禮通考》	〔日本〕室直清撰	刻本	中國國家圖書館
3	《文公家禮》殘二卷	〔宋〕朱熹撰；〔宋〕楊復、劉垓孫同注	宋，刊本	東京大學東洋文化研究所
4	《文公家禮儀節》	〔宋〕朱熹撰；〔明〕楊慎輯	刻本	中國國家圖書館
5	《文公家禮儀節》	〔宋〕朱熹撰；〔明〕楊慎輯	刻本	中國國家圖書館
6	《文公家禮儀節》	〔宋〕朱熹撰；〔明〕邱浚輯	刻本	中國國家圖書館
7	《文公家禮儀節》	〔宋〕朱熹撰；〔明〕邱濬輯；〔明〕楊廷筠訂	刻本	中國國家圖書館
8	《文公家禮儀節》	〔明〕丘濬輯	木版本	首爾大學奎章閣韓國學研究院
9	《文公家禮儀節》	〔宋〕朱熹編著；〔明〕夏允彝輯訂	木版本	首爾大學奎章閣韓國學研究院
10	《文公家禮儀節》八卷	〔宋〕朱熹撰；〔明〕丘濬輯	清光緒丁亥（13年；1887）上海江左書林刊本	國家圖書館
11	《文公家禮儀節》八卷	〔宋〕朱熹撰；〔明〕丘濬（重編）	明弘治三年（1490）順德知縣吳廷舉刊嘉靖己亥（十八年，539）修補本	國家圖書館

編序	題　名	編　撰　者	版　本	現藏圖書館
12	《文公家禮儀節》八卷	〔宋〕朱熹撰；〔明〕丘濬重編	明正德戊寅（十三年，1518）常州重刊本	國家圖書館
13	《文公家禮儀節》八卷	〔宋〕朱熹撰；〔明〕丘濬重編	明萬曆戊申（三十六年，608）常州府推官錢時刊本	國家圖書館
14	《文公家禮儀節》八卷	〔宋〕朱熹撰；〔明〕丘濬重編	明萬曆戊申（三十六年，1608）常州府推官錢時刊本	國家圖書館
15	《文公家禮儀節》八卷	〔宋〕朱熹撰；〔明〕丘濬重編；〔明〕楊廷筠序；〔明〕方大鎮序；〔明〕錢時序；〔明〕周孔教序	明萬曆戊申（三十六年，1608）常州府推官錢時刊本	國家圖書館
16	《文公家禮儀節》存四卷	〔宋〕朱熹撰；〔明〕丘濬重編	明弘治三年順德知縣吳廷舉刊本	國家圖書館
17	《文公家禮儀節》八卷	〔宋〕朱熹原撰；〔明〕丘濬輯	江戶，刊本	東京大學東洋文化研究所
18	《文公家禮儀節》八卷	〔宋〕朱熹原撰；〔明〕楊慎輯	明末，刊本	東京大學東洋文化研究所
19	《文公家禮儀節》八卷	〔明〕丘濬撰；〔明〕楊廷筠校	明，錢時，刊本	東京大學東洋文化研究所
20	《文公家禮儀節》八卷	〔明〕楊慎（序）；〔明〕丘濬（序）	明啟禎間刻本	美國國會圖書館
21	《文公家禮儀節》五卷	〔明〕丘濬撰；〔明〕畢懋康訂	明，南京趙氏，刊本	東京大學東洋文化研究所
22	《文公家禮儀節》正誤不分卷	〔日本〕豬飼彥博撰	鈔本	東京大學東洋文化研究所
23	《家禮》五卷圖一卷	〔宋〕朱熹撰；〔日本〕淺見安正句讀	元祿十年，江戶，須原屋茂兵衛等，刊本	東京大學東洋文化研究所
24	《家禮》五卷	（舊題宋）朱熹撰		東京大學東洋文化研究所
25	《朱子成書》存太極圖，通書，正蒙，西銘，家禮五種	（元）黃端節編	明景泰元年善敬書堂刊本	故宮博物院圖書館
26	《朱子家禮》	〔宋〕朱熹撰；〔清〕郭嵩燾校訂	刻本	中國國家圖書館

編序	題名	編撰者	版本	現藏圖書館
27	《朱子家禮》	〔宋〕朱熹撰；〔清〕郭嵩燾校訂	刻本	中國國家圖書館
28	《朱子家禮》	〔宋〕朱熹撰；〔清〕郭嵩燾訂	刻本	中國國家圖書館
29	《朱子家禮》	〔明〕丘濬輯；〔明〕宋纁輯；〔明〕呂維祺撰；〔明〕楊廷筠補	刻本	中國國家圖書館
30	《朱子家禮》	〔明〕丘浚輯	刻本	中國國家圖書館
31	《朱子家禮》	〔明〕丘浚輯	刻本	中國國家圖書館
32	《朱子家禮》	〔明〕丘濬輯；〔明〕宋纁輯；〔明〕呂維祺撰	刻本	中國國家圖書館
33	《朱子家禮》	〔明〕邱濬輯	刻本	中國國家圖書館
34	《朱子家禮》	〔宋〕朱熹撰；〔明〕丘濬輯；〔明〕楊廷筠補	刻本	中國國家圖書館
35	《朱子家禮》	〔明〕丘濬輯；〔明〕楊廷筠補	清康熙四十年（1701）汪鑑刻本	柏克萊加州大學東亞圖書館
36	《朱子家禮》	〔宋〕朱熹編；〔明〕丘濬輯	重刊木版本	首爾大學奎章閣韓國學研究院
37	《朱子家禮》：紫陽書院定本	〔明〕丘濬輯；〔清〕楊廷筠補	清嘉慶6年（1801）寶寧堂刻本	內蒙古線裝古籍聯合目錄
38	《朱子家禮》：紫陽書院定本	〔明〕丘濬輯；〔清〕楊廷筠補	清刻本	內蒙古線裝古籍聯合目錄
39	《朱子家禮》八卷首一卷	〔宋〕朱熹撰；〔明〕丘濬輯	康熙四十年序，重刊本	東京大學東洋文化研究所
40	《家禮》五卷	〔宋〕朱熹撰；〔日本〕淺見安正校	寬政四年，重刊本	東京大學東洋文化研究所
41	《家禮》七卷	〔宋〕朱熹撰；〔宋〕楊復等注	朝鮮，芸閣，活字印本	東京大學東洋文化研究所
42	《重刻丘閣老校正朱文公家禮》宗四卷	〔宋〕朱熹原撰；〔明〕丘濬校正	萬曆中，午山熊氏，刊本	東京大學東洋文化研究所
43	《重刻申閣老校正文公家禮正衡》	彭濱校補		英國倫敦大學亞非學院圖書館

編序	題　名	編　撰　者	版　本	現藏圖書館
44	重刻申閣老校正《朱文公家禮正衡》	〔宋〕朱熹原撰；〔明〕彭濱校補		
45	《重刻申閣老校正朱文公家禮正衡》	〔明〕彭濱編.	明余良相刊本.	臺灣大學圖書館
46	《重訂文公家禮儀節》八卷	〔明〕陳仁錫撰	明，刊本	東京大學東洋文化研究所
47	《重訂家禮儀節》	楊務本編輯	鉛印本	中國國家圖書館
48	《家禮》	〔宋〕楊復，劉垓孫，劉璋等注	刻本	中國國家圖書館
49	《家禮》	題〔宋〕朱熹撰	刻本	中國國家圖書館
50	《家禮》	〔宋〕朱熹撰	刻本	中國國家圖書館
51	《家禮》	〔宋〕朱熹撰	刻本	中國國家圖書館
52	《家禮》	〔日〕淺見安正輯		中央圖書館臺灣分館
53	《家禮》	〔宋〕朱熹撰		中研院文哲所圖書館
54	《家禮》	〔宋〕朱熹撰	清禦兒呂氏寶誥堂刊本	普林斯頓大學東亞圖書館
55	《家禮》	〔宋〕朱熹撰	清光緒六年（1880）涇縣洪汝奎善堂覆宋刊本	普林斯頓大學東亞圖書館
56	《家禮》	〔宋〕朱熹編	壬辰字	首爾大學奎章閣韓國學研究院
57	《家禮》一卷	〔宋〕朱熹撰	元至正元年日新書堂刊朱子成書之一	故宮博物院圖書館
58	《家禮》五卷	〔宋〕朱熹撰	清乾隆間寫文淵閣四庫全書本	故宮博物院圖書館
59	《家禮》五卷	〔宋〕朱熹撰	清光緒六年公善堂覆宋刊本	故宮博物院圖書館
60	《家禮》八卷	〔宋〕朱熹撰舊題	日本慶安元年（1648）風月宗知刊本	國家圖書館
61	《家禮》五卷，附錄一卷	〔宋〕朱熹撰；〔清〕牛兆濂輯	清光緒刊本	國家圖書館

資料來源：據國家圖書館的資料整理製表